JULES CLARETIE

CINQ ANS APRÈS

L'ALSACE ET LA LORRAINE

DEPUIS L'ANNEXION

———•———

PARIS
GEORGES DECAUX, EDITEUR,
16, RUE DU CROISSANT, 16
(Ancien hôtel Colbert.)

CINQ ANS APRÈS

IMPRIMERIE D. BARDIN, A SAINT-GERMAIN.

A J.-J. HENNER

PEINTRE

C'est à vous, mon cher Henner, que je dédie ces pages, à vous, le peintre de l'Alsace en deuil, de l'Alsace qui attend et qui espère. Nous devions faire ensemble, pas à pas, ce pélerinage que j'ai accompli seul. Je tiens à unir votre nom au mien, dans ce livre que je vous envoie, comme un témoignage d'estime pour le patriote, d'affection pour l'ami et d'admiration pour l'artiste hors de pair.

De tout cœur à vous.

Jules Claretie

1876

AVANT-PROPOS

L'ALSACE ET LA LORRAINE

APRÈS L'ANNEXION

I

L'histoire contemporaine est comme les morts de la ballade; elle va si vite qu'on a peine à la suivre et qu'on a presque perdu, le lendemain venu, le souvenir de ce qui s'est passé la veille. Dans un temps fiévreux comme celui-ci, et chez un peuple à la fois actif et léger comme le nôtre, les impressions se succèdent avec une rapidité singulière. A-t-on perdu déjà la mémoire du grand fait, éternellement poignant, qui se produisait, en 1874, devant le Parlement allemand, et de l'éclatante protestation que firent entendre, au milieu du Reichstag, les députés librement élus de l'Alsace et de la Lorraine?

C'était le jeudi 5 février, et, pour la première fois,

conformément à la Constitution impériale, les « *anciens pays allemands, détachés de l'Empire germanique par une suite de guerres antérieures,* et réunis de nouveau à l'Allemagne par le traité de paix de Francfort, » se trouvaient représentés dans le Parlement. Les *anciens pays allemands?* Qui donc nommait ainsi l'Alsace et la Lorraine? Qui? Le prince de Bismarck, dans le discours de la couronne. Il voulait, dès l'ouverture de la session, rappeler brutalement aux représentants des populations annexées que le vainqueur a le pouvoir, sinon le droit, de tout imposer aux vaincus. Après la farouche douleur de la conquête, il leur apportait cette autre souffrance : le désespoir de s'entendre nommer Allemands par le terrible porte-parole de l'impitoyable Allemagne.

Ils étaient là, tous les députés des provinces arrachées à la patrie, alors unis dans une pensée commune : la protestation contre la force, et le Reichstag, malgré son ironie officielle, ne vit point sans émotion s'avancer ces quinze Alsaciens et Lorrains envoyés au Parlement pour demander à l'Allemagne : De quel droit nous as-tu enlevés à la France, notre mère?

Ces quinze députés dont les noms résumaient les griefs des populations annexées s'appelaient : Teutsch, envoyé par le collége électoral de Saverne; le curé Winterer, député d'Altkirch-Thann; Hœffely, député de Mulhouse; le curé Sœhnlin, député de Colmar; le curé Guerber, député de Guebwiller; le curé Simonis, débuté de Ribeauvillé; l'évêque Ræss, député de Schlestadt; le curé Philippi, député de Molstein-Erstein; MM. Lauth et Schauenbourg, députés de Strasbourg (ville et campagne); Hartmann, de Haguenau-Wissembourg; Pougnet, de Sarreguemines; le docteur Abel, de Thionville; Germain, de Sarrebourg, et l'évêque Dupont des Loges, évêque de Metz, député de Metz.

Depuis cette mémorable séance, où il semblait que ces quinze Français n'eussent qu'un même cœur, plus d'un a failli à la tâche que leur avaient imposée les électeurs, et M. Ræss a trahi le premier la volonté des Alsaciens de Schlestadt; mais alors, mais lorsque la députation d'Alsace et de Lorraine vint s'asseoir sur les bancs de l'Assemblée allemande, un frisson courut parmi les assistants et l'on eût dit que dans le Reichstag, où M. de Bismarck fait entendre sa voix toute puissante, c'était la plainte déchirante, l'éternelle et douloureuse protestation de la France blessée et courbée, mais toujours vivante, qui entrait[1].

Et lorsque, le mercredi 18 février 1874, M. Forckenbeck, président, annonça que l'ordre du jour appelait enfin la discussion publique de la motion de

---

1. C'était, à Berlin, une émotion profonde. Les abords du Parlement étaient envahis par la foule. La police était sur pied. On vendait pour la première fois des cartes de tribunes 10 thalers la pièce. Les députés alsaciens et lorrains prirent place à l'extrême droite, à côté de la table du Bundesrath. Sept d'entre eux portaient le costume ecclésiastique.

« *MM. Teutsch et consorts,* » relative à l'annexion de l'Alsace-Lorraine, il se fit un silence profond, et cette proposition retentit alors comme un glas :

« Veuille le Parlement décider que les populations d'Alsace et de Lorraine qui, sans avoir été consultées, ont été annexées à l'Allemagne par le traité de Francfort, soient appelées à se prononcer spécialement sur cette annexion. »

Le Parlement n'avait rien dit. Il écoutait. Mais il protesta bientôt; il réclama vivement et il s'insurgea, lorsqu'à cette proposition les Alsaciens et les Lorrains en ajoutèrent un autre :

« Veuille le Parlement décider que les députés de l'Alsace-Lorraine, à qui la langue allemande est étrangère et inconnue, auront l'autorisation de parler aujourd'hui en français. »

En français ! O scandale ! En français, la langue détestée que Frédéric II osait parler et même écrire à ses heures ! En français ! S'exprimer en français dans un Parlement allemand, devant le chancelier allemand d'un empereur allemand ! A quoi donc songeaient ces vaincus, et le rude paysan dont parle La Fontaine était-il plus insensé et plus malappris lorsqu'il haranguait au Sénat de Rome, que ces fils de Saverne, de Mulhouse ou de Thionville, réclamant au Reichstag le droit de s'exprimer dans leur langue maternelle ?

Craignez, Romains, craignez que le ciel quelque jour
Ne transporte chez vous les pleurs et la misère,

Et, mettant en nos mains, par un juste retour,
Les armes dont se sert sa vengeance sévère,
Il ne vous fasse en sa colère
Nos esclaves à votre tour!...

Les envoyés d'Alsace et de Lorraine ne menaçaient pas, il est vrai, comme le paysan « député des villes que lave le Danube ». Ils demandaient simplement qu'on accordât à des populations annexées par la force le droit de disposer d'elles-mêmes. « C'est l'épée sur la gorge, s'écriait M. Teutsch, que la France saignante et épuisée, a signé notre abandon : elle n'a pas été libre, elle s'est courbée sous la violence, et nos Codes nous enseignent que la violence est une cause de nullité pour les conventions qui en sont entachées. »

Ce jour-là, cet homme jeune et patriote, M. Edouard Teutsch, propriétaire à Wingen (Basse-Alsace) ne parlait pas seulement au nom du XIe collége électoral de l'Alsace-Lorraine, qu'il représente, mais il parlait encore au nom de tous ceux que la conquête a chassés de leurs maisons natales et dispersés, comme des feuilles au vent de l'automne, à travers le monde, demandant la vie aux cités de l'Amérique, à la terre d'Afrique ou au pavé de Paris.

Et ce fut une date que n'oublieront jamais les enfants de la Lorraine et de l'Alsace, le jour où l'orateur ardent, embrasé par la conviction, fit entendre à l'Allemagne même la sentence d'un professeur de droit allemand, cette page du docteur Bluntschli, de Heidelberg, dans son *Droit international codifié* :

« Art. 286. Pour qu'une cession de territoire soit valable, il faut la reconnaissance par les personnes habitant le territoire cédé et y jouissant de leurs droits politiques. Cette reconnaissance ne peut pas être passée sous silence ou supprimée, car les populations ne sont pas une chose sans droit et sans volonté, dont on transmet la propriété. »

Et les rires du Reichstag n'empêchèrent pas la voix de M. Teutsch de se faire entendre ; et, dominant le bruit, les clameurs systématiques, les interruptions, les insultes, il semblait que par les lèvres même de cet homme, c'était l'éternelle Justice qui parlait !

Maintenant il y a dans presque toute maison alsacienne, logis de bourgeois ou ferme de paysan, un petit volume à couverture jaune, imprimé à Strasbourg, chez M. J. Trübner, et qui contient ce discours, tant de fois relu, de M. Edouard Teutsch, protestation éclatante des populations privées de leur patrie et soumises au joug d'un vainqueur qui, par surcroît de cruauté et d'ironie, ose se parer du nom de frère.

II

Il faut tout dire : M. de Puttkamer (de Fraustadt), conseiller à la cour d'appel de Colmar, homme de ce parti National-Libéral inféodé maintenant à M. de Bismarck et le prince de Bismarck lui-même répondirent habilement à ces plaintes poignantes et profondes, qui, je le répète, ne recueillaient dans le Parlement, — la sténographie en fait foi — que *de bruyants éclats de rire.*

M. le curé Joseph Guerber, chanoine à Haguenau et député du quatrième collége électoral de l'Alsace-Lorraine, avait dit : « *Depuis trois ans nous sommes des serfs.* »

Et M. de Puttkamer de lui répondre :

— Qu'étiez-vous donc sous Napoléon III?

MM. Teutsch *et consorts* (ainsi parlait toujours M. de Bismarck) avaient protesté contre les séquestrations, les arrestations, les lois d'exception, l'état de siége, l'arbitraire.

— Nous n'avons pas introduit en Alsace-Lorraine, l'état de siége, répliquait le Richelieu prussien, nous l'y avons trouvé. Et si les Alsaciens-Lorrains redevenaient aujourd'hui Français, je ne doute pas qu'ils ne se retrouvassent immédiatement sous le régime complet de l'état de siége, comme vingt-huit autres départements français ; car plus expérimentés que nous dans la manière de traiter leurs compatriotes, les Français n'ont pas cru, depuis 1870, pouvoir vivre sans l'état de siége.

Y-t-il rien de plus humiliant pour nous que cette façon hautaine et narquoise de répondre à ceux qui réclament la liberté : — « La voulez-vous donc comme en France? »

Ainsi, l'Allemagne cherche dans nos épreuves, dans nos souffrances, dans les fautes de nos gouvernants, un moyen plus sûr de détacher de nous des provinces qui, ne tenant plus maintenant à la France par les liens matériels, y tiennent plus fortement encore par les liens moraux, ceux du dévouement et de l'amour, — les plus solides et les plus difficiles à rompre. On verra, dans les pages qui vont suivre et dont le sens et le but sont assez clairement expliqués par ces mots : L'*Alsace et la Lorraine après la conquête,* avec que art profond ceux qui ont entrepris la tâche de *germaniser,* comme ils le disent, ces deux provinces naguère françaises mettent à profit nos hésitations et nos troubles. A ce libre pays alsacien-lorrain, ils présentent la France comme une nation désormais vouée à l'esprit du passé, entièrement soumise au clergé, perdue de haines, appauvrie, à jamais déchirée. La loi sur l'enseignement leur a fourni un argument terrible. Toute faute que nous commettons est chose qui leur profite. Chacune de nos défaites morales est pour eux une victoire [1].

Je veux montrer pourtant que les sympathies pour la France sont toujours vivaces dans ce peuple conquis;

1. Depuis les élections dernières (20 février 1876); l'Alsace et la Lorraine n'écoutent plus ceux qui lui disent que la France va mourir.

je veux rappeler aussi tout ce que nous avons perdu en perdant ce pays aux terres fertiles, aux vastes forêts, aux eaux qui roulent la richesse, aux mines de sel, de fer et de bitume ; pays agricole et industriel à la fois, où les forges, les fonderies, les filatures, les fabriques de drap, les tanneries, les verreries allument leurs fourneaux ou retentissent du bruit des métiers ; pays instruit et pensif où la science a, de tout temps, trouvé de solides asiles ; pays privilégié qui donnait à la France ses soldats les plus robustes, ses combattants les plus redoutables, ceux dont M. de Bismarck a dit que, pris d'une haine « *vraiment cordiale* », ils s'enfonçaient comme une pointe dans la chair de l'Allemagne.

Je ne donnerai pas à ces chapitres le ton sévère d'études distinctes sur l'état matériel ou moral des provinces annexées. Ce n'est pas un mémoire politique que je veux publier, c'est — qu'est-ce donc ? — c'est un un voyage que je veux raconter. Un tour de roue vous apprend plus de choses et plus vite qu'une lente lecture d'ouvrages spéciaux. Quand on voyage, la vérité pénètre en vous, comme l'air ambiant, par les poumons, et je dirais volontiers par tous les pores. On passe, on regarde, on écoute. Une larme vous dit éloquemment la souffrance de l'opprimé. Une chanson railleuse vous révèle la haine profonde de l'esclave. Et l'arbre même et la plante, et le fleuve prennent, dirait-on, une voix et semblent répéter aussi le cri d'Alfieri :

Siamo schiavi, ma schiavi semprè frementi !

Oui, je l'ai entendu, ce cri, comme j'ai surpris, sous la plaisanterie alsacienne, le bon rire gaulois, quand un gamin passait, fredonnant par exemple, sur un de nos vieux airs, des couplets, sans rime et sans façon, dirigés contre ceux qui réclament l'*autonomie* de l'Alsace-Lorraine et — qu'ils le veuillent ou non, — font un pas pour se rapprocher de l'Allemagne en faisant un pas pour s'éloigner de la France :

>Dans ses murs, Strasbourg a vu
>   Éclore une race
>Dont l'esprit, de sens pourvu
>   Sait la bonne place.
>Chacun dans la confrérie
>Dit avec componction :
>« C'est triste l'annexion,
>Mais j'ai l'autonomie,
>   O gué !
>J'ai mon autonomie ! »

Les vers sont tors, mais l'esprit en est droit : et cette humble chanson, fille rieuse de la Gaule bafouant la conquête prussienne, j'ai été heureux d'en écouter, d'en saisir l'écho tout près des tombes de Schiltigheim, où dorment, à côté des Germains qu'ils ont combattus, les gardes mobiles de Strasbourg.

Ce sont ces échos d'Alsace et de Lorraine qu'on retrouvera dans les pages qui vont suivre. Ce sont aussi les souvenirs de la douloureuse campagne de 1870, la trace de nos soldats morts, la preuve de l'héroïsme et du dévouement des plus petits et des plus obscurs. J'ai cherché sous les bois profonds les tertres les plus oubliés, et je me suis demandé : « *Qui repose là ?* » Les inconnus auront donc leur part dans notre livre. Le *sang anonyme* sera pleuré comme le sang le plus illustre.

Et qu'on ne cherche pas, dans ce qui va suivre, l'expression d'un sentiment belliqueux et les cris de revanche rapide.

L'amour de la paix, né de l'horreur même et des épouvantes de la guerre, remplira ces pages. Il n'est point question, pour la France, de jeter le gant à son ennemie. Ce que veut notre pays, à cette heure, c'est la liberté, c'est le droit et la possibilité de panser toutes ses plaies. Celui qui le pousserait à quelque résolution guerrière agirait en mauvais fils. L'Alsace même et la Lorraine, courbées sous des maîtres, ne demandent pas à respirer de nouveau l'odeur de la poudre. Elles sont patientes, elles attendront. Leur affection n'est pas de ces caprices qui s'effacent en un jour. — « Nous vous répondons, disent-ils là bas, des enfants que nous élevons et de ceux qu'élèveront nos enfants. »

Trois générations d'hommes, c'est beaucoup. Les petits-fils des soldats tombés dans nos rangs et des femmes écrasées à Strasbourg, par les bombes de Werder, reconnaîtront toujours le drapeau tricolore.

D'ailleurs, les traces de la guerre sont là, partout, pour rappeler à ceux qui grandissent et à ceux qui naîtront de quel étrange amour les Allemands aiment leurs *frères égarés* d'Alsace et de Lorraine. Pour nous, qui vivons hors de ces souffrances, il semble qu'en parlant de ce passé d'hier, nous racontions déjà une vieille et lointaine histoire. Il semble qu'on trace l'image de quelque chose d'estompé déjà dans la brume de l'éloignement en donnant le tableau de ces lendemains de la conquête.

Le temps est-il donc si éloigné cependant où l'on se rendait dans les forêts des Vosges pour y respirer le grand air libre et sain des bois et pour suivre, à travers les sapins et les herbes, comme les échos du cor mélancolique de Weber ? Non. Ces bois n'ont reverdi que cinq fois depuis que des morts français dorment à leur ombre verte, et ces souvenirs de notre passage en Alsace-Lorraine pourraient s'appeler : *Après cinq ans!*

III

Cinq ans! Il y a cinq ans, cette terre était nôtre! L'allègre retraite française retentissait, le soir, dans ces villes qui travaillaient, paisibles, à deux pas de l'Allemagne ennemie. Et dans les bois profonds, dans les villages à demi-cachés aux creux des vallons, dans les maisons forestières où viennent, sur les toits, voleter les pigeons, les enfants grandissaient en épelant ce doux nom de France !

Cinq ans ! Aujourd'hui, lorsque, non plus la fantaisie du touriste, mais la triste piété d'un pèlerinage aux champs de bataille, vous pousse vers ce coin de terre, ce qui vous souriait jadis vous semble amer et douloureux. Les beautés magiques du paysage gardent cette profonde ironie des choses dont on ne s'aperçoit qu'à l'heure où l'on est sombre et où la nature continue à demeurer rayonnante. Il y a des blanches croix funèbres à travers ces verts paysages, et ce n'est plus l'écho du *Freyschütz* qui gémit désormais à travers les sapins, c'est le canon qui semble éternellement gronder au fond des vallées et derrière les massifs sombres, derrière les forêts pleines de *verte nuit*.

Canon de Wissembourg ! Canon de Frœchswiller ! Canon de Forbach et de Gravelotte ! Canon de Bazeilles et de Sedan ! J'en ai entendu — après cinq ans — les sourdes menaces dans ce voyage de deuil que je raconte ici et qui, par moments, devant le souvenir de nos soldats morts, devant la fidélité des annexés à demeurer dévoués à la France, se changeait en un voyage de patriotique orgueil et de joie sévère.

On dit — je l'ai dit aussi — que nous sommes oublieux, en ce pays, oublieux des maux qu'on nous a fait subir et des injures qu'on nous a fait supporter. Cela n'est pas. La France revit, mais comme une éternelle blessée qui porte au flanc deux plaies ouvertes. Elle a deux cicatrices par où son sang coule : la Lorraine et l'Alsace. Et, en dépit de ses sourires, elle n'a pas cessé de verser des larmes.

Quant aux fils d'Alsace et de Lorraine, à ceux que la conquête n'a point chassés de leurs logis, à ceux qui sont demeurés au coin du foyer natal, vieillards aux cheveux gris, enfants aux cheveux blonds, brunes Lorraines aux yeux bleus, Alsaciennes aux tresses de soie, tous ont gardé dans le cœur l'amour de cette France dont on les a brutalement séparés comme des bras d'une mère. Ceux-là non plus, ceux-là surtout n'oublient pas. Tout ce qu'on dit de leur lente transformation, de leur sympathie naissante pour l'Allemagne est faux. Strasbourg d'où partit, un jour, *la Marseillaise*; Metz, l'éternelle ville libre; Colmar, Thionville, Phalsbourg, Bitche, Forbach, toutes les cités sont demeurées françaises et l'on chante toujours les refrains de France : le soir, l'été, à l'ombre des houblonnières; l'hiver, auprès du feu, quand les forêts sont blanches et quand au dehors, on entend le pas lourd des gendarmes prussiens et le lointain hurlement des loups.

Et comment en serait-il autrement ? On a dit que la Lorraine et l'Alsace étaient énergiquement françaises depuis 89. L'Alsace, en effet, pays depuis longtemps démocratisé, se donna à jamais lorsque 89 éclata. Mais, des siècles avant, la Lorraine avait dit

par la bouche de Jeanne : *Et moi aussi je suis France !*
Depuis, l'indissoluble communauté des gloires et des deuils, des sanglantes victoires et des défaites sinistres, a resserré davantage les liens qui unissaient ces provinces à la patrie commune. Un Alsacien disait, avant 1870 : Je suis Alsacien ! Depuis 1870, il dit : *Je suis Français !*

Oui, là, dans ces forêts et dans ces villes, dans ces villages mêmes qui parlent allemand, palpite l'âme de la France. Devant l'Alsace, jadis, Michelet, traçant son magique tableau de nos contrées diverses, hésitait, redoutant d'y trouver la fleur d'oubli : « Il y a là, » disait-il, un tout-puissant *lotos* qui fait oublier la » patrie ! » Au contraire, dirons-nous. Il y a là la fleur du souvenir qui pousse et poussera toujours sur la tombe de nos morts et qui demeure souriante, vivace, bleue comme un doux ciel de printemps, chaque matin fleurie comme si l'Alsace et la Lorraine l'arrosaient de leurs pleurs.

J'ai rapporté de ce voyage un sentiment réconfortant d'espoir et de certitude. J'étais — faut-il le dire ? — parti anxieux, me demandant si le temps, hélas, n'avait pas affaibli les amours et les haines. Je suis revenu affermi dans ma foi et ému de l'attachement que nous portent ceux qui sont demeurés là-bas, rançon vivante de la France, otages de notre défaite.

C'est ce que j'ai vu que je veux dire. Depuis le jour

où j'avais assisté, en Lorraine, aux luttes héroïques de nos soldats, je m'étais dit : *Je reviendrai là !* — Le souvenir de ces heures lugubres me hantait. J'écris donc ce livre plein de tristesse, mais plein d'espérance, comme je porterais une couronne à une tombe, mais à une tombe qui, pareille à celle de Lazare, devra se rouvrir un jour.

Et jusqu'à cette heure de résurrection, songeons à ceux qui sont tombés, songeons à ceux qui sont conquis. Ne craignons pas d'attrister le présent des souvenirs de ce passé ! — Vous pleurez donc toujours votre enfant ? demandait-on à une mère. Elle répondit : Il est toujours mort !

JULES CLARETIE.

13 octobre 1875.

CINQ ANS APRÈS

I

D'AVRICOURT A STRASBOURG.

En allant de Paris à Strasbourg, c'est à Avricourt aujourd'hui qu'on aperçoit le premier casque prussien et qu'on se heurte à l'Allemagne. Ce petit village d'Avricourt n'était rien, il y a quelques années, qu'un bourg paisible de la Meurthe et une station du chemin de fer de l'Est. Une auberge, ambitieusement nommée l'*Hôtel de la Gare,* y attendait les voyageurs qui s'arrêtaient là pour prendre l'embranchement de Dieuze. On n'apercevait guère que le clocher du village lorsqu'on regardait, à gauche, du côté où les maisons qui abritaient les quatre ou cinq cents paysans lorrains logés là semblaient se tenir blotties dans un petit vallon.

Aujourd'hui, Avricourt est coupé en deux. C'est ici que finit notre frontière. Des militaires et des ingénieurs se sont assis, un jour, devant une table couverte d'une carte géographique ; ils ont tracé sur le papier de petites lignes rouges ou bleues, froidement ;

simplement, en manière de causerie, et il s'est trouvé que des êtres humains sont devenus Allemands et que d'autres sont demeurés Français, tout uniment parce qu'ils vivaient en deçà ou au-delà des petites raies à l'encre bleue. Patrie, tu n'es qu'un vain mot si le droit de la force te supprime ou te tolère à son gré !

Il y a donc, de par le traité de Francfort, un *Avricourt-France* et un *Avricourt-Deutsch* (c'est le nom qu'on donne à la station où se tient la douane allemande). Le village même d'Avricourt est presque tout entier demeuré français, sauf quelques maisons qui se sont trouvées, par malechance, du mauvais côté de la ligne d'encre. Le malheur veut que justement le boucher soit annexé, et on s'imagine en quel trouble cela jette les habitants d'Avricourt. Ils doivent franchir la frontière pour aller à leurs provisions de viande et il leur faut, au retour, passer par la douane française, qui, selon ses habitudes, affecte d'être désagréable, même aux pauvres gens de la frontière. Et les paysans demeurés Français assistent à ce bizarre et ironique spectacle : les gens d'Avricourt-Deutsch pouvant se procurer les denrées à des prix plus bas que ceux de France, — payant moins cher le sucre et le sel, par exemple, — et les Allemands ne cessant de vanter aux gens d'Avricourt-France, le bonheur qu'éprouve cette terre à être devenue partie intégrante de l'empire germanique, et, si ce n'est le bonheur, au moins l'économie. Quand on ne sait pas prendre les gens par le sentiment, on tente de les séduire par l'intérêt.

Tout effort en ce sens est inutile, on le devine sans peine. Les gens d'Avricourt sont encore dans la joie d'être demeurés Français et ils contemplent, avec des regards volontiers railleurs, l'espèce de ville improvisée que les Allemands ont bâtie à Avricourt-Deutsch depuis la conquête. — Hélas ! c'est à n'y pas croire. Les vainqueurs ont déployé là une activité prodigieuse et construit, avec une singulière rapidité, une gare monumentale et une petite ville tout entière. On est stupéfait et un peu humilié en comparant cette humble et pauvre gare d'Avricourt où se promènent mélancoliquement, du côté de la France, quelques employés, des agents de police, un commissaire central et des gendarmes, avec cette espèce de cité américaine, cette succession de vastes blockhaus, qui du côté de l'Allemagne semblent sortis du sol depuis la veille. Rien n'est plus laid et d'un plus tudesque aspect, d'un goût plus douteux ou plus ridicule que ces constructions peintes en vert ou en jaune que je regardais se découper, pareilles à ces maisons de bois des jouets d'enfants, sur le coucher de soleil d'un soir d'août. C'est l'Allemagne même, en plâtre et en moellons ; c'est la teinte plate des monuments néogrecs qu'elle parodiait à Münich. Mais c'est aussi la preuve palpable de son activité, de son ardeur au travail et de sa force.

L'impression première est pénible. Sur ce sol qui fut, qui est si français, le teutonisme règne en maître et s'y est déjà implanté comme s'il y avait toujours vécu. Dans la gare, les salles, les meubles, les chaises cannées en chêne jaune, les assiettes du buffet (on dit déjà *restauration*), tout est marqué, estampillé, sali de ces deux lettres inévitables que nos yeux vont désormais rencontrer partout : E. L. (*Elsass-Loth-ringen*), et qui sont sur la portière des wagons, sur les stores des voitures, sur les affiches, sur les maisons, sur les hommes, si je puis dire, et sur les choses, comme le fer rouge de l'annexion, comme le coup de griffe du dépècement, comme le stigmate imprimé par le berger sur le troupeau dont il se dit, dont il est le maître. E. L., Alsace-Lorraine ! Et qui sait s'il n'y a pas là, dans cette marque distinctive, comme une amère consolation pour les vaincus ? Mais non ! Que leur importe d'être l'Alsace-Lorraine, puisque le sort des armes a fait qu'ils ne sont plus la France !

Elle est d'ailleurs bien étrange et bien sotte d'aspect, cette triste gare d'Avricourt-Deutsch. La salle d'attente, vaste et envahie par les tables où l'on découpe les jambons de Westphalie et où l'on vide les pots de bière — tout devient brasserie avec l'Allemand — est, à la façon d'une Glyptothèque bavaroise, ornée de cannelures et de boiseries du style gréco-germanique, et on la prendrait pour quelque vaste décor où l'on va jouer une mauvaise tragédie.

Peu de Français dans cette gare. De lourds Allemands, parlant haut, arrosant de houblon leurs grosses bouchées de charcuterie. Quelques groupes de gens à l'air timide et triste : des habitants du pays qui vont d'un village à l'autre. Dans un coin, tranchant par leurs allures boulevardières sur la foule un peu brutale qui emplit la salle, un jeune homme et une jeune femme maigres, jaunes, fatigués, usés, fort bien mis, et qui vont — un mot entendu par hasard me l'apprend — à Bade. Ce sont des Français, des Parisiens, quelque désœuvré et quelque fille. Ils vont à Bade, comme par le passé, pour jouer, pour rire. Ils ont l'air comme honteux pourtant, s'il faut tout dire. Ils se parlent à peine. Ils s'ennuient. Ils ont dû s'ennuyer de même à Bruxelles, tandis qu'on se battait sur la Loire, qu'on mourait dans la neige des défilés du Jura et qu'on dévorait, à Paris, du pain de sable. Ils vont à Bade parce qu'ils y allaient jadis. C'est plus qu'une seconde nature, l'habitude, c'est une seconde patrie. Elles et lui sont jeunes pourtant! Ils sont à l'âge où l'on aime, où l'on croit, où le sang bout. Je les regarde : elle bâille. Lui, du bout de ses doigts, joue sur la vitre de la fenêtre un air d'opérette quelconque. Lorsque les employés allemands viennent annoncer que le train va partir, l'homme ramasse son nécessaire en cuir de Russie et dit en souriant à celle qui le suit, comme un homme qui lance un trait d'esprit : — *A cheval, messieurs, à cheval !*

Elle hausse les épaules, étouffe un nouveau bâillement, jette autour d'elle, d'un air lassé, un dernier regard vague, le regard sans éclair des ruminants, et suit alors son compagnon en laissant derrière elle traîner sa jupe salie et ses jupons aux dentelles tachées.

Et je les regardais s'éloigner, monter en voiture, disparaître, comme si j'avais eu devant moi deux personnages d'autrefois égarés dans un monde nouveau, et comme si cet homme et cette femme, ces amants sans amour, eussent été le spectre de cette chose qui avait lentement, sûrement, énergiquement diminué la patrie : — le demi-monde qui a fait la demi-France !

Nous remontons en wagon. Le soir vient. Il projette sa mélancolie quotidienne sur ces champs et ces bois que nous traversons. On pourrait, par l'imagination, se croire encore au temps où cette contrée était française tant elle a conservé l'aspect de jadis. Les enseignes hospitalières des cabarets disent encore en français : *Ici on loge à pied et à cheval.* Les auberges ont gardé leurs noms d'autrefois. Je lis, au-dessus d'une porte, ces mots fraternels : *Au bon voisin !* Plus loin : *Callot, débitant.* Sommes-nous donc en Allemagne ? Oui, car ce village, qui s'appelait *Heming* il y a cinq ans, se nomme aujourd'hui *Hemingen*, comme *Imling* s'appelle *Imlingen*, comme on a fait de Sarrebourg *Saarburg* et de Saverne *Zabern*. L'âme du pays est française, mais nous sommes en Prusse ; mais les casques reluisent, çà et là, dans les gares ; mais, sur la casquette ronde, les employés du chemin de fer portent la cocarde prussienne.

Quelques-uns de ces employés sont Alsaciens ou Lorrains. Une nécessité quelconque les a retenus à leur poste. Ils rougissent de porter la casquette allemande, cette livrée du conquérant ; lorsqu'ils rencontrent un Français, ils n'osent parler. Mais s'ils parlaient, on devine à leurs regards qu'ils diraient tout ce qu'ils souffrent. Au début, ils arrachaient la cocarde et ne gardaient que la casquette. L'autorité les a contraints à conserver l'une et l'autre. Ils sont rares d'ailleurs, ceux des employés d'autrefois qui ont capitulé et sont demeurés à leur poste, pour vivre, comme du temps de la France, dans le pays ; *porter la casquette* est une expression proverbiale pour dire : *faiblir*. La faiblesse, cette sœur bâtarde de la trahison.

A Sarrebourg, un jeune homme, né là, dans ce pays du conventionnel Levasseur, de Custine et de Houchard, et qui avait voyagé avec nous, regardant, sans presque dire un mot, les yeux émus, le paysage et les villes, descend rapidement de voiture et passe devant des soldats prussiens, des cavaliers qui se promènent sur le quai de la gare. Il va voir ses parents, demeurés au coin du foyer où ils ont vécu, tandis qu'il vit à Paris, en pleine France. Je n'oublierai jamais le coup d'œil irrité, plein de douleur et de bravade, qu'il jeta de côté, et de bas en haut, à ces lourds dragons. Tout à l'heure il y avait des larmes dans ses yeux; maintenant il y avait des éclairs dans ces prunelles. Rentrer au pays natal et y trouver l'ennemi, quelle souffrance! Et si l'escalier de l'étranger est dur à gravir, comme dit le Dante, le pas de l'étranger est plus cruel encore à entendre autour du logis paternel!

A Sarrebourg, il y a cinq ans, j'avais vu la gare envahie par nos soldats en route, en route pour la bataille qui ne pouvait être que la victoire! On avait dressé là des tables couvertes de viandes et de fruits. On versait à pleins brocs du vin à nos zouaves. Les grandes filles blondes et fraîches souriaient au gros rire des turcos. Les dames de la ville glissaient des médailles bénites dans les mains des officiers. On s'embrassait, on trinquait, on espérait. Les vieux du pays criaient : Vive, et même un peu : *Fife* la France! Quel tableau, ces gais uniformes bleu de ciel, ces fez rouges, ces turbans blancs, ces guêtres jaunes, ce cliquetis des *quarts* de fer-blanc et des sabres, ce tohu-bohu martial, ce bruit, ces chants, cette fièvre ! Et maintenant plus rien : le soir qui vient, la nuit qui tombe, et deux dragons de Brandebourg causant tout haut et fumant en laissant traîner leurs sabres.

Rien, dans tout ce pays, n'évoque, d'ailleurs, le souvenir de la guerre. C'est la paix, au contraire, la paix féconde et sereine, qui semble faire de tous ces bourgs entrevus autant de coins heureux. La contrée est riche ; des toits de brique rouge, tout neufs, remplacent les antiques couvertures moussues, et, comme c'est dimanche aujourd'hui, les paysans, jeunes gens et jeunes filles, se promènent lentement le long des chemins, en causant et en prenant l'air du soir. Le soleil couchant apparaît encore, jetant des lueurs de forge à travers les houblonnières. Çà et là, on rencontre quelque roche taillée en deux, de ce rouge rosé qui est le grès des Vosges et qui a servi à construire la plupart des cathédrales du Rhin. Quelle majesté farouche, au-delà de Lutzelbourg, revêt le gigantesque paysage vosgien ! Des deux côtés de la route, les montagnes sont hautes, escarpées, pleines de ténèbres, avec leurs bois profonds et noirs où pourrait se cacher une armée ! C'est en contemplant ces sombres collines, ces gorges profondes, ces étroites vallées encaissées dans les forêts de pins ou de chênes qu'on se demande pourquoi notre armée n'a pas défendu contre l'invasion ces étroits passages. Il semble qu'une poignée de gens arrêterait ici la marche de milliers de soldats. Ce n'était plus dans l'Argonne, comme au temps de Dumouriez, mais c'était là qu'on pouvait trouver les Thermopyles de la France.

En deçà et au delà de ce gigantesque tunnel de Saverne, long de près de quatre cent cinquante mètres, ce ne sont que bois touffus dont les arbres semblent grimper comme éperdus au flanc des monts, bois ombreux, avec des lits de feuilles et de mousse, bois faits pour l'affût, pour le guet, pour les surprises, pour la guérilla. En faisant sauter le tunnel de Saverne, on se trouvait là dans d'inexpugnables positions, où les tirailleurs embusqués pouvaient disputer le terrain, semer de morts ennemis ces vallées étranglées et ces sentiers inabordables. On a tout laissé aux Allemands, et le rouge château de Saverne que le cardinal de Rohan, l'homme au collier, élevait il y a moins d'un siècle sur les ruines du palais épiscopal d'Egon de Furstemberg, est maintenant monument allemand comme toute cette contrée magique, pleine de légendes, de souvenirs, de burgs en ruines, de massifs de rocs, de châteaux et de chapelles, et où, quand le crépuscule emplit ces bois de sa mélancolie mystérieuse, il semble qu'on voie revenir, errer comme autant de fantômes, des soldats ensanglantés, des fantassins déguenillés, des cuirassiers aux casques bossués par les balles; ombres éternellement dolentes des vaincus de Wissembourg et de Frœschwiller, et qu'entre Saverne et Strasbourg, sous la nuit d'été criblée d'étoiles, nous croyions voir apparaître et nous croyions entendre, gémir.

La vapeur siffle, plus stridente. Au loin, la brume

rouge et la longue ligne de lumières qui annoncent une grande ville apparaissent dans l'ombre.

Strasbourg ! C'est Strasbourg !

Strasbourg, la vieille cité où retentissait naguère l'allègre clairon français. Allons-nous y retrouver l'image de la toute-puissante Allemagne ou la mémoire toujours chérie de la France regrettée ?

II

STRASBOURG.

Strasbourg s'endormait lorsque nous y arrivâmes. Les magasins fermés, les rues presque désertes, un peu obscures, donnaient à la ville un aspect triste. Il me fallait pourtant faire un retour sur moi-même pour m'imaginer que, dans cette ville où j'étais venu tant de fois et où j'entrais de nouveau, je n'étais pas en France.

La conquête en effet n'a point modifié l'aspect général de Strasbourg. Si les Prussiens ont germanisé les noms des rues et couvert d'inscriptions nouvelles, tracées en allemand, les anciennes plaques de cuivre, — en revanche les enseignes des magasins, les noms des boutiquiers, les indications des marchandises en vente, tout est demeuré tracé en français.

Il y a dans l'enseigne quelque chose de singulièrement éloquent et frappant ; elle est comme la parole écrite de la cité tout entière. C'est par elle qu'on s'aperçoit qu'on est loin du pays, et nul n'a quitté sa patrie sans ressentir une impression de mélancolie particulière lorsqu'en levant la tête et en regardant les enseignes, l'œil se heurtait pour ainsi dire, à des noms étrangers.

Ici, si quelques noms alsaciens ont une terminaison germanique, toutes les indications d'états, de métiers, de débits, tous les noms d'étoffes, de matières ou de denrées quelconques sont toujours écrits en langue française. J'ai même remarqué que plus d'un marchand, qui jadis avait fait peindre son enseigne dans les deux langues, s'était, depuis la conquête, empressé de faire effacer du fronton de sa boutique toute inscription allemande. Sur plus d'une enseigne de pharmacien, par exemple, le mot allemand *apotheke* a été rayé.

Cette impression consolante, ressentie dès les premiers pas qu'on fait dans la rue, cause une véritable joie à tout Français nouvellement débarqué. Mais ne vous en étonnez pas devant un Alsacien, votre surprise lui ferait l'effet d'une injure. Il est tout naturel pour lui de demeurer fidèle à son passé, à ses vieilles haines et à ses antiques amours.

L'Alsacien met, en effet, son amour-propre à tenir en échec l'administration et l'autorité de l'empire allemand.

— Nous autres Alsaciens, dit-il en souriant de son bon sourire profond et narquois, nous sommes têtus « *comme des ânes* ». Soyez tranquilles, *ils* ne nous auront pas! Qu'*ils* demeurent, si bon leur semble, sur le pied de guerre et qu'*ils* dévorent, à mener leurs soldats à la manœuvre ou à la parade, tout l'argent qu'ils ont gagné à les conduire au combat, nous, nous resterons les mêmes, et toutes leurs avances ou toutes leurs menaces n'y feront rien!

Ils ou *eux*, en Alsace et en Lorraine, veut dire : les *Prussiens*. On ne les appelle pas autrement On ne les nomme presque jamais. *Elle* est éloquent comme un poëme sur les lèvres de l'homme qui aime. Il faut avoir entendu ce *ils* ou cet *eux* dans la bouche d'un Alsacien pour savoir ce que trois lettres peuvent contenir de colère, lorsqu'elles tombent de lèvres qui haïssent.

Ils a cependant une autre signification, même à Strasbourg. J'avais à peine parlé à quelques personnes, le lendemain de mon arrivée, qu'on m'avait déjà demandé plusieurs fois, avec une expression de joie extrême : — Les avez-vous vus ? *Ils* sont sortis ! *ils* ont donné un concert. *Ils* étaient hier dans les rues !

Ils, cette fois, signifiait : les pompiers de la ville.

Les pompiers de Strasbourg, c'est tout ce qui reste à Strasbourg des souvenirs vivants de la France. Lorsque cette petite troupe, admirablement commandée, traverse la place Kléber ou passe devant la cathédrale, la foule accourt, les yeux s'allument ou se voilent de larmes, les cœurs palpitent et les mains battent. Les Allemands redoutent ces sorties de pompiers, qui sont pour la cité comme une fête nationale, et les pompiers de Strasbourg ne peuvent descendre dans la rue sans une autorisation spéciale du général Von Hartmann, commandant de place. C'est que sur la poitrine de ces anciens soldats, on aperçoit parfois le ruban rouge de la croix d'honneur, le ruban jaune de la médaille militaire, ou les médailles de Crimée et d'Italie ; c'est que naguère encore ce bataillon discipliné portait l'uniforme des pompiers de France et que, chaque fois qu'il

2.

paraissait en public, marquant le pas et suivant ses clairons, un même cri partait de la foule, au milieu des bravos et des larmes :

— *Vive la France!*

Les pompiers de Strasbourg sont dans la ville alsacienne ce que les canonniers lillois étaient dans la ville flamande : la représentation même du dévouement de la cité. L'autorité allemande a peu à peu dépouillé ces pompiers de leur vieil uniforme : elle leur a enlevé les képis et les sacs, elle leur a ôté leurs épaulettes et leurs armes. Ils n'ont sur l'épaule que des pattes maintenues par des boutons de cuivre; coiffés d'une casquette, ils passent maintenant sans fusils, avec une hache au côté. Mais il leur reste la voix même du bataillon; mais il leur reste les clairons, mais ils jettent fièrement au vent de la rue les sonneries françaises, la marche alerte, joyeuse, de nos fantassins, les échos gaulois des trompettes de l'armée d'Afrique, la légendaire *Casquette du père Bugeaud.*

Et cela suffit, cette sonnerie qui chante clair comme le cri du coq! Cela suffit pour évoquer la patrie absente, les soldats partis, les pantalons rouges disparus, tout ce qui était l'animation, la vie, la joie et la gloire de notre martial Strasbourg.

On sait d'avance quand les pompiers doivent sortir. On les attend, on les guette, on se range sur leur passage. Quelle fête! On les entend de loin. On court, on crie, on rit, on pleure. Les braves gens! Ils se redressent, ils restent silencieux dans les rangs, mais leurs officiers en tête, leurs sergents en serre-file, ils sont émus et heureux; car ils savent bien que toute cette population de Strasbourg qui les regarde se dit tout bas :

— C'est la France qui passe !

Et il semble qu'au-dessus de leurs fronts flotte un invisible drapeau, celui que l'orage a emporté, qui est si loin et qu'on ne reverra plus jamais peut-être !...

La veille du jour où j'arrivai à Strasbourg, dans une vaste salle d'un faubourg, la salle de la *Réunion des Arts*, la fanfare des pompiers avait donné, au bénéfice des inondés du midi de la France, un concert populaire, et là, devant le corps d'officiers placé sur une estrade, au-dessous des armes de la ville de Strasbourg, devant M. J. Gœrner, leur chef de bataillon, et M. Oppermann, leur lieutenant, les musiciens avaient joué des airs de nos opéras français.

Longtemps après, les Strasbourgeois parlaient encore de cette fête patriotique, où ils avaient éprouvé cette double joie : — le plaisir d'entendre les échos du pays, la satisfaction d'avoir donné un peu de leur bien-être à des compatriotes atteints par le fléau.

C'est lorsque la France fait un appel à ses fils que les Alsaciens et les Lorrains se souviennent d'être nés Français. Lorsqu'on essaya de recueillir, par souscription, une partie de la somme nécessaire à l'évacuation du territoire, Strasbourg et Metz tressaillirent. Toutes ces contrées apportèrent leur or. Les pauvres gens accouraient, offrant leurs sous de cuivre. Le bras amputé tendait encore la main et donnait. Il en fut presque de même au moment des inondations du Midi. Les souscriptions se multiplièrent, on organisa partout des fêtes de bienfaisance.

A Kœnigshofen, près de Strasbourg, MM. Grüber et Reeb, les riches brasseurs, donnèrent une sorte de bal et de soirée musicale. Strasbourg tout entier accourut. Les Allemands eurent le bon goût de s'abstenir. Un seul se présenta à la porte, devant le guichet établi là. C'était un officier de cavalerie en tenue de ville. On lui refusa poliment son argent, et comme il insistait :

— Inutile, monsieur; voyez, vous nous apportez des *marcs* allemands (c'est la nouvelle unité monétaire allemande, le *marc* vaut 1 fr. 25) et nous ne recevons que de la monnaie française : c'est une fête de famille!

On dansait aussi à Schiltigheim. Les Prussiens n'ont point paru dans cette fête. On leur eût montré les boulets et les obus encastrés dans les maisons rebâties, et on leur eût demandé si, valsant à quelques pas de la tombe de Küss, le dernier maire de Strasbourg, ils voulaient faire du village une guinguette après en avoir, un moment, fait un cimetière.

Les Allemands sont cependant nombreux à Strasbourg. Plus de dix mille Français — les plus riches — ont émigré, et près de quarante mille Prussiens, Bavarois, Saxons ou Hanovriens sont venus s'établir dans cette malheureuse ville que M. Berthold Auerbach et les Germains, venus en *train de plaisir* et pacifiquement assis sur les hauteurs, regardaient bombarder tout en mangeant de la charcuterie et en buvant du vin de Moselle.

Il paraît que la nuit le coup d'œil était magnifique. Ces curieux et ces curieuses étaient dans leur droit. On n'a pas tous les jours la surprise d'un bombardement. Et puis, en août, les nuits sont tièdes.

On conçoit qu'après avoir eu la joie de voir flamber Strasbourg, ces Allemands se soient donné la satisfaction de l'habiter. Ils y sont installés en nombre respectable, mais, je dois l'avouer, fort peu respecté. Ils vivent à part, ne se mêlant pas à la population alsacienne, qui s'écarte d'eux avec soin. Croira-t-on qu'après cinq ans, j'ai vu une servante alsacienne faire scandale dans la rue parce qu'elle y passait appuyée sur le bras d'un artilleur prussien? On se retournait pour la voir, on se montrait avec stupéfaction ce bonnet à larges rubans noirs fraternisant avec ce casque à boule de cuivre. Les femmes poussaient des exclamations stupéfaites. Un semblable étonnement en dit plus long que bien des phrases. C'est un de ces *menus faits* qui valent, au dire de Stendhal, de gros volumes. Une servante au bras d'un soldat, et voilà une promenade publique en émoi! J'incline donc à penser que nos conquérants ne font pas, en vérité, beaucoup de conquêtes.

En revanche, ils font des canons et des fortifications, des armes et des murailles. Autour de Strasbourg, tout le terrain a été étudié et remué au point de vue stratégique. Notre génie militaire avait autrefois choisi certains emplacements où devaient être construits des forts. Sur ces emplacements mêmes les Allemands ont bâti ces espèces de citadelles nouvelles qui protégent aujourd'hui la ville. Nous avons le sens critique, nous connaissons exactement ce qu'il faut faire, mais, tandis que nous temporisons, eux agissent. Peuple actif lourd à la fois, laborieux, admirable en cela, le peuple allemand que nous prenions pour un peuple de rêveurs, est singulièrement pratique et passe avec une facilité qui étonne de la réflexion à l'action.

J'ai vu, de loin, un de ces quatorze forts nouveaux auquel on travaille encore. C'est le *fort du grand-duc de Bade* à Wolfisheim. Sa silhouette se détachait, redoutable, sur le sombre horizon formé par la chaîne du Taunus, là-bas, vers Bade; et me montrant les cheminées casematées, le cocher que j'avais pris me dit en haussant les épaules et du ton d'un *connaisseur* :

— On canonnerait pourtant cela facilement! Leurs constructions ne sont déjà pas si fameuses!

C'était un ancien artilleur, un de nos soldats, un *criméen*.

— Il n'y a pas longtemps, dit-il encore j'ai conduit en voiture le prince Frédéric-Charles visiter un autre fort qu'ils construisent aussi, à Altenheimhofen, au bord du Rhin, pour parer à une attaque du côté de Colmar. En route, la pluie s'est mise à tomber à torrent, et pas d'abri possible. J'ai été trempé au point de risquer une fluxion de poitrine, mais *il* l'était aussi, et je n'aurais pas voulu, je vous le jure, que cette averse fût une pluie d'or. Et quand je me disais : Mais tu vas être traversé jusqu'aux os, mon bonhomme, alors je regardais la grimace du prince et j'étais consolé !

Ce n'est pas seulement autour de Strasbourg que les Allemands travaillent, c'est dans Strasbourg même, et les remparts bombardés par eux, et la citadelle détruite sont, aujourd'hui, reconstruits à neuf. Sur les ruines de nos murs écroulés, à l'endroit où s'élevaient des maisons et l'église, ils ont élevé des bâtiments nouveaux.

C'est surtout là, dans cette citadelle dont, il y a moins de deux cents ans, Vauban croyait faire un ouvrage imprenable; c'est dans l'intérieur de ces bastions que la conquête semble plus humiliante. Les vainqueurs sont logés où ont vécu nos soldats. La caserne d'artillerie française sert de caserne à des uhlans. Au milieu de la citadelle, un petit monument se dresse, un monument de gloire. Une grêle colonne, ayant quatre casques à sa base, sert de support à un aigle prussien, aux ailes étendues, et qui tient sous sa serre la croix de fer des combats.

Vers l'oiseau de proie court, enroulé autour de la colonne, un ruban où sont gravés des noms de bataille ou de villes prises : *Spickeren, Tours, Orléans, Wœrth, Beaune-la-Rolande* — combien d'autres! — et sur le piédestal, au dessous de la date, les soldats allemands qui ont construit ce mausolée ont écrit : *A ses camarades, le corps du génie (Ingenirum Corps)*. Rien de plus ridicule au point de vue de l'art que ce monument sans style et sans grâce. Mais j'ai vu des Allemands venir s'incliner devant et le regarder tête nue.

Autour de la citadelle, alignés à terre, sans affûts, nos canons et nos mortiers dorment captifs, sous la pluie qui les rouille, tandis que, dans des baraques de planches, on aperçoit, semblables à des gueules de serpents, les bouches des canons allemands, hauts sur roues et allongeant leurs cols comme des vipères noires prêtes à mordre leur proie.

C'est un amoncellement de matériel et d'armement. Strasbourg, à la veille du siége, avait certes un aspect moins belliqueux qu'aujourd'hui, en pleine paix. L'Arsenal regorge de fusils et de sabres. Les Allemands emmagasinent des provisions. Ce qu'il faut à toute ville assiégée pour vivre et pour combattre, le blé et la poudre sont entassés dans les magasins et les hangars. On travaille aux chantiers, les ateliers sont en mouvement. Cette race militaire ne laisse point perdre une heure : elle sait que l'*Erbfeind*, l'ennemi héréditaire, le Français, celui qu'elle appelle le *Welche*, regarde avec douleur, avec un éternel regret, la flèche de Strasbourg.

Et lui aussi, l'Allemand, la regardait jadis de l'autre côté du Rhin ! Sur le pont de bois, la sentinelle germaine levait les yeux sur le haut du Munster et disait : « Cela fut à nous autrefois! » Et nous souriions de son appétit, et les tambours français, sur la rive alsacienne, battaient plus fort la retraite pour que leur *ra fla* vînt frapper, comme une ironique bravade, les oreilles des soldats de Kehl. Et nous nous répétions, d'après les documents, que l'Arsenal contenait 200,000 fusils, 10,000 pistolets, 70,000 sabres, 10,000 lances; que les magasins à poudre étaient au complet, et que les fortifications de Strasbourg pouvaient impunément braver les canons Krupp.

Tout cela pour que vingt-trois jours après la première bataille, et douze jours après la première bombe tombée sur la ville, une dépêche partît de la citadelle à demi rasée de Vauban, criant :

« *Strasbourg est perdu, si vous ne venez tout de suite à son secours*[1]. »

[1]. *Dépêche du général Uhrich au général Douay, à Belfort.*
M. le général Uhrich a répondu à ces lignes par une lettre, adressée au journal où nous publiions le présent livre, lettre que nous nous faisons un devoir d'insérer ici :

Port-Louis, le 11 novembre 1875.

Monsieur le directeur,

Le numéro de l'*Événement* du 6 novembre contient, dans l'article l'*Alsace-Lorraine en* 1875, quelques erreurs qui me concernent personnellement.

Ma première intention avait été de garder le silence; mais des amis m'engageant fortement à rectifier ce qui est erroné dans l'article en question, j'ai l'honneur de vous adresser la présente lettre et de vous prier de lui donner, aussi promptement que possible, la publicité de votre journal.

M. Jules Claretie, l'auteur de l'article, me reproche presque comme un acte de faiblesse mon télégramme au général Douai.

Oui, Strasbourg non secouru était fatalement perdu, et à qui devais-je faire connaître cette triste vérité, sinon au commandant en chef du corps d'armée le plus voisin?

Ce n'est pas à la France que j'ai adressé ce télégramme, c'est à un seul homme, et confidentiellement : je remplissais un devoir.

L'article auquel je réponds dit que l'on a laissé brûler quarante-cinq mille chassepots dans l'arsenal de la citadelle.

Strasbourg ne possédait que trois mille de ces armes, qui ont été employées, au nombre de deux mille sept cents environ, pour l'armement des gardes mobiles, des compagnies franches et des fuyards de Reichshoffen qui se sont réfugiés à Strasbourg, après avoir jeté leurs armes pour la plupart (j'oubliais de mentionner les deux bataillons de douaniers, à qui j'ai fait distribuer des chassepots en remplacement de leurs fusils à percussion). Il ne restait à l'Arsenal qu'environ trois cents chassepots au moment de la capitulation. Les fusils brûlés dans l'arsenal de la ville, et non dans celui de la citadelle, étaient tous des armés à percussion, réformées.

M. Jules Claretie semble croire que les Strasbourgeois n'ont pas été admis à participer à la défense de leur cité.

Mais la garde nationale comprenait 3,000 hommes, une

Et Strasbourg était perdu, et l'on avait, répète encore aujourd'hui le peuple, laissé brûler dans la citadelle incendiée par les obus 45,000 chassepots ou fusils dont se fussent servis, avec le courage du désespoir, les Strasbourgeois furieux de périr sous les obus sans pouvoir se défendre. Et quand Uhrich envoyait à la France ces dépêches éperdues, c'était l'agonie de l'Alsace qui commençait.

En sortant de la citadelle, nous allons, en contournant les fortifications, à travers cette campagne pleine de floraison et de vie, riche, superbe et verte, jusqu'à l'allée de platanes qui conduit au pont de Kehl. A droite de cette allée ou de cette route, et en contre-bas, presque au milieu d'une vallée, dans l'île des Épis, apparaît le monument de forme carrée qui porte en français cette inscription : *Au général Desaix, l'armée du Rhin*, 1801. N'avait-on pas dit que le gouvernement prussien avait autorisé la France à laisser auprès du monument de celui que les Égyptiens appelaient le *Sultan juste* une sentinelle française, un invalide de nos guerres? Il n'en est rien. Le monument de Desaix est seul, bien seul. Autour de lui, les cavaliers allemands sont groupés, laissant paître leurs

batterie d'artilleurs volontaires, deux compagnies de francs-tireurs, et une troisième qui était sur le point d'être armée lorsque la défense a dû cesser.

Enfin, vous voudrez bien remarquer que je ne discute pas l'accusation d'insuffisance que M. Claretie fait peser sur moi; non que je puisse être indifférent à l'opinion d'un homme tel que lui, mais il a été trompé et ma conscience est tranquille.

Veuillez recevoir, monsieur le directeur, l'assurance de ma considération la plus distinguée.

Général UHRICH.

chevaux, tandis que près de là des soldats s'exercent à la cible. Par une série d'épaulements récemment construits, le polygone se prolonge aujourd'hui jusqu'à l'île des Épis, et l'on entend auprès du monument de ce Desaix qui passa le Rhin par deux fois, dans l'été de 1796 et au printemps de 1797, le sifflement des balles prussiennes.

Un matin de juillet, à cette même place, je m'étais arrêté pour regarder le campement de nos chasseurs à pied, établis là parmi les saules et qui, chantant, suivaient des yeux la fumée d'un bleu clair de leur *popote* qui montait doucement sur le ciel limpide. Fumée d'espérance et de gloire, bientôt envolée et couverte sous la rouge fumée du canon !

Encore quelques pas et voici le Rhin, le *vieux père Rhin*, dont les eaux, grossies par les pluies, roulent des flots d'un vert glauque à reflets gris ; il est pareil à un bras de mer. Je m'avance jusqu'au milieu du pont de bateaux, et là, sur les planches, je lis, encore distincte, l'inscription qui disait jadis : « Ici finit la France. »

Autrefois, deux sentinelles se tenaient là, se menaçant parfois, parfois fraternisant, chacune d'elles sur son territoire. L'F majuscule du mot *France* n'est point effacé. Mais il n'y a plus de sentinelle, et tout ici est Allemagne. Au loin, la pile du pont gigantesque du chemin de fer que les Prussiens avaient fait sauter, du côté de leur culée, est réparée. Lorsqu'on inaugura ce pont, il y a quinze ans, les représentants de la France y voyaient le signe matériel d'une union constante avec l'Allemagne. Les Allemands n'y voyaient déjà qu'une menace, et leurs diplomates avaient exigé que les travées mobiles fussent des ponts tournants qui permissent d'interrompre à volonté la circulation. Nous étions toujours confiants. Ils étaient déjà prudents et cauteleux. Et nous chantions la fraternité des peuples ; et tandis qu'ils répétaient la *Sentinelle au Rhin* ou les refrains de Arndt, nous répétions, avec Lamartine, la *Marseillaise de la paix!*

A cette heure, il n'y a plus besoin d'interrompre la circulation entre Strasbourg et Kehl. Cette rive badoise, où les Strasbourgeois allaient le dimanche, en famille ; ces cabarets de Kehl, où l'on mangeait de la friture et des matelotes arrosées de bière, Kehl, l'Asnières de Strasbourg, et ses *restaurations*, tout est abandonné, tout est morne.

Le silence règne où l'on entendait les rires. C'est pourquoi la rive est déserte et la poussière couvre les tables de bois peintes en vert où jadis on s'accoudait gaiement. Sur la rive du Rhin, du côté de l'Alsace, si quelques Strasbourgeois viennent s'asseoir encore, c'est pour boire à la France en vidant leurs verres et pour chanter quelque couplet railleur contre l'Allemagne, en face de Kehl rasé par nos canons et reconstruit par les *Schwobs*.

Il faisait un temps superbe, un soleil rayonnant, le jour où j'étais là. Dans les prés, sur les berges, les fleurettes souriaient dans l'herbe verte et drue. Les bleuets se montraient çà et là, avec les boutons d'or, piquant de notes claires les champs où caracolaient, dans leur promenade du matin, des officiers de uhlans. Il faisait beau et bon : un de ces temps de santé et de poésie où tout autour de nous sourit et poudroie. Et je songeais, devant cette fête des choses, à l'insensibilité de ce qui est éternel pour ce tout qui est passager. Les vers de la *Tristesse d'Olympio* me remontaient aux lèvres :

> Que peu de temps suffit pour changer toutes choses !
> Nature au front serein, comme vous oubliez !
> Et comme vous brisez, dans vos métamorphoses,
> Les fils mystérieux où nos cœurs sont liés !

Et ce n'étaient pas les tendresses envolées de l'amour que cette fois les vers d'Olympio me semblaient pleurer, c'étaient les tragiques douleurs et les épreuves de la patrie, oubliées par ces prés embaumés qui fleurissaient maintenant pour l'Allemagne, comme autrefois ils avaient fleuri pour la France.

Nous rentrons à Strasbourg par la Robertsau. L'Orangerie et le jardin sont toujours admirablement entretenus.

— Cela n'est pas à *eux*, cela, me dit fièrement le Strasbourgeois qui me guide, c'est à la Ville !

Tout à l'heure, devant l'ancien couvent, reconstruit tout entier, mais çà et là, dans les parties anciennes, ponctué de balles, il m'avait montré au loin un petit bois où les gardes mobiles de Strasbourg ont bravement fait, en 1870, le coup de feu avec les Prussiens.

— Ils en ont tué pas mal, me dit-il.

Et baissant la voix :

— Ils ont même tiré sur des filles de Robertsau qui se trouvaient là, « s'amusant » avec les Prussiens. Tant pis pour elles ! Les balles vont où on les envoie, et on les envoie où est l'ennemi.

En revenant par la ville, c'est aux quartiers bombardés que je vais tout droit. Pendant longtemps, on marcha sur des ruines. Maintenant, tout est rebâti. La première porte qui conduit au *Faubourg de Pierre* est cependant encore toute broyée, anéantie.

Une brèche est là tout près. A la porte d'Austerlitz, l'ancienne porte des Bouchers, qui fut débaptisée lorsque l'armée française, revenant d'Austerlitz, entra à Strasbourg, les Prussiens, à gauche de la porte de Pierre, venaient parfois dans les dernières journées du siége, à dix minutes des remparts.

Tout le côté gauche du Faubourg de Pierre est reconstruit et chaque maison neuve marque la place d'une maison bombardée. Il suffit de compter pour calculer jusqu'où alla la ruine. Au Faubourg National, au Faubourg Saverne, les maisons sont neuves aussi. Tout fut détruit. Les canons prussiens incendièrent sans pitié les logis des Alsaciens, ces *frères égarés*.

Au Faubourg de Pierre, un riche Strasbourgeois s'est vengé comme il l'a pu des auteurs de ces maux sinistres : en faisant rebâtir sa maison brûlée par les obus, il a fait sculpter, grimaçants et comiques, sur la façade de son logis, en guise de mascarons grotesques, les faces de Napoléon III, de Bazaine et de deux autres généraux. Les vaincus se vengent comme ils peuvent.

Les Allemands ont d'ailleurs multiplié les indemnités. Ils relèvent les monuments. Que ne ressuscitent-ils aussi les morts !

— *Ils* reconstruisent le Temple-Neuf, disent les Strasbourgeois. Après avoir égorgé les gens, ils leur font, en pleurant, des excuses !

Quelle nuit sinistre, que cette nuit du 24 août, où le Temple-Neuf brûla ! Il était onze heures. Presque aussitôt la Bibliothèque flambait. On sait depuis longtemps ce que la fureur des Allemands détruisit de richesses intellectuelles en anéantissant les volumes et les manuscrits conservés là. Cette nation éclairée faisait de la poussière avec les incunables ; elle réduisait en poudre l'*Hortus deliciarum* d'Herrade de Landsperg, abbesse de Sainte-Odile ; mieux que cela, des monuments uniques de la littérature allemande, les *Poésies* de Gaspard de Haguenau et la *Guerre de Troie* de Conrad de Wurtzbourg. Elle brûlait aussi le Théâtre. Elle brûlait le Musée, où les Martin Schœnn, les Hemlinc, les Peter de Hooghe, les Philippe de Champaigne faisaient face aux œuvres des peintres contemporains alsaciens, Théophile Schüler, Jundt, Lix et Schutzenberger.

De ce pauvre Musée, il ne reste plus sur la place Kléber que la façade à demi effrondrée, pareille à la carcasse du bâtiment. J'ajoute que tout autour des monuments détruits les tailleurs de pierres travaillent, et que le Temple-Neuf est à demi reconstruit. Le temple Saint-Thomas, où le monument du maréchal de Saxe pouvait être broyé par les obus, n'a reçu qu'une bombe énorme qui, tombant dans le Temple après avoir crevé une rosace, s'est arrêtée sur les dalles et n'a pas éclaté. Elle eût détruit ces superbes lustres de cuivre, élégants et charmants, et réduit en morceaux le marbre sculpté par Pigalle.

Mais là, chose étrange, les projectiles allemands, qui frappaient ailleurs les vivants, ont frappé des morts. Il y a, dans une petite pièce attenante à l'endroit où se dresse le monument de Maurice de Saxe, deux momies du xviie siècle depuis longtemps célèbres. Ce sont les restes parcheminés d'un comte de Nassau-Saarbrück et d'une jeune fille inconnue dont la tradition veut faire une héritière de ces Nassau. Depuis des années, ces momies sinistres dormaient sous leur boîte de verre, dans leurs vêtements de forme antique, sans que la curiosité malsaine des visiteurs vînt les tirer de leur sommeil. Ces faces jaunies, hideuses et muettes, demeuraient immobiles comme celle des statues.

Eh bien, la guerre est venue troubler le vieux comte. Un éclat de bombe a brisé le verre qui recouvrait la momie de la jeune fille, et cette tête d'enfant, soudain frappée par l'air, est brusquement tombée en poussière. Il faut voir ce crâne hideux, ces os en quelque sorte effeuillés, cette face sans forme, caricature d'un squelette, couverte de squames affreux. C'est la laideur du crâne des Danses Macabres poussée jusqu'à la pourriture. Hans Holbein eût reculé devant cette jeune fille en robe blanche, la tête couverte de fleurs fanées, et deux fois morte en quelque sorte, atteinte dans son repos, par la guerre, près de deux siècles après ses funérailles : — momie de princesse allemande frappée par les obus allemands.

Les artilleurs de Werder n'épargnaient rien au surplus et ne respectaient rien. Le plus magnifique exemplaire de monument gothique, l'exemplaire le plus parfait de l'art germanique, l'œuvre d'Erwin de Steinbach, la cathédrale de Strasbourg, le *Munster*, ils le prenaient pour point de mire. On répare encore, on réparera durant des années les dégâts faits dans les sculptures par les stupides arguments de fonte et de fer. Les artilleurs choisissaient pour cible la croix dorée qui domine la flèche, et qui fut atteinte en effet et tordue. On l'a redressée depuis. Elle penchait comme pour tomber. Une légende, qui court à Strasbourg, veut que l'artilleur qui pointa la pièce dont le boulet frappa la croix ait mis double charge dans le canon. Et, au moment même où le coup partait et où le projectile atteignait la flèche, le canon éclatait et l'artilleur était tué raide. Il faut du merveilleux aux imaginations des peuples, — surtout des peuples vaincus — comme aux cerveaux effarés des enfants.

De jour en jour, les traces du bombardement disparaissent. Çà et là, comme de glorieux stigmates, les Strasbourgeois arborent, sur la façade de leur logis, les obus qu'ils ont reçus. Cependant la vie reprend, le Théâtre est reconstruit; les Allemands ont ouvert, soit à Tivoli, au-delà de la *Porte des Pêcheurs*, soit rue des Frères, de petits théâtres d'opérettes et de musiquette. Ce dernier théâtre-concert, la *Thuringia*, avec sa toile peinte d'un rouge brique, sur laquelle se détache une lyre jaune, est le rendez-vous des Allemands désœuvrés. A Tivoli et dans ce théâtricule de la *Thuringia*, on chante et joue en allemand. Il ne reste à

Strasbourg, pour rappeler l'art français, que le *Grand Salon français*, où, de temps à autre, on entend les refrains nouveaux d'une chanson nationale. Encore les Prussiens ont-ils voulu interdire ces couplets en langue ennemie. Le français est proscrit comme un idiome factieux. Réciter du Corneille, ce serait insulter à M. de Bismarck. Fredonner de l'Auber, ce serait narguer les lauriers de l'empereur Guillaume.

Il s'ensuit que Strasbourg a perdu son caractère particulier de gaieté bruyante. Les Allemands eux-mêmes n'y parlent pas bien haut. La population *immigrée*, pour parler comme les gazettes prussiennes, ne se mêle point à la population alsacienne. Les officiers ont fait d'une espèce de caserne placée sur la promenade du Broglie, et qui servait de logement à un général, du temps des Français, un Casino-Militaire. Ils se retrouvent là, causant et vivant entre eux, comme les étudiants de la Faculté se rallient dans un Casino particulier.

La venue de ces étudiants à Strasbourg n'a pas apporté de vie nouvelle ni de mouvement à la cité. Les étudiants vivent parqués dans leur Université et dans leurs brasseries. Lorsqu'ils passent, les Strasbourgeois se contentent de sourire des costumes extravagants, des casquettes et des rubans de ces jeunes gens, et cette mascarade germanique paraît encore, après des années, parfaitement ridicule.

La présence de ces étudiants allemands a fait naître, il est vrai, une quantité assez considérable de librairies purement allemandes et d'où les livres *welches* — les nôtres — m'ont paru soigneusement proscrits. En revanche, certaines librairies alsaciennes ne tiennent absolument que des livres français, et ces livres se vendent encore à Strasbourg en grand nombre.

— C'est un moyen d'entretenir ici l'amour du pays, nous disait un de ces libraires. L'arme la plus sûre contre toute oppression, c'est le livre!

Hélas! si nos livres se vendent, notre langue, je le répète, est proscrite. Ces petits enfants qu'on rencontre portant leur ardoise et leur sac ou leur panier, sortent d'une école où on vient de leur apprendre l'allemand et où, avec l'allemand, on leur enseigne les vertus de la race allemande, les grandeurs de l'empire allemand, la valeur des guerriers allemands, la stupidité et la lâcheté de la race *welche*. Ils parlent allemand, ces petits êtres qui ont pu être atteints dans leur berceau, par des schrapnels prussiens. Arrivés au logis paternel, ils se hâtent, il est vrai, d'oublier la leçon apprise, de bavarder en français et d'écouter les récits des exploits de leurs frères aînés qui ont combattu sous le drapeau tricolore.

D'ailleurs, encore une fois, qu'importe la langue? La France a respecté la langue allemande dans ces provinces, mais si elle n'y a pas apporté son idiome, elle a apporté son âme.

Le 6 juillet 1790, André Ulrich, secrétaire-interprète de la municipalité de Strasbourg, prononçait à sa réception à la société des Jacobins un discours en faveur de la langue allemande :

« Il y a, disait-il, trois cents habitants de l'Alsace

qui ignorent la langue française sur un seul qui la connaît[1] »

Cela empêchait-il les Alsaciens de combattre dans nos rangs avec Rapp et avec Kléber, comme avec Luckner, et n'a-t-on pas vu, soixante-dix ans plus tard, au moment de la guerre d'Italie, que lorsqu'on affichait, à la porte des mairies, les bulletins de bataille en deux langues, en français et en allemand, les affiches allemandes attiraient une foule plus nombreuse sans doute, mais, — chose à noter — plus enthousiaste encore, plus heureuse, plus fière et plus française, s'il est possible, que celle qui se pressait aurour des affiches imprimées en français ?

Au reste, lorsque la science prussienne et les savants teutons écrivent de gros livres pour prouver que l'Alsace est allemande, et s'appuient sur deux choses pour asseoir leur raisonnement : les *mœurs* et la *langue*, les Alsaciens leur répondent en leur disant :

— Nos mœurs ne sont pas allemandes, elles sont locales, elles sont alsaciennes, et quant à notre langue, essayez de la comprendre ! Nous parlons l'alsacien, nous ne parlons point l'allemand !

Lors des élections des députés de l'Alsace-Lorraine, — ou plutôt l'Alsace et de la Lorraine, car pourquoi nous servir de l'appellation germanique ? — lors de l'élection des députés au Reichstag, des pamphlets parurent, en effet, à Strasbourg, écrits en alsacien et aussi parfaitement incompréhensibles aux Prussiens qu'aux Français.

L'Allemagne, la nation pratique, intéressée, en est

---

[1]. Heitz, *les Sociétés politiques de Strasbourg*, page 47.

aujourd'hui à déplorer l'annexion, que sa vanité conquérante lui avait fait souhaiter et réclamer, il y a cinq ans. Ce n'est pas une Vénétie militante que l'Allemagne s'est incorporée, c'est mieux et pis que cela, dans un temps où le travail est, avec le temps, le maître absolu des choses, c'est une Vénétie laborieuse.

Sans doute les Allemands d'aujourd'hui, avides et résolus comme ces anciens Germains dont Tacite disait que *leur pauvreté les rend audacieux*, essaient de transporter leurs établissements en Alsace, en Lorraine. Ils y succombent. D'ailleurs, la confiance manque à plus d'un d'entre eux. Ils ont peur que le terrain ne vomisse des flammes.

On reconnaît là leur éternelle prudence.

M. de Bismarck n'avouait-il pas lui-même, en plein Parlement, que les Prussiens ne savent pas se faire *aimer*, et qu'ils ne gagnaient pas beaucoup de terrain, au point de vue moral, dans les provinces annexées ?

— Mais bah! ajoutait le narquois personnage, la France a mis deux cents ans à se faire chérir par la Lorraine et l'Alsace. Nous verrons dans deux cents ans!

Non, la France n'a pas mis deux cents ans à se fondre avec les deux provinces. Le jour où la Révolution apporta aux paysans alsaciens et lorrains ses libertés, elle les attacha pour jamais à la France. L'état féodal s'était perpétué là avec une sorte de dureté toute germanique. Il faut parcourir, aux Archives nationales, les *Cahiers* envoyés par ces provinces aux États-Généraux pour se rendre compte de la grosseur des chaînes que la Révolution brisa.

Déjà, à la veille de 89, ces provinces agricoles sont

très-avancées en culture. « On y connaît, dit M. H. Doniol, les fourrages artificiels, et l'on tâche d'y pratiquer des alternances fructueuses que les fourrages permettent quand la seigneurie ne s'y oppose pas. » Mais la dîme est farouche : elle exige exactement la dixième gerbe de blé ; le seigneur entre au moulin et réclame sa part de grains réduits en farine. Redevance des fenaisons, corvée des moissons ; interdiction aux habitants de laisser pacager leurs troupeaux dans les bois. Presque toutes les herbes aux seigneurs. Aucune province n'est plus écrasée, plus étouffée. Et, lorsqu'un mouvement pareil à celui de 89 — qui ne date pas d'un siècle — renouvelle tout un monde affranchi, donne la liberté, la vie, l'air, le droit d'aller, de venir, de parler, de penser, à ces pauvres gens, vous voulez qu'ils oublient, en cent ans, en deux cents ans, les bienfaits de la patrie ?

Quoi que vous fassiez, la France, pour eux, c'est la liberté qui passe, le front ceint d'épis ; la Prusse, c'est le gendarme qui guette, son fusil chargé sur l'épaule !

A Mulhouse, lorsque le théâtre donne des représentations, on fait d'avance circuler des listes par la ville ; on loue toute la salle d'avance pour s'y trouver entre compatriotes et pour que les Prussiens n'y entrent pas.

Un matin, sur une des promenades de Mulhouse, on trouve au haut d'un arbre un drapeau tricolore. Les sergents allemands veulent monter l'arracher. Impossible. On a planté le long de l'arbre des clous pointus, on a enduit le tronc de glu. Personne ne pourrait arriver jusqu'à la cime. Que font les Prussiens? Ils envoient chercher quatre hommes armés de cognées, et ils leur disent :

— Abattez cet arbre!

Est-il besoin de dire que ces hommes sont Allemands? Pas un Français ne ferait pareille besogne.

L'arbre est abattu.

Le lendemain, sur l'arbre tombé, on lisait cette inscription, qui y avait été apposée la nuit :

Mort pour la patrie !

Ce sont de pareils faits qui montrent où en est l'esprit d'un peuple. A Strasbourg, l'occupation s'appelle le dédain. Un Alsacien interrogé par un Allemand, répondra : « *Che* ne sais *bas* l'allemand. » A Metz, l'occupation s'appelle le deuil. Les Messins passent silencieux et mornes. A Mulhouse, où les ouvriers et les soldats se heurtent parfois, l'occupation s'appelle volontiers la bataille.

Mais ce qui est certain, c'est que ce mot : l'*occupation*, résume seul l'état de ces provinces et de ces villes.

L'Alsace et la Lorraine — une gazette allemande le reconnaissait récemment — sont occupées, mais non conquises.

Je me rappelle encore, avec cette mélancolie souriante que laissent les bons souvenirs de voyage perdus dans le passé, un repas que je fis, par hasard, entre deux trains, il y a dix ans passés, dans un cabaret de Strasbourg, et, quand j'y songe, je revois encore cet *intérieur* curieux, dont j'ai retrouvé depuis la peinture dans les tableaux de bombances pantagruéliques de l'*Ami Fritz*.

C'était, dans une des petites rues qui avoisinent le chemin de fer, une façon d'auberge d'apparence modeste, avec la branche de pin classique attachée à la porte et tout enrubannée. L'extérieur semblait peu engageant; n'importe, on poussait la porte et on entrait. *Auberge des Bouquets de sapin,* disait l'enseigne. Des tables de bois, garnies de bancs en chêne, noires et luisantes ; des dressoirs remplis de faïences éclatantes de verroteries et de sculptures de la Forêt-Noire qui n'eussent point déparé le musée d'un antiquaire. Une cheminée haute dont le manteau homérique eût abrité tout une compagnie de routiers. Les jambons enfumés pendaient au-dessus d'une broche incessamment tournante; le feu flambait joyeusement, les jambons dorés, les champignons en chapelets, les pommes mûres et ridées se dodelinaient aux solives du plafond. Au fond, assise dans son comptoir, la maîtresse du logis surveillait la salle, causait avec les habitués, recevait l'argent et remerciait d'un sourire.

On entendait à travers la fumée les rires pleins des Alsaciens, et parfois on pouvait même distinguer les rieurs à travers ces nuages toujours plus épais. Quel bien-être, quelle prospérité, quelle grosse gaieté, un peu lourde, mais franche ! Je me sentais à l'aise en ce milieu, je mangeais de bon appétit, et Dieu sait tous les mets que la fille d'auberge avait entassés devant moi ! Côtelettes saignantes, choucroute chaude et dorée, radis noirs appétissants, saucisses qui crépitaient encore dans leur graisse, un énorme gâteau à la rhubarbe, des confitures de fraises, un cortége de sucreries, de gros quartiers de pain savoureux, une bouteille de vin de Moselle. C'était à la fois champêtre et copieux, et ce *festin* m'éloignait tellement de Paris ! Appétit de voyageur, appétit de chasseur. Je dévorai comme si j'eusse fait le voyage de Strasbourg à pied ; puis, quand était venu le quart d'heure de Rabelais, je me rappelle avec quelle timidité j'avais hasardé une pièce d'or, me demandant si elle couvrirait les frais de cette débauche de cuisine alsacienne, et aussi avec quelle stupéfaction je regardai la servante lorsqu'elle me dit, tout simplement, tout naïvement:

— Monsieur, c'est vingt-trois sous !

Vingt-trois sous ! ni plus ni moins. Probité patriarcale ! J'ai cherché vainement dans le Strasbourg annexé l'*Auberge des Bouquets de sapin*. En avais-je oublié le chemin ? Le logis a-t-il été écrasé par les bombes ? Je l'ignore. Mais c'est à l'*Hôtel de la ville de Paris*, rue de la Mésange, que j'ai dû prendre mes repas.

Là, dans cet hôtel, on n'est vraiment plus à Strasbourg. On est en pleine Allemagne. Les garçons sont Allemands, les hôtes sont Allemands, la cuisine est allemande. A la table d'hôte où l'on s'assied, les désagréables consonnes de cette langue que Charles-Quint parlait, disait-il, à ses chevaux, retentissent, comme si les convives se nourrissaient de coquilles de noix broyées. Des couples amoureux, massifs et pratiques, dévorent avec une avidité toute tudesque. On assiste à ce spectacle poétique : Gretchen mangeant sa viande, non avec sa fourchette, mais avec son couteau.

L'Allemand aura beau faire, il trahira toujours à table son tempérament grossier. Il n'est ni aimable comme le Français, ni correct comme l'Anglais, ni élégant comme le Russe. Il ne mange pas, il mastique. Il dévore bruyamment. Il s'emplit. Que j'ai regretté, à chaque repas, mon coin de table hospitalier de la petite auberge strasbourgeoise!

C'est à l'*Hôtel de la Ville de Paris* qu'était descendu, au début de la guerre le maréchal de Mac-Mahon. Le maréchal et son état-major prenaient leur repas dans celle des deux salles à manger où l'on sert aujourd'hui à la carte, à gauche, en entrant dans l'hôtel. Dans les derniers jours du mois de juillet, un des voisins entendit, à travers les fenêtres fermées de cette salle, une discussion qui s'élevait entre le maréchal et des officiers supérieurs. Mac-Mahon laissa tomber ce mot:

— Avant de quitter Strasbourg, il me faudrait 120,000 hommes.

A peine en avait-il 35,000.

« *Mac-Mahon n'avait pas assez de troupes.* » C'est le propos que j'ai entendu plusieurs fois. La popularité du maréchal est demeurée intacte en ces contrées. Les Strasbourgeois, d'ailleurs, n'accusent point nos soldats : ils les plaignent.

— Il fallait voir, diront-ils, par exemple, comment ces pauvres gens étaient commandés. Le jour même de la bataille de Frœchswiller, à midi, au moment où l'armée avait besoin de secours, un régiment d'artillerie, mandé en hâte, part au galop. Mais où croyez-vous qu'il va? Sur la route de Haguenau, à l'endroit où on se bat? Point du tout. Il galope sur la route de Saverne, au lieu de ralliement des soldats en retraite. C'est ce qu'on appelait alors *marcher au canon!*

Mais point d'amertume en parlant de ces vaincus. Au contraire la certitude d'une résurrection et d'un autre avenir. Dans un coin retiré de Strasbourg, au Jardin botanique, sous la feuillée épaisse des arbres, les Strasbourgeois ont élevé un monument de marbre à la mémoire de tous ces martyrs. Rien de plus simple et de plus fier, rien de plus touchant aussi que ce mausolée, terminé en 1874 par l'architecte Rœderer.

Et de tous les monuments commémoratifs de la dernière guerre, aucun n'a plus d'éloquence. Sur un fond de marbre noir, une date seule se détache : *1870*, date gravée en or, à demi couverte d'une palme de gloire et surmontée d'une étoile. Une date et plus rien. Point de noms, point d'inscriptions, point de phrases : *1870*.

Et ce chiffre sinistre suffit à rappeler toutes les douleurs et tous les sacrifices. Il rayonne sur ce marbre, et il semble qu'il est saignant. 1870, c'est le meurtre, c'est l'incendie, c'est la ruine, c'est l'exil, c'est l'agonie, c'est la conquête.

Au-dessus du mausolée sans nom les arbres balancent leurs branches, les lauriers étendent leurs feuilles, les oiseaux se poursuivent en chantant, emplissant de leurs trilles incessants cette voûte de verdure, tandis que le soleil frappe sur l'or du monument, illumine la date tragique, et que les plantes, tout autour, odorantes et choisies, font monter dans l'air plus lourd leurs parfums comme un encens de gloire.

« Ci-gît Strasbourg, ville française! »

Mais non, Strasbourg vit toujours, Strasbourg pense, travaille, attend, espère. Ses vieilles sympathies françaises se trahissent et se traduisent par des *riens* touchants qui n'échappent point à l'œil de celui qui observe. Tandis que les Allemands débitent des jeux de cartes où M. de Bismarck, l'empereur Guillaume, le roi de Bavière et le roi de Saxe figurent les *rois*, et où l'*as de cœur* est représenté par un Napoléon rendant son épée à la figure symbolique de la Germanie, *Germania Mater*, les Strasbourgeois composent, à la devanture de leurs boutiques, des drapeaux tricolores avec trois lambeaux de drap ou de flanelle, et les papetiers laissent collées à leurs vitrines les imageries d'Epinal où l'on voit représentés les uniformes de nos troupiers.

Cette superstition admirable des couleurs d'une nation, cela console et permet de vivre. On m'a conté qu'un vieux marin, un commandant de navire, pendant la période aiguë de l'occupation, lorsque le moindre emblème français était proscrit, calmait ses fureurs éternelles en regardant, au haut du mât d'un navire minuscule que son petit-fils s'amusait à faire naviguer sur les canaux, un brin de drapeau tricolore. Ce mince lambeau d'étoffe, c'était tout ce qu'il chérissait, tout ce qui avait été sa foi, tout ce qui était encore son espoir. Et ce qui faisait rire l'enfant faisait presque pleurer le vieillard.

Çà et là, les brasseries de Strasbourg ont des enseignes attendrissantes : *Brasserie de la Patrie, Brasserie de l'Espérance.* « Des mots! Des mots! » dirait Hamlet. Mais n'est-ce pas le *mot* qui fait supporter le *fait*, et le rêve, même mensonger, qui fait oublier la réalité dure?

Un homme semble d'ailleurs rappeler éternellement à Strasbourg la patrie française ; cet homme, c'est Kléber.

Sa statue de bronze se dresse hautaine, superbe, au milieu de la place, regardant la cathédrale comme pour y chercher le drapeau de Saint-Jean-d'Acre. Appuyé sur son sabre recourbé, le soldat de Mayence, de la Vendée, de Sambre-et-Meuse et d'Héliopolis représente non-seulement le courage et l'ardeur, mais l'attachement même de l'Alsace à la France.

Les ossements de Kléber sont là. D'abord rapportés d'Égypte et conservés au château d'If, ils avaient été transportés de Marseille à la cathédrale de Strasbourg ; mais, depuis 1838, le corps du général républicain a été descendu dans un caveau, sous la statue de bronze.

Si les morts entendaient, il frémirait au bruit des lourds talons des patrouilles prussiennes passant à deux pas de sa tombe.

Le Strasbourgeois Kléber c'est, comme Westermann, l'audace unie à la prudence, la vivacité gauloise et la gouaillerie alsacienne ; c'est le rire en pleine bataille, une face de Titan jetant sa menace et sa bravade au-dessus de la mêlée, un sabreur acharné et un penseur profond. « Voyez-vous cet hercule, son génie le dévore! disait de lui Caffarelli. — C'est le dieu Mars en uniforme, » ajoutait un autre. Bonaparte le trouvait endormi, mais il avouait que « cet homme du moment », incomparable un jour de combat, avait le réveil du *lion*.

Ce lion n'aimait pas cet aigle.

Instruit, pensif, ce fils de maçon qui avait été architecte, qui fit bâtir le château de Granvillars, l'hôpital de Thann, la maison des chanoinesses de Massevaux (le musée de Strasbourg montrait encore plusieurs dessins et des *épures* de la main du général; tout cela est brûlé), Jean-Baptiste Kléber avait deviné Napoléon sous Bonaparte, le César impérieux sous le général plein d'ambition. On a retrouvé et publié la copie du Carnet sur lequel le combattant du Mont-Thabor et le vainqueur d'Héliopolis écrivait ses impressions et ses pensées durant l'expédition d'Égypte. Il y a là, sur Bonaparte, des traits à la Tacite. Kléber note les mots échappés au général en chef. *Cela deviendra ce que cela pourra*, dit Bonaparte à Paris, au moment de s'embarquer pour l'Égypte. Il risque la vie de milliers de gens sur un coup de dés. « La moitié de mon savoir, « dit-il encore, est de ne point répondre. »

« Un jour, écrit Kléber sur son Carnet, Bonaparte, dans son impudente présomption, me parla des revers auxquels il devait s'attendre, des succès qu'il espérait après la désastreuse bataille d'Aboukir, et dit : « *Pour* « *moi, qui joue avec l'histoire,* je puis calculer plus froi- « dement qu'un autre ces sortes d'événements. »

« Mais, ajoute Kléber, jouer avec l'histoire est, ce me semble, se jouer des événements mêmes; se jouer de tels événements, c'est se jouer de la vie des hommes, des fortunes publiques et particulières, du bonheur et de la prospérité de la patrie... Est-ce là ce que le héros prétendait me faire entendre ? Je l'ignore ; je l'aurais compris s'il m'avait dit : « Je ne vis, je n'agis, que « pour remplir de mon nom les pages de l'histoire ; la « célébrité est le seul objet que je poursuis ; tout le « reste n'est pour moi qu'un jargon vide de sens. »

« Quoi qu'il en soit, j'ai été tellement frappé de cette impertinence qu'*un mouvement involontaire d'indignation m'échappa et lui fit subitement changer de ton et de langage.* »

Voilà l'homme. Franc, emporté, le verbe haut comme le cœur, l'esprit droit, la conscience juste et l'âme fière. « Qu'est mon courage, lui disait Marceau, auprès de votre génie ? » Et, devant l'Alsacien sans rival, le loyal enfant de Chartres, attiré par la cordialité frondeuse de Kléber, ajoutait : « Je ne demande qu'à servir sous vos ordres et à l'avant-garde ! ». Un jour, après les terribles journées du Mans et de Savenay, funestes aux Vendéens, les Nantais offrirent à Kléber une couronne de laurier. « Ce n'est pas pour moi, mais pour mes soldats que je l'accepte, citoyens, répondit Kléber. Nous avons tous vaincu, et je prends cette couronne pour la suspendre aux drapeaux de l'armée ! »

Et Kléber n'a pas seulement l'héroïsme solennel, il a — soldat vraiment français — la bravoure gouailleuse, et quand il aborde la mort de front, c'est pour la narguer. Lorsque, en septembre 94, en plein hiver, à la tête de l'aile gauche du corps de Jourdan, il dut traverser le Rhin, la nuit, on lui envoie contre-ordre; la lune est dans son plein et sa clarté peut trahir les mouvements de nos soldats.

— La lune? fait Kléber.

Il hausse les épaules.

— La lune, ajoute-t-il, avec son accent alsacien, *che* m'assieds *tessus* et *che* passe !

Et ce qu'il avait résolu de faire, il le fit.

Ainsi tous ces souvenirs du fier soldat me revenaient devant cette statue de bronze qui représentait, qui représente au milieu de la ville conquise l'Alsace militaire, l'Alsace héroïque, l'Alsace qui donna à nos armées les meilleurs de ses fils, l'Alsace généreuse dans la victoire et fidèle dans la défaite, l'Alsace industrielle et guerrière qui jette au vent le bruit des métiers des Kœchlin, des Dolfus,

Et ton rire, ô Kléber!

Je l'avais regardée, le jour, revoyant les bas-reliefs de Philippe Grass : Altenkirchen et Héliopolis, m'arrêtant aux inscriptions du piédestal : « *A Kléber, ses frères d'armes, ses concitoyens, la patrie. Ici reposent ses restes.* » La nuit venue, avant de partir par le dernier train de Wissembourg, je voulus revoir encore cette statue, et j'allai par les rues, jusqu'à la place Kléber.

Les cabarets allumés chantaient dans les rues sombres ; des refrains français m'arrivaient, à travers les rideaux et les portes fermées ; çà et là aussi, des refrains allemands. Je suivais ces trottoirs où les passants, déjà rares, ressemblaient à des ombres. Je voulais revoir aussi ces *Arcades* de la place Gutenberg, qui sont à Strasboug ce que les vieux piliers des Halles étaient à Paris, boutiques de drapiers, magasins de jouets où l'on vend des poupées alsaciennes à jupons rouges et à bonnets de peau, arcades de pierres où l'on retrouve encore collées et en évidence des images représentant notre garde mobile, et où j'avais, en 70, cherchant un logis dans la ville envahie par nos troupes, vu des turcos couchés avec armes et bagages. Ils dormaient là non casernés, harassés, et montrant leurs grandes dents blanches, — souriantes ou menaçantes, on ne savait, — à ceux qui les heurtaient du pied en passant.

Il faisait en août 1875, la même nuit étoilée qu'en juillet 1870. Mais les turcos n'étaient plus là; mais, à quelques pas, le Musée consumé découpait sur le ciel la silhouette funèbre de sa carcasse. Mais la sentinelle allemande allait et venait devant le poste établi à côté.

Sur la place Kléber, personne. Les bancs déserts. La nuit. Le silence. J'allai, comme si j'eusse marché vers un tombeau, jusqu'à la statue de Kléber, et là, seul, saluant en lui la patrie toujours présente, je regardai, tête découverte, cette face de bronze qui redressait son front crépu, levait ses yeux muets vers les étoiles et, altière, semblait prêter l'oreille à quelque bruit lointain de tambour, à quelque vague appel de clairon français venu d'au delà des Vosges...

Que de pensées, que de regrets, que d'espoirs tournaient, comme des âmes errantes autour d'un tel mausolée ! Il n'y faut pas rester longtemps pour se demander si la race de Kléber est morte, et si de pareils hommes ne pourraient pas revenir, le rire aux lèvres et l'épée à la main ! Et l'on regarde, et l'on songe, et l'on se reprend à croire et à espérer !

L'horloge du Münster sonna lentement l'heure que j'attendais.

C'était le départ.

J'emportais du moins de Strasbourg une consolation et un apaisement; comme jadis, comme toujours, je m'étais là retrouvé en France.

III

WISSEMBOURG.

Les Allemands ont dans leurs gares de chemins de fer une pratique excellente. La nuit venue, ils allument de grands transparents en forme de parallélogrammes où se lisent clairement les destinations diverses des trains en partance : *Mulhouse, Wissembourg, Bade*. Ce qui nous gâte la satisfaction qu'on éprouve à se voir, de la sorte, immédiatement renseigné, c'est l'orthographe nouvelle de ces noms : *Mulhausen, Wissemburg*. Mais, en Alsace et en Lorraine, il faut s'habituer à ces tristesses.

Il n'était pas très-tard quand j'arrivai à Wissembourg, onze heures du soir, s'il m'en souvient, et la petite ville, plongée dans la nuit, dormait depuis longtemps et semblait morte. A la gare, personne. Aucune voiture, pas d'omnibus, nul commissionnaire. La ville est cependant assez éloignée, et comment se rendre à l'hôtel seul, dans une ville inconnue ?

Un jeune homme, un Alsacien, qui se trouve là, veut bien, fort heureusement, me venir en aide. Il prend la moitié de mes bagages et, par une route sombre, à travers les ténèbres, nous allons à Wissembourg, qu'on n'aperçoit point dans la nuit, et qui, tout à l'heure, lorsque nous y entrerons, va nous paraître une nécropole.

— Mais pourquoi, demandons-nous à cet homme, les hôtels n'envoient-ils pas au moins un garçon à la gare?

— Et à quoi bon? fait-il. Il ne passe plus de voyageurs à présent, c'est fini. La ville a *bien perdu*. Personne ne s'y arrête, que les courtiers qui viennent chercher des commissions et qui n'en trouvent pas. Wissembourg est vraiment triste, monsieur.

— On y regrette la France ?

— Vous pensez, dit-il simplement.

C'est à l'*Hôtel de l'Ange* que je descends ; un vieil hôtel, des escaliers à rampes de bois sculptées et à galerie intérieure donnant sur la cour, comme dans les *patios* espagnols. Le propriétaire est Allemand, et les lits aussi sont faits à l'allemande, de ces lits où l'on est toujours pris entre la fluxion de poitrine et la congestion, où l'on étouffe parce que les couvertures y sont épaisses et lourdes, où l'on gèle parce que les draps étroits ne peuvent pas être bordés. Je n'ai jamais rencontré un de ces lits allemands en voyage sans préférer dormir sur un canapé. D'ailleurs, c'est peu de chose qu'une nuit passée, quand on rêve. Devant ma fenêtre ouverte, le paysage est assez sombre ; des murs hauts et noirs, une eau qui coule tristement et dont l'aurore me montrera la couleur jaunâtre. C'est la Lauter, la *Lauterbach* chantée par les chansons alsaciennes.

Dès le point du jour, je suis dans la rue. J'ai hâte de visiter le champ de bataille. Il est dans Wissembourg même, ce terrain de lutte et de tuerie, et ces ruisseaux recouverts de planches ont été rougis du sang des morts. La bataille a commencé au pied des remparts de cette ville, déclassée depuis 1867, et dont les portes ont cependant opposé une résistance à l'envahisseur.

Rien ne rappelle aujourd'hui le combat du 4 août. A peine quelques balles, çà et là, dans le grès de la porte de Haguenau et de la porte de Landau. Mais les morts sont nombreux au cimetière; tous les ans les tombes sont fleuries, et les rubans tricolores flottent sur les croix de bois et sur les monuments de pierre.

C'est au Geissberg, château solide et massif, situé au flanc d'une hauteur couverte de houblonnières et de vignes, que le combat fut peut-être le plus meurtrier. Les Allemands, qui mirent plusieurs corps d'armée en ligne pour écraser une division française, se heurtèrent là contre une poignée d'hommes qui tinrent leurs régiments en échec. L'ordre du prince royal de Prusse daté du quartier général de Landau, 3 août, porte que la division bavaroise Bothmer, une partie du corps Hartmann, la 4e division de cavalerie, le 5e corps, le 11e corps, le corps Werder et le corps von der Tann marcheront en même temps pour refouler « l'ennemi » et pénétrer en Alsace. Or, le lendemain, pour arrêter ce torrent, pour disputer le passage à ces masses profondes, le général Abel Douay allait disposer de deux brigades incomplètes, le régiment du colonel Carré de Bellemare n'ayant pu prendre part au combat.

Les habitants de Wissembourg ont gardé très présents à la mémoire les incidents de cette terrible journée, ou plutôt de cette matinée, car tout fut fini en quelques heures. La veille, vers sept heures du soir, peu de temps avant la nuit tombante, on avait vu arriver à Wissembourg avec sa division, qui paraissait fatiguée, un général non pas à cheval, mais traîné dans une voiture de paysans. Il était descendu assez las, il était allé un moment à la sous-préfecture, puis on l'avait vu partir pour un petit village des environs, Riedseltz, où il devait dormir sa dernière nuit.

C'était Abel Douay.

Le maréchal de Mac-Mahon venait tout récemment de mettre la division Douay sous les ordres du général Ducrot; il trouvait, à dire vrai, un peu trop exposée cette division ainsi détachée et *en flèche*, et il signalait le danger au général Ducrot (ses dépêches en font foi); mais Ducrot non-seulement envoyait la division Douay à Wissembourg, mais il lui enjoignait encore d'accepter la bataille, le cas échéant. Les Prussiens eux-mêmes reconnaissent dans leurs récits officiels qu'avec huit bataillons seulement, et huit bataillons incomplets, et dix-huit pièces, accepter le combat, c'était se jeter à la boucherie. C'est donc au général Ducrot que revient la responsabilité de ce premier et sanglant échec.

A huit heures et demie du matin, une batterie bavaroise, gravissant une des hauteurs qui domine Wissembourg, ouvrait son feu sur la ville. Et trois heures auparavant, un détachement français envoyé de ce côté en reconnaissance était revenu *sans apercevoir aucune trace de l'ennemi!* On faisait la soupe, on se lavait, on s'astiquait sous ce ciel d'août, un peu brumeux, par hasard, mais qui s'éclaircissait peu à peu ; on chantait, lorsque le premier coup de canon retentit.

Aux armes! Les *turcos* du général Pellé, vieil africain, solide et sec, généreux, ardent et intrépide, bondissent comme des chacals et, à travers les vignes, courant sus aux canons qui tonnent, ils arrachent, un moment, les pièces aux artilleurs, tandis que les tirailleurs allemands qui se sont repliés devant cette trombe, embusqués maintenant derrière les haies et les fourrés qu'ils ont gagnés, fusillent les Algériens à découvert et incapables d'emmener les canons qu'ils ont conquis. Ces pauvres gens, ces fils de l'Afrique au service de la France, ont laissé dans ces populations d'Alsace des souvenirs d'héroïsme, et on parle souvent là-bas de leurs faces noires, de leurs dents blanches et de leurs exploits.

A Wissembourg, on vous dira, en montrant la hauteur qu'ils ont gravie sous le feu de l'artillerie bavaroise :

— Ils sont allés chercher leurs canons jusqu'en Bavière !

La frontière est proche, en effet, et c'est de la frontière même que partait la canonnade.

Soyons justes, l'assaut donné au Geissberg par les Allemands fut vaillant aussi. Mais là, c'était le nombre qui se précipitait vers le château, que ne défendait même plus la batterie de mitrailleuses placée au-dessus. Cette batterie, écrasée par le feu convergent de quatre batteries prussiennes, n'avait pu se maintenir. Une de ses pièces était démontée, deux de ses avant-trains avaient sauté, et les Allemands prétendent que le général Douay fut tué par l'explosion d'un de ces avant-trains. La vérité est qu'il tomba frappé d'un éclat d'obus.

N'ayant plus d'artillerie pour les protéger, soutenant les derniers la bataille, tandis que la fusillade faiblissait vers la ville emportée d'assaut, les défenseurs du Geissberg redoublaient d'énergie, de fureur, et de cette haute demeure, par les fenêtres, par les soupiraux, par les interstices des colonnettes de pierre qui, formant balustrades, couronnent le jardin en forme de terrasse, leurs coups de feu plongeaient dans les masses noires des assaillants qui montaient, glissant ou s'embourbant dans le terrain détrempé par la pluie tombée la veille, poussant des hurrahs, tombant, hurlant et toujours repoussés par nos soldats postés dans le Geissberg, au nombre de combien? de mille, de quinze cents peut-être, de deux mille, on ne savait, tant la défense était énergique, tant la fusillade était vive.

Et par les vignes, par les houblonnières, les fantassins prussiens montaient, traînant des canons, redoublant de rage. Le régiment des grenadiers du roi arrivait, tambours battant. Les officiers montraient d'en bas la lourde silhouette du Geissberg et, là-haut, les trois peupliers au pied desquels Abel Douay venait de mourir. Et hurrah! En avant! Les officiers tombent, le drapeau se brise, la hampe est en morceaux;

le major de Kaisenberg la saisit, il tombe frappé de trois balles. Le lieutenant Siemon la ramasse, il meurt. Le capitaine Batsch, le lieutenant Scholtz, l'enseigne porte-épée von Globen, le vice-sergent-major Scholl, le baron de Luttwitz brandissent tour à tour le drapeau. Tous succombent. On se multiplie, on s'encourage, on tire en enragés dans le château, et plus les Prussiens, dont le nombre augmente, gagnent du terrain, plus les coups des chassepots se multiplient et plus ils frappent juste.

Il fallut du canon pour écraser ces hommes. Il fallut que le Geissberg fût étroitement pris dans un cercle de fer pour que ses défenseurs consentissent à se rendre. On bombardait le château à 800 mètres. Le lieutenant général von Schmidt, qui remplaçait le général von Kirchbach blessé au cou, put enfin, lorsque les défenseurs du Geissberg mirent bas les armes, compter le nombre des soldats qui venaient d'arrêter une armée : ils n'étaient pas *deux cents!*...

Sur la pente de la colline, dans les vignes, sous les arbres, dans le chemin creux qui monte au Geissberg, on pouvait compter leurs ennemis morts. Le bataillon de fusiliers du régiment des grenadiers du roi avait, *à lui seul*, perdu onze officiers, neuf sous-officiers et cent cinquante-sept hommes.

Aujourd'hui, tout sourit au Geissberg et rien n'y sent plus le carnage. On a peine à se figurer que ce verger, ce jardin, ces cours ont entendu tant de râles. Il ne reste rien que des mouchetures de balles aux murailles de cette construction du xviie siècle et des fosses profondes à l'ombre des houblons. Quand je visitai ce château, regardant, comme avec une instinctive horreur, s'il ne restait pas de taches de sang aux branches des groseilliers ou aux ceps des vignes, une dame élégante, assise au bas du perron de pierre par où les Prussiens sont entrés, travaillait, en prenant l'air du matin, à quelque broderie, tandis qu'un enfant, charmant et souriant, jouait, je crois, dans le sable auprès d'elle. Nous saluâmes de loin la châtelaine du Geissberg, qui de Paris vient là passer l'été, et nous nous demandions si l'endroit où nous rencontrions ce tableau de Greuze était bien celui où l'on avait entendu le sifflement des balles et les cris démoniaques des combattants, rouges de chaleur et ivres de poudre.

En descendant de la colline vers la ville, nous trouvons le cimetière où reposent les soldats morts. Là-haut, à l'endroit où Douay fut frappé, tout à côté d'un gros arbre, près des trois peupliers, les Allemands ont construit un de ces mausolées sans goût dont le nombre est maintenant si grand autour des champs de bataille. L'inscription porte le nom du *Kœnigs grenadier-rœgiment*, et ces dates unies à ces souvenirs : *Wissembourg, 4 août* ; *Wœrth, 6 août* ; *Petit-Bicétre, 19 septembre* 1870. Il y avait encore, toutes fraîches, des couronnes de feuilles de chêne.

Que j'aime mieux l'humble tombe des pauvres turcos alignés, côte à côte, le long du cimetière de Wissembourg ! Les pauvres gens dorment là, avec leurs noms inscrits sur des croix de bois blanc. Une croix à ces fils de l'Islam ! A peine a-t-on tracé, du bout d'un pinceau, un croissant noir au milieu du bois. Ils reposent loin des leurs, loin de la tribu, dans une terre étrangère qu'ils ont cependant vaillamment défendue et comme si elle eût été leur terre natale. Rien de plus navrant que ces tombes d'Africains frappés sous les plis de nos drapeaux. Ils se sont battus pour qui? pourquoi? Pour nous, parce qu'ils sont courageux et qu'ils obéissent. Ils sont morts pour une patrie qui leur avait pris leur patrie, à eux. Ils représentent l'abnégation inconsciente, le sacrifice instinctif, le devoir naïf et bon.

Un jour, à l'heure où nos prisonniers rentraient, pauvres et râpés, du fond de l'Allemagne, quelqu'un vit descendre, à demi mourant, d'un wagon de malades et coucher sur le quai de la gare de Cambrai un jeune Africain que la souffrance et les privations, supportées à Ingolstadt, avaient si effroyablement miné et rendu tellement anémique qu'il en était devenu aveugle. Ses mains, d'une maigreur affreuse, se cramponnaient aux vêtements de ceux qui le soutenaient, et ses yeux sans regard cherchaient à deviner les visages de ceux qui l'entouraient.

— Où sommes-nous? demanda-t-il d'une voix faible et avec l'accent presque enfantin des fils d'Afrique.

— Ici?

— Oui.

— Nous sommes à Cambrai.

— Et Cambrai, est-ce en France, Cambrai?

— Oui, c'est en France!

Un sourire d'une joie et à la fois d'une mélancolie

profondes courut aussitôt sur les lèvres déjà pincées du turco, et on l'entendit murmurer :

— Enfin ! La France ! Je vais donc *mouri* en France !

Mourir en France ! Cet Africain se sentait consolé de mourir en France. Il se retrouvait parmi les siens dans ce Cambrai dont il ne connaissait même pas le nom. Mourir en France ! Pauvre enfant ! A l'heure où tant d'autres, des plus puissants et des plus illustres, se souciaient si peu de l'honneur ou de l'indépendance de la nation vaincue, lui, cet Algérien à qui la France avait mis un fusil entre les mains, il était heureux, il rayonnait d'un dernier sourire, parce qu'il pouvait « mourir en France ! »

Eux aussi, les turcos enterrés à Wissembourg, sont morts en France. Mais ils reposent en Allemagne. Leur sang versé a été inutile. La France, il est vrai, n'est pas loin, et les habitants de Wissembourg n'ont garde d'oublier les turcos qui sont là, sous de petits tas de pierres. Leurs tombes étaient couvertes de roses rouges, de fleurs et de couronnes, le jour où j'y passai, fleurs apportées quelques jours auparavant, lors de l'anniversaire du combat.

Et, de tous ces *tumuli*, le plus fleuri était celui de Mohammed-ben-Mansour, blessé à Wœrth, le 6 août 1870, mort le 3 février 1871. Six mois d'agonie, six mois de colère, car le mourant pouvait entendre les chants de victoire que poussaient presque chaque jour ceux qu'il avait combattus.

Il est touchant de rencontrer dans ce cimetière, des noms français, comme celui de Pacot (de Paris), du

50ᵉ de ligne ; de Pierre Noël, garde national mobile, ou de Chesnai, unis par la fraternité de la mort aux noms algériens d'Ali, de Mustapha. Un monument central a d'ailleurs été élevé au milieu du cimetière. Il est là, comme la grande croix de la fosse commune, pour marquer la place de tous les martyrs connus ou inconnus.

Les habitants de Wissembourg y ont fait graver cette inscription éloquente et simple :

*Aux soldats français, nos frères,
morts pour la patrie, le 4 août 1870.*

Un monceau de fleurs retenues par des rubans tricolores avait été apporté là, et parmi ces fleurs une couronne de fleurettes artificielles bleues, blanches et rouges, me frappa. Quelque main féminine avait longuement travaillé à cette couronne. De qui venait-elle ? D'une sœur, d'une mère, d'une fiancée, d'une amante ? A quoi bon chercher ? Elle venait d'une Française.

Le général Charles-Abel Douay repose là, sous une large pierre de grès rouge. Une couronne de lauriers, nouée d'un ruban tricolore, était déposée sur cette pierre tombale, et à côté du cercueil du père, dans la fosse, la veuve du général Douay a fait descendre le petit cercueil du fils du valeureux général, Gustave-Charles Douay, né le 1ᵉʳ janvier 1870, mort le 18 février 1871. Celui que la mort a pris en pleine bataille dort à côté de celui que la mort a emporté au seuil de la vie. Et on s'arrête devant cet inconnu qui a fini là,

cet enfant, qui portait le nom d'un soldat tué et qui
— l'avenir ne l'a pas voulu — eût peut-être été son
vengeur.

J'ai vu, dans une pharmacie de la ville, la pharmacie Ch. Remm, la place où demeura couché, pendant toute l'après-midi du 4, le cadavre d'Abel Douay. L'officine s'ouvre sur la rue ; on y arrive par deux marches de pierre. A droite, en face du comptoir, on étendit, sur le plancher, le corps tout sanglant du général. Les Prussiens voulaient, disait-ils, le faire embaumer. On le laissait là, dans son uniforme de campagne, taché de sang et de boue. La blessure qui avait causé la mort était un éclat d'obus reçu dans le flanc gauche. Cette large plaie saignait encore ; il n'y a pas si longtemps que la tache du sang coulant du cadavre sur le parquet était parfaitement visible. Depuis un an, elle a disparu, la pharmacie ayant été, je crois, remise à neuf.

Plus d'un épisode de l'héroïque bataille de Wissembourg est demeuré comme perdu dans la fumée du combat. Les vaincus ne rédigent point d'ailleurs de longs bulletins. Ils se taisent, tandis que le vainqueur signale à la reconnaissance du pays ceux qui ont vaillamment fait leur devoir. Les Prussiens ont célébré le courage du major comte de Waldersee, qui tomba à la tête de son bataillon de chasseurs, devant la gare de Wissembourg, comme un autre Waldersee devait tomber devant les barricades du Bourget. Mais nous devons saluer aussi les intrépides combattants de la gare et du Geissberg. Nous devons saluer ces soldats inconnus, ce *demi-peloton* français, disent les documents officiels allemands, ces quelques braves qui se firent hacher par les fusiliers du 58ᵉ prussien, par les chasseurs et les artilleurs allemands accourus par centaines, plutôt que d'abandonner l'unique bouche à feu que les vainqueurs nous aient arrachée ce jour-là.

Comment s'appelaient ces héros ? Quel est le nom de celui qui commandait au Geissberg ? La France l'ignore.

Mais on vous contera, à Wissembourg, qu'à l'heure où la ville était déjà emportée, où les Prussiens se répandaient, çà et là, en hurlant, dans les maisons, un officier français, ralliant des soldats épars, les ramenant au combat, rejeta hors des murs les Allemands qui avaient franchi la porte de Haguenau. Épisode admirable. D'un côté, des milliers de combattants. De l'autre, un officier pris de l'appétit de la mort et exaspéré par la défaite, un officier et soixante hommes. Et ce sont ces soixante hommes qui font reculer cette foule !

Le grand état-major prussien, dans la deuxième livraison de son ouvrage, se demande (je cite textuellement) *quels motifs poussèrent les Français à réoccuper la porte de Haguenau.* Il n'y eut pas d'autre « motif » que la colère de la défaite et que cette rage patriotique de l'homme qui préfère la mort à la déroute.

Ces soixante hommes étaient quelques turcos rejetés dans Wissembourg et des soldats du 74ᵉ de ligne.

Quant à l'officier, il se nommait le capitaine Launay-Dufray, du 74ᵉ, et il dort maintenant à côté de ses compagnons, au pied des coteaux couverts de vignes, dans le petit cimetière de Wissembourg.

Un nom vient aussitôt à la mémoire lorsqu'on traverse cette ville. Comme on retrouve à Strasbourg le souvenir de Kléber, ici on ne pourrait éviter le souvenir de Hoche. C'est de là qu'après avoir battu les ennemis à Frœchswiller, en décembre 93, il partit, s'appuyant sur les lignes de Wissembourg, pour débusquer des redoutes du Geissberg les Autrichiens de Wurmser, les émigrés du prince de Condé et les Prussiens du duc de Brunswick. La veille, il avait écrit : « *Demain, Landau sera débloqué, ou je serai mort!* » Le lendemain, le Geissberg était emporté, l'ennemi était battu, Landau était libre.

Et qui sait s'il n'y avait point, parmi les jeunes officiers de notre armée vaincue, bien des héros comme ce capitaine de Launay qui, lui aussi, pouvait dire : « Ce soir, Wissembourg nous restera, ou je serai mort! » et qui sentait battre dans ses veines le sang des Hoche et des Marceau?

Il ne faut point parler aux habitants de Wissembourg de la journée du 4 août, si l'on ne veut point réveiller chez eux les plus tristes souvenirs. Mais que dis-je, *réveiller?* Rien n'est assoupi, rien n'est endormi en eux. Ils parlent aujourd'hui encore des épisodes de la guerre comme si tout cela datait d'hier. C'est leur amère consolation, c'est leur existence même. Il semble que leur vie heureuse se soit arrêtée là et qu'ils remontent, par piété filiale, jusqu'à ce moment d'où réellement date la séparation.

Le matin, ils étaient Français; le soir, ils étaient Allemands. C'est la conquête. « Nous entretenons
« entre nous, dit un sermon de Henry Peacham, de

« perpétuelles guerres pour décider quel sera celui
« qui, comme le crapaud, s'endormira avec le plus de
« terre entre ses pattes. » Le soir du 4, la Lauter et
les Basses-Vosges étaient à l'Allemagne. Il ne restait
plus de soldats français dans la ville que les blessés et
les prisonniers. Aux environs, à Altenstadt, à Riedseltz, des soldats débandés se battaient encore. On
entendait des coups de feu de temps à autre. Puis tout
se tut peu à peu.

Il n'y avait plus maintenant d'autres bruits que les
râles des mourants et les chansons des vainqueurs qui,
du fond des caves pillées, lançaient leur refrain : la
Sentinelle au Rhin, *Kutschké* en campagne, ou le
Franzosen mit rothen Hosen! « Français aux pantalons rouges ! »

Le lendemain, les Wissembourgeois purent voir
défiler, comme coulerait un fleuve, les innombrables
soldats allemands qui, fiers déjà de la victoire, entraient
en France le front haut et les yeux levés vers le ciel,
comme s'ils y eussent vu la grande Germanie les poussant aux batailles.

Puis, l'aurore du 6 août se leva et, ce jour-là, le
canon retentit de nouveau. On entendait son grondement sourd répercuté par les échos des Vosges. On
prétendait saisir le crépitement des mitrailleuses. Dans
cette lutte féroce d'un combat d'artillerie, le canon
rugit comme le lion et la mitrailleuse semble miauler
comme le tigre. On se disait que c'était sans doute les
Français qui revenaient, et on se répétait tout bas :
« Mac-Mahon est là ! »

Où se battait-on ? A Wœrth. Dans quelle fièvre se

trouvaient les pauvres gens *occupés!* C'était sur le visage des vainqueurs qu'ils suivaient les phases de la bataille. Le canon paraissait se rapprocher, puis s'éloigner. Comme les cœurs battaient! Déjà les blessés commençaient à arriver. Des Bavarois pour la plupart. Ils étaient mornes. Est-ce que les Bavarois seraient battus ?

La matinée passait. Le combat continuait toujours. On se prenait à espérer. On avait vu des officiers bavarois, rapportés du champ de bataille, regarder d'un air furieux les officiers prussiens, et on les avait entendus dire : — « Ils nous mettent toujours en avant! Tremblent-ils donc d'essuyer le premier feu? »

Les *alliés* se disputaient ou ne se parlaient point. Évidemment les Français gagnaient du terrain. A trois heures de l'après-midi, un capitaine bavarois, dont l'épaule était fracassée, ne se gêna point pour dire en français : — « Nous sommes perdus ! Le général Hartmann a battu en retraite jusqu'à Lembach ! »

— Que dites-vous là? s'écria un Prussien, menaçant.

— La vérité!

Le Bavarois blessé et l'officier prussien échangèrent un regard de colère, presque de menace. Elle courait déjà bien des risques, la fameuse unité allemande, cimentée par la haine du Welche et par la folie présomptueuse de nos gouvernants!

Le lendemain du 6 août, que serait-il advenu de cette union entre les adversaires de Kissingen et d'Aschaffembourg, si Mac-Mahon eût reçu du général de Failly les renforts qu'il était en droit d'attendre?

« — Nous sommes perdus ! »

Ce mot avait parcouru la petite ville comme une traînée de poudre. Les Allemands battaient en retraite! On allait revoir les Français! Hélas! à quatre heures, un major bavarois, rapporté sur un brancard, et que le médecin français qui le soignait, questionnait, répondit :

— Eh bien! c'est fini. La journée est à nous. Quand on m'a emporté, la clef de la position française nous appartenait déjà!

Mais quoi! le major pouvait se tromper peut-être. Et puis une bataille n'est perdue que lorsque les derniers coups ont été portés. Et le canon grondait encore. Il s'éteignait cependant; son hurlement n'était plus qu'un râle. Le soir venait. Tout à coup, à six heures, sur la place du marché, les musiques allemandes firent entendre le choral de victoire. C'en était fait! Les Germains triomphaient encore. Il y eut, à Wissembourg, bien des larmes versées, et les fenêtres se fermèrent, pour que les Allemands n'entendissent pas les sanglots des vaincus et que les Alsaciens n'entendissent pas les cantiques des vainqueurs.

Je m'imaginais bien ces terribles scènes en parcourant les rues paisibles, en entrant dans l'église, en regardant les ogives du cloître et ses chapiteaux sculptés, où quelque grand artiste inconnu a taillé dans la pierre les feuillages divers de la flore des Vosges. Tous ces bâtiments, toutes ces ruelles devaient alors retentir de cris et de plaintes...

A Wissembourg, soit que leurs soldats fussent exaspérés par les pertes terribles que le feu de nos soldats leur avait fait essuyer, soit que, dès le premier choc, poussés par la haine, par cette *Nemesis Germanica* dont ils nous menacent encore, ils voulussent nous faire sentir ce que pesait le courroux de l'Allemagne, sans qu'ils eussent alors à parler d'autres représailles que celles de 1806 ou du Palatinat, les Allemands furent atroces. On vous dira là qu'en face de la gare, dans la petite auberge qui s'y trouve encore, ils ont, sans pitié, achevé des blessés couchés dans leur lit. Une ambulance avait été faite prisonnière après le combat. Les articles de la Convention internationale de Genève contraignaient les vainqueurs à rendre la liberté à ces gens qui venaient, non pas combattre, mais soigner les blessés. Un médecin n'est pas un ennemi. Il incarne le salut, non la haine. Les Allemands permirent bien à l'ambulance de partir, mais après avoir brisé les trocarts des chirurgiens, cassé les instruments, confisqué les bistouris et les sondes. On ne s'explique pas un acte semblable. Cela est méchant et sauvage.

Le soir de la bataille, des ambulanciers apportaient dans une maison de Wissembourg un capitaine du 1ᵉʳ tirailleurs algériens, un jeune homme dont ceux qui l'ont soigné ont eu le temps d'apprécier l'amabilité. Il s'appelait Baptiste Grandmond.

Or, voici ce qu'il raconta :

« — J'avais reçu, au bas de la colline, vers la porte de Landau, deux blessures, dont une dans la jambe qui m'empêchait de marcher. J'étais là, étendu dans un champ de pommes de terre, entendant encore la fusillade, assistant à l'assaut des fossés, furieux et navré de ne plus pouvoir combattre, d'ailleurs désarmé. Tout à coup, des Bavarois qui m'ont aperçu, couché, se sont mis à me montrer du doigt. Je sais l'allemand. — « Je parie que je ne le manque pas, a dit l'un deux. — Ni moi, a dit un autre. » Ils m'ont couché en joue et ils ont tiré. Ils ont tiré ainsi pendant plus de deux minutes. Ils étaient bien dix ou douze. Ceux qui ne tiraient pas riaient. J'étais tombé avec deux blessures; on m'a relevé avec ce que vous voyez! »

Le capitaine Grandmond avait sur son corps sept blessures distinctes. Par un hasard singulier, aucune d'elles n'était mortelle, mais elles avaient, dans le corps du malheureux, formé tant d'esquilles que, ne pouvant bouger à cause de ses os brisés, ce jeune homme, souriant encore malgré ses souffrances, mourut de consomption après quelques semaines.

Sa tombe est au cimetière, à côté de celle du capitaine Kiéner, du même régiment.

Quelques jours avant mon excursion à Wissembourg, il s'était passé une sorte de scandale, à propos du service anniversaire célébré au Temple Protestant, en mémoire des soldats morts le 4 août.

Jusqu'en 1875, ce service solennel s'était fait, tous les ans, en français. Les Wissembourgeois s'y rendaient donc, et les Allemands de la garnison ou les *Schwobs* « immigrés » n'avaient garde d'y paraître. C'était, en quelque sorte, une cérémonie purement française.

Cette année (1875), le pasteur protestant de la ville a refusé de célébrer ce service en langue française. Pour la première fois il a parlé allemand. C'est en allemand qu'il a prié pour la mémoire du général Douay et du capitaine Grandmond ! Il en est résulté que les Allemands seuls se sont rendus au Temple, et que les Alsaciens se sont abstenus.

Mais c'est un symptôme à noter. Le pasteur, qui représente cependant la pensée libre, la recherche de la vérité, une certaine foi épurée, subordonne l'intérêt de la patrie à celui de l'État nouveau, ou plutôt à celui de sa religion. Cette question de culte passe pour lui avant la question nationale.

Les habitants protestants de Wissembourg le lui ont dit sévèrement.

— Après avoir été longtemps, s'écriait l'un d'eux en lui parlant, une minorité tolérée, ne devenez pas, s'il vous plaît, une majorité intolérante !

D'un autre côté, on vous démontrera que le clergé catholique est patriote simplement parce qu'il regarde la France comme la fille aînée de l'Église et qu'il croit servir, en la servant, les intérêts de Rome. Je me rappelle fort bien, après notre défaite de Spicheren, avoir entendu un curé de village des environs de Metz s'écrier devant moi : « C'est un juste châtiment ! Pourquoi avions-nous retiré la garnison de Rome ? » Il n'en est pas moins vrai que nul n'hésitera entre un prêtre fidèle à sa patrie et un pasteur qui se sert, pour parler à son Dieu, de la langue du vainqueur.

L'évêque de Strasbourg M. Raess ne raisonnait pas d'ailleurs autrement lorsqu'il se vantait de rendre à Dieu ce qui est à Dieu et à César ce qui est à César. Et peu lui importait que ce César fût un Bonaparte ou un Brandebourg !

Au surplus, cette question redoutable et triste mérite bien qu'on la traite à part. On y reviendra dans ces pages.

Ce qui est certain, c'est que le pays nous est resté fidèle.

Un seul trait, entre mille : Un enfant de Wissembourg ou plutôt de Riedseltz, un nommé S..., fils d'un riche fermier et qui a opté pour la France, qu'il sert à cette heure en qualité de soldat, avait obtenu de l'autorité allemande la permission de séjourner chez lui, durant un mois, pendant un congé renouvelable.

Son colonel lui ayant accordé une prolongation de congé, le jeune homme se rend, pour obtenir une prolongation de séjour, à la *Kries-direction*, à ce qui est la sous-préfecture.

— Vous voulez que je vous renouvelle votre permission ? lui dit alors, en souriant paternellement, le fonctionnaire prussien. Je le ferai volontiers. Mais, voyons, il y a un moyen bien plus simple de demeurer à Wissembourg ou à Riedseltz tant qu'il vous plaira. Vos parents sont à leur aise, vous pouvez y vivre heureux et d'une vie large. Restez-y. Restez ici. Vous aurez à peine à servir dans un corps quelconque et je me fais fort d'obtenir qu'on ne vous impose même pas cette nécessité !

— C'est-à-dire que vous me conseillez de ne pas rejoindre mon régiment ? répondit le jeune homme.

Et regardant le fonctionnaire bien en face :

— Monsieur, répondit-il à la fois poliment et sévèrement, en bon français, cela s'appelle *déserter*; vous ne le savez peut-être pas. Mais, en revanche, je ne savais pas, moi, que les fonctionnaires allemands fus sent élus pour désapprendre le devoir aux gens ! Refusez-moi le droit de séjourner un jour de plus auprès des miens, soit, vous êtes le maître ; mais ne me demandez pas d'abandonner mes compagnons et mon drapeau. Je partirai demain pour la France !

Je sais le nom du petit fermier. Mais pourquoi l'écrire ? Et qu'a-t-il fait que n'eussent fait tant d'autres ?

Avant de partir, j'ai voulu, en suivant la route qu'ont prise les Turcos pour courir sus aux batteries allemandes, revoir l'ancienne frontière française. J'y vais lentement en prenant à gauche de la porte de Landau. Les murs de Wissembourg sont presque abattus. Des canards barbotent dans l'eau stagnante des fossés. Je monte une côte assez douce, par une route plantée de gros arbres, bordée à droite par un clair ruisseau qui babille en courant.

Instinctivement, au tronc de ces noyers on cherche des traces de balles. On oublie de contempler, sous le ciel limpide, cette campagne verte, riche, ces vignes pleines de promesses. Comme dans Wissembourg, où les vanneries et les mégisseries ne vous attirent plus, on ne songe plus qu'à la bataille. On s'est fusillé sous ses arbres. On a agonisé au rebord de ces fossés. On s'est tapi derrière ces ceps pour égorger plus facilement des hommes et pour frapper plus sûrement, en courant moins de danger. Les Turcos ont bondi, poussant leurs cris de panthères, sous ces poiriers dont les blessés mordillaient les fruits verts, afin d'étancher la soif ardente que donne un coup de feu. Combien de mourants se sont penchés sur ce ruisseau pour y boire quelques gouttes qu'ils croyaient le salut !

Il semble qu'on les revoie encore. Par l'imagination, tout se peuple et s'anime. Et pourtant la trombe humaine a passé et après tout elle n'a rien détruit que des hommes. Les nations continuent d'armer. Les poiriers continuent de mûrir.

On aperçoit un village sur la hauteur. C'était, jadis, le premier village allemand qu'on rencontrait en sortant de France. Ici, auprès d'une fontaine, une borne s'élève encore. D'un côté, on déchiffre un F qui dit *France* et un B qui dit *Bavière*. Du côté de la France un poteau aux couleurs allemandes se dresse avec l'éternel chiffre : *E. L.* (Elsass-Lothringen). Du côté de la Bavière un poteau aux armes du roi Louis, rayé aux couleurs bavaroises: blanc et bleu de ciel. Pourquoi ces armes? La Bavière n'est plus la Bavière. Elle est une province prussienne. Ce qu'il faudrait ici, ce sont les couleurs de l'empereur Guillaume.

Et voilà donc ce qu'est une frontière! Quelque chose de fictif, une borne, un champ de luzerne, un sentier, un ruisseau...

> L'été vient tarir la rigole
> Qui sert de limite à deux rois!

Et voilà pourquoi les mères pleurent et les hommes meurent!

Je reste un moment là, songeant à ce que la perte de cette pierre marquée d'un F nous a coûté, regardant passer, dans les champs, des paysans portant sur leur dos ou sur leur tête des bottelées de foin, rêvant...

Puis je redescends du côté de Wissembourg, dont j'aperçois là-bas, à ma droite, la haute tour de l'église paroissiale de Saint-Pierre et de Saint-Paul, avec son couronnement en charpente, sa calotte sphérique et son campanile qui servaient de cible aux obus de la division Bothmer.

En approchant de la ville, un bruit strident, perçant, quelque chose comme un sifflement sautillant, arrive à mes oreilles. Des instruments invisibles jouent quelque part un air de marche, un de ces pas redoublés que semblent affectionner les musiques prussiennes. L'air est gai, alerte, entraînant, un air de fête et de triomphe. De sourds battements de tambours accompagnent le son aigrelet des fifres qui jettent au vent leurs notes grêles...

Ce sont des soldats qui défilent derrière les bastions.

On devine leur lourd bataillon, leur pas solide, le bruit de leurs talons. Les fifres pétillent, redoublent de *tirelis* et de trilles acides, et il y a, en vérité, quelque chose d'insultant, d'ironique et de cruel dans cette invisible musique qui passe par-dessus les broussailles, les haies et les houblonnières, et qui vient ici percer les oreilles. Le fifre, c'est comme le sifflement railleur de l'implacable victoire. Il susurre insolemment sa chanson joyeuse. Il enlève gaiement son air de fête. Il soufflette de son aigre ironie les pauvres morts couchés dans les champs.

Et ceux-là qui auraient entendu, comme moi, ce défilé joyeux des soldats vainqueurs, à travers cette terre qui a bu tant de sang, comprendraient ce que je vais dire et ne souriraient pas: — il me semblait que chaque note criarde du fifre, cette vrille alerte de l'orchestre, allait irriter dans leur tombe ceux qui, autour de Wissembourg, ont, en mourant, bien mérité de la patrie.

IV

DE WISSEMBOURG A HAGUENAU.
CATHOLIQUES ET PROTESTANTS. AUTONOMISTES ET PATRIOTES
DE HAGUENAU A REICHSHOFFEN.

Une des privations les plus grandes qu'on éprouve en parcourant l'Alsace, c'est la privation de journaux français. Les Prussiens ne laissent circuler que les feuilles directement soumises à leur autorité, ou quelques gazettes belges. De tous nos journaux, le *Temps* est celui qu'ils subissent encore le plus volontiers, quoiqu'ils le suppriment assez fréquemment pour un mot, pour une phrase, pour rien. Mais on vend les numéros jusqu'à quarante centimes dans les gares, et la population peut difficilement se les procurer. On en est donc réduit à prendre ce qu'on trouve, et lorsqu'on rencontre, par exemple, dans le *Journal d'Alsace* les discours prononcés à l'inauguration du monument de Frœschwiller, ou dans l'*Industriel* de Mulhouse quelque souvenir donné à la mère-patrie, on se sent presque satisfait, tant on a soif de l'ombre ou de l'écho du patriotisme.

En passant à Haguenau, j'avise une petite feuille,

d'un format plus que modeste, le *Journal de Haguenau*. Cela est imprimé en français, mais l'accent, mais l'esprit de ce pamphlet périodique sont purement prussiens. L'Allemagne, qui volontiers *passerait au caviar*, selon l'expression russe, c'est-à-dire effacerait sous de larges rayures et taches d'encre la moindre pensée française, doit enseigner aux gazetiers qui rédigent ces feuilles la source même de l'inspiration, l'iné-puisable *fonds des reptiles*. Et c'est en lisant ces journaux inspirés par l'étranger qu'on s'aperçoit du tort immense que font à notre patrie ceux qui s'acharnent aujourd'hui à une politique rétrograde et cléricale. Chacun de leurs votes, les Prussiens l'exploitent. Les Prussiens, pour essayer de détacher l'Alsace-Lorraine de la France, tirent parti de chacune de ces lois auxquelles Royer-Collard eût volontiers répondu : « Je jure d'y désobéir ! »

Le *Journal de Haguenau*, réveillant et attisant, par exemple, la vieille rivalité entre les luthériens et les catholiques, imprimera tout net que les *protestants réclament vainement devant le conseil d'État contre les arrêtés qui leur interdisent les cimetières ordinaires* et qu'avant peu *on jettera, chez nous, les calvinistes et les juifs dans une sorte de voirie*. Calomnie, soit. Basile troquant son goupillon contre une plume trempée dans une encre fabriquée à Berlin, n'en a pas moins, pour donner créance à ses assertions, la tendance générale du mouvement qui pousse notre pays vers un cléricanisme aussi intolérant que celui de la Restauration. Et tandis que M. de Bismarck répète, comme on le lui a entendu dire : « Eh bien, tant

—« mieux, les régiments conduits par des aumôniers
« sont moins redoutables que ceux que commandent
« de bons colonels, » les gazettes *alsaciennes*, taillées
sur le patron du *Journal de Haguenau*, réimpriment,
comme je l'ai lu : « La France de Voltaire devient la
France de Loyola ; elle fait chaque jour un pas en
arrière [1]. »

Et la lecture de ces lignes, il faut l'avoir faite en
pays conquis, devant le vainqueur, pour comprendre
tout ce qu'elle a d'irritant et d'humiliant, tout ce
qu'elle fait monter de rougeur aux joues. Mensonge,
exagération, calcul, je sais quels noms on peut donner
à des assertions pareilles. Mais elles subsistent, mais
elles ont un fondement et, pour citer encore M. de
Bismarck, un *noyau de vérité*.

Les Allemands qui rédigent et qui impriment le
Journal de Haguenau ne se donnent point, d'ailleurs,
la peine de parler français et ils disent, sans chercher
d'autre exemple, de l'Assemblée nationale : « La Chambre française, dont l'impuissance est *notaire*... »

C'est au buffet de Haguenau que j'achetai cette gazette. Je crois bien que c'est là seule gare de chemin
de fer où j'aie vu, placés en pleine lumière, les bustes
en plâtre de l'empereur Guillaume et de son fils. Partout ailleurs, les buffets sont privés de semblables ornements. Mais ici, le locataire de l'établissement est
patriote au point qu'il donne aux pots de fleurs destinés à orner son comptoir les trois couleurs alleman-

---

1. Nous laissons ces réflexions à leur date (*août 1875*). On n'est jamais bien certain que le passé soit mort.

des et qu'il lance à tout Français de passage, le regard courroucé du Prussien qui, malgré Sedan, croit avoir encore Iéna à venger.

Je n'ai donné, au surplus, qu'un coup d'œil à cette petite ville pittoresque de Haguenau, aux fortifications démolies et qu'il me semblait revoir, pleine du bruit et du trouble de la journée du 6 août, pendant que tonnait le canon de Frœchswiller, les cuirassiers bouclant leurs ceinturons en hâte, les fantassins courant aux faisceaux, les paysans inquiets, les enfants charmés, les oies marchant gravement dans les rues encombrées de troupes, et telle que nous l'a peinte John Lewis Brown, dans un de ses tableaux les plus colorés et les plus mouvementés.

La forêt dite de Haguenau, qui donnait à la commune un revenu annuel de plus d'un million de francs, servit singulièrement au début de la campagne à masquer les opérations militaires des Prussiens. M. Hepp, sous-préfet de Wissembourg, télégraphiait deux jours avant la bataille qu'un enfant entré sous bois avait vu la forêt *fourmiller* de Prussiens. On n'eut garde, comme on sait, de s'en préoccuper. Et puis ensuite on se plaignit que les Allemands eussent utilisé ce qu'on ne savait plus utiliser. En campagne, cependant, la prudence est de bonne guerre. « Le soleil, la
« pluye, le vent, dit Tavannes, la poudre, la fange,
« l'éminence, les fossez, ruisseaux, hayes, bois, mon-
« tagnes, vallées, profitent et nuisent selon que l'on
« sçait bien ou mal servir; la place de combat bien
« choisie est la moitié de la victoire. »

Mais, à dire vrai, ici, ce n'était pas à ces souvenirs

que je pensais. La prose du *Journal de Haguenau*, jointe aux renseignements recueillis à Wissembourg sur l'attitude actuelle des protestants, m'avait légèrement inquiété. Serait-il possible, encore une fois, me disais-je, que la question religieuse vînt compliquer, vînt obscurcir la question politique ?

Deux grands courants d'idées, d'opinions, divisent en ce moment l'Alsace-Lorraine : l'un qui pousse quelques individualités vers l'*autonomie*, l'autre qui emporte la population vers l'*irréconciliabilité*, la résistance morale à l'Allemagne.

Est-il besoin de dire que ce dernier courant est le plus puissant des deux ? On le vit bien lorsqu'en janvier 1874, sonna l'heure des élections pour le Reichstag allemand. Toutes les raisons pratiques déduites en faveur de l'avantage d'une représentation qui, ne discutant pas les faits accomplis, se contentât de réclamer pour l'Alsace et pour la Lorraine un peu plus de liberté et un peu plus de bonheur, tous ces beaux raisonnements d'opportunité et d'intérêt ne tinrent pas devant le frémissement instinctif qu'éprouva la population à envoyer des députés chargés de faire entendre à l'oreille du monde entier une protestation pure et simple.

Vainement les *autonomistes* essayèrent-ils de lutter, de faire entendre que, n'ayant point déchaîné tant de maux sur leur patrie, ils voulaient tirer du malheur national le meilleur parti possible et s'arranger s'il se pouvait, sur le lit de douleur, en disant aussi, comme Guatimazin : « Nous croyez-vous sur un lit de roses ? » — Inutiles paroles. Une patriotique fièvre avait saisi l'Alsace et la Lorraine. Elles se sentaient France purement et simplement, sans se soucier de tout intérêt, et elles tenaient à affirmer leurs vieilles sympathies françaises.

Peut-être au lendemain de nos désastres, à la veille de la conclusion de la paix de Bordeaux, lorsque M. de Gasparin, rappelant le souvenir des anciennes Républiques de Mulhouse et de Strasbourg, réclamait pour l'Alsace la neutralisation et le *self-government;* peut-être l'Alsace eût-elle été heureuse d'échapper aux serres de l'aigle de Prusse. Mais, depuis le traité de Francfort, il ne s'agissait plus que de protester et, comme le disait dans sa profession de foi M. Henri Hœffely, manufacturier à Mulhouse, de réclamer « *le droit absolu de choisir sa patrie* » et de proclamer que « *le droit prime la force.* »

M. Schnéégans allait alors répétant :

— L'Alsace française ayant été perdue, tâchons de sauver l'Alsace alsacienne !

On lui répondit par des éclats de rire, et des caricaturistes strasbourgeois publiaient une pancarte satirique : *E Gænsel spiel! Le jeu de l'Oie*, que l'ancien député avait d'ailleurs le bon goût de laisser vendre librement.

M. Fischbach rappelait vainement les paroles que lui écrivait de Bordeaux son beau-père mourant, l'intègre M. Küss, le dernier maire français de Strasbourg:

— La France est perdue pour nous, sauvons l'Alsace !

L'Alsace s'obstinait à croire que la France n'était pas aussi perdue pour elle qu'on voulait bien le lui faire entendre, et qu'il y avait encore quelque vitalité dans cette contrée que M. A. Schnéégans appelait « le grand et malheureux pays d'outre-Vosges. »

Les *autonomistes* répondront de leur campagne devant l'histoire, et ils ont pour juge leur conscience. L'un d'eux me disait naguère, à Strasbourg, avec un accent de franchise :

— Répétez bien à Paris que nous ne sommes pas des Prussiens. Pris entre l'autorité allemande qui nous surveille et la population qui nous soupçonne, notre rôle est difficile et périlleux. Mais va-t-on mordre la queue d'un tigre ou d'un lion avec lequel on se trouverait enfermé? On tâche de vivre d'abord, quitte à chercher ensuite à sortir de la cage.

Il ne m'est point permis de nommer celui qui parlait ainsi. Mais pourquoi ne pas se fier à la sincérité des hommes? Ce qui est certain, c'est qu'il peut y avoir en Alsace et en Lorraine des partisans de l'autonomie et des partisans de la France, mais personne encore, personne, entendez-vous, ne s'est levé, dans ces provinces, disant : Je suis du parti de la Prusse !

L'*autonomiste*, il est vrai, incline déjà vers l'Allemagne par le seul fait qu'il parle d'autonomie. Le président supérieur du Conseil général de la Haute-Alsace, M. de Moller, un Prussien, n'a-t-il pas, un jour, dans un banquet offert par le président du district, à Colmar, vivement encouragé les aspirations du pays vers sa *constitution autonome dans le sein de l'empire?*

Ainsi, le bout de l'oreille perce. L'amour de l'autonomie, ce serait une sorte d'oubli de la France.

Et c'est bien pourquoi la chanson raille les *autono=*

mistes, cette chanson dont j'ai cité un couplet au début de ce livre.

Une brochure, imprimée sur papier chamois et répandue dans Strasbourg, au moment des élections, montre — croqués à la façon des albums de Toppfer — trois hommes assis et buvant la même bière; l'un est un bon bourgeois d'Alsace, cheveux frisés, favoris superbes, cravaté, comme se cravataient nos pères, à la Talleyrand; il élève lentement sa chope pleine; l'autre est un Prussien de Prusse, carré de la tête et des épaules, et qui, vu de dos, avec son casque à pointes, ressemble vaguement à M. de Bismarck. Le troisième est un simple auditeur, mais il doit être, comme le premier « autonomiste, » c'est-à-dire que le croquis l'accuse tout net de trinquer volontiers avec le Chancelier de l'empire germanique.

Et la chanson s'amuse :

> Dans notre Alsace on peut voir
> Surgir d'une boîte
> Diablotin blanc, rouge et noir
> Qui partout s'emboîte,
> Qu'à Strasbourg Berlin envoie
> Et qui, sur son mirliton,
> Répète dans chaque ton :
> « Qui veut l'autonomie
> « O gué!
> « Qui veut l'autonomie ? »

> « C'est, dit-il, un fort bon plat
> Que je vous prépare.
> Un *Kneppfelkuch'* délicat,
> Et tout à fait rare.

> Ce qu'invente mon génie
> Social et dévoué,
> Entrera, foi d'avoué,
> Dans mon autonomie,
> O gué !
> Dans mon autonomie ! »

J'ai déjà dit que les rimes étaient pauvres et j'ajouterai que le sel de ces plaisanteries et de ces personnalités est surtout — et seulement peut-être — piquant à Strasbourg. Mais c'est une chanson souvent, c'est un refrain qui devient l'arme invincible des vaincus.

La chanson et la caricature. On écrira un jour l'histoire de la caricature en Alsace durant la conquête. A l'heure des élections au Reichstag, la caricature joua son rôle. Il y a, à Strasbourg, une enseigne populaire, l'*Homme de Fer*, qui est pour tout Strasbourgeois ce qu'est le *Manneken piss* pour un habitant de Bruxelles, *Jacquemart* pour un habitant de Dijon ou l'*Homme de la roche* pour un Lyonnais, une sorte de Palladium de la cité. Il se dresse, cet homme de fer, salade en tête, cuirasse à la poitrine, cuissards aux jambes, gantelets aux mains, tenant droite sa hallebarde, à l'angle d'un vieux logis. On l'aime à Strasbourg, on l'admire, on le fête. Parfois, comme le *Pasquino* et le *Marforio* de Rome, il prend la parole pour faire connaître, par quelque facétie, l'opinion intime du peuple strasbourgeois. Les Prussiens, connaissant sa popularité, s'avisèrent donc, un beau matin, de le faire parler.

Un M. Alph. Pick (est-ce un nom ? est-ce le pseudonyme d'un Allemand ?) publia une sorte d'allocution de l'*Homme de Fer*, écrite en langue alsacienne (incompréhensible pour un Allemand), et adressée à la population de Strasbourg. Il y était question de la sage résignation que doit montrer prudemment un peuple conquis, et la brochure était la paraphrase de certain écrit de M. André Raess, évêque de Strasbourg, qui devait déclarer tout net que son idéal est de « vivre « dans le nouvel ordre de choses, en paix avec les au- « torités constituées, *ne sacrifiant jamais les intérêts* « *du ciel aux intérêts de la terre*, » et conseiller aux agités de perdre la *manie* du patriotisme et de « se taire aussi longtemps qu'ils n'auront pas une « armée de 1,200,000 hommes pour *venir* déchirer le « traité de Francfort. » (Lettre au rédacteur du *Journal d'Alsace*, datée de Berlin, 28 février 1874.)

Mais les avis de l'*Homme de Fer*, dictés par M. A. Pick, n'étaient pas du goût de la population strasbourgeoise, et une brochure nouvelle paraissait bientôt, signée de *E. Mitburjer, électeur*, et montrant bravement à sa première page une lithographie où le légendaire *Homme de Fer* était représenté faisant, en vrai gamin de Strasbourg, ce qu'on appelle un *pied de nez* aux autonomistes furieux, tandis qu'au bas de cette image, dans une cage de fer dont les autonomistes, aussi laids que le Mayeux de Traviès, fermaient le cadenas, une femme était représentée, accroupie, la tête dans la main et pleurant, et qu'on lisait au-dessous de cette figure captive ces mots : *L'Alsace autonome*.

Une autre brochure, également imprimée en dialecte alsacien, et que les collectionneurs rechercheront un jour comme une rareté, porte, sur sa couverture rose, une lithographie spirituelle et vengeresse. Il y a encore, à Strasbourg, une autre enseigne populaire : c'est, dans la Krutenau, un certain renard, debout dans sa chaire, et qui fait un sermon à un auditoire composé de poules et de canards. Il prêche ceux qu'il voudrait croquer. Le lithographe anonyme a donc représenté ce maître renard coiffé d'un gigantesque casque prussien et, d'un geste impératif, dictant ses ordres à quelques pauvres volatiles costumés en paysans alsaciens, la plupart estropiés par les obus du bombardement et arrivant clopin clopant sur leurs béquilles, avec des bras en écharpe et des jambes de bois, pour écouter ce que dira le Renard, qui est bel et bien un renard allemand comme celui de Goëthe. Rien de plus ironique qu'une telle image, et le fragment d'église bombardée, et le clocher du Münster, que l'artiste a dessinés dans cette lithographie, ajoutent à la scène je ne sais quoi de funèbre. Comme certains Daumier, cette *charge* rapide semble emprunter, en vérité, aux circonstances une grandeur tragique.

Notez que les Prussiens ne sauraient déchiffrer deux lignes de ces pamphlets, seulement compréhensibles pour les Alsaciens, et jugez de l'influence que de tels écrits et de tels dessins purent avoir à l'heure des élections.

Le résultat est de l'histoire aujourd'hui. En dépit des candidatures autonomistes, en dépit de l'introduction des candidatures spéciales de Bebel à Strasbourg et de Liebknecht à Mulhouse, la protestation pure l'emporta avec une majorité considérable. Le docteur Ch. Abel, de Thionville, s'était écrié dans sa profession

de foi : « Habitants de la Moselle et de la Nied, l'Al-
« lemagne croit que c'est de votre plein gré que vous
« avez cessé d'être Français. Est-ce vrai ? C'est ce qu'il
« s'agit d'aller dire à Berlin. »

Et Alsaciens et Lorrains répondirent :

— Non, cela n'est pas vrai. Allez à Berlin et dites-le, quoiqu'il n'y ait plus là maintenant d'autres juges que des juges qui donneraient tort au meunier de Sans-Souci !

Protestation inutile et platonique, a-t-on dit. Mais ce n'est pas seulement pour le présent qu'on proteste. Au-dessus de l'heure qui sonne, il y a l'heure qui plane et qui vient. Au-dessus du fait, il y a le droit. Au-dessus du ricanement d'un ordre du jour voté d'avance, il y a le verdict inévitable et définitif de l'Histoire.

Les questions religieuses, dont je parlais au début de ce chapitre, avaient été, dans ces élections, une cause de discussion, et les autonomistes, ceux qui disaient : « Que nous soyons Français ou Allemands, ou
« Suisses, ou Chinois, demeurons Alsaciens ! » avaient essayé de diviser les votants en luthériens et en catholiques, et de montrer l'apparente ironie qu'il y avait à voir des démocrates choisir, par exemple, des prêtres pour candidats.

Les autonomistes oubliaient qu'à cette heure philosophes et catholiques, républicains et légitimistes, israélites et luthériens, tous étaient (le jeu de mots fut fait alors), tous étaient *protestants*, c'est-à-dire Français.

Évidemment, les démocrates ne s'alliaient aux cléricaux que sur un point, comme Charette et Faidherbe avaient combattu pour la même cause. Mais ceux qui réveillaient alors les rancunes ou les terreurs protestantes savaient bien ce qu'ils faisaient. Les luthériens ont, de tout temps, été moralement opprimés en ces contrées. Au moment même de la guerre, il y a cinq ans, on les accusait tout haut d'être les alliés de l'armée allemande.

Le *Volksbote* du 6 août 1870, pour citer des exemples, prétendait (infâme calomnie) que *le jour de prière* édicté par le roi de Prusse pour le triomphe des armées allemandes avait été observé dans une commune d'Alsace! Quelques jours plus tard, le 26 août, *Paris-Journal* imprimait, sous ce titre : *L'Alsace, pourquoi a-t-elle été envahie?* un article qui commençait ainsi :

« Une dame, ancienne directrice des postes en Al-
« sace et qui est née dans ce pays, nous explique d'une
« façon nouvelle comment les Prussiens ont pu s'em-
« parer, *presque sans coup férir,* de cette belle pro-
« vince qui, en 1792, alors que sa réunion à la France
« était plus récente, organisa si puissamment la résis-
« tance contre l'étranger... Le manque d'armes a bien
« été la cause matérielle du défaut de résistance de
« l'Alsace... Mais si les Prussiens nous ont envahis,
« en résumé, c'est parce que ce sont les protestants,
« et non le chapitre catholique de Notre-Dame, qui
« possèdent les revenus de Saint-Thomas;... c'est
« qu'il existe en Allemagne une vaste association, le
« *Gustav-Adolph-Verein*, qui étend ses ramifica-
« tions en Alsace, *vraie franc-maçonnerie luthé-*

« *rienne dont les chefs sont le roi de Prusse et le*
« *grand-duc de Bade.* »

Deux ans avant les élections au Reichstag, l'Alsace avait assisté à des scènes puériles ou miraculeuses, qui eussent facilement pu tourner au tragique et qu'un publiciste alsacien nous résumait ainsi :

« On entrait alors dans cette période de fièvre qui ne devait finir qu'au 1ᵉʳ octobre 1872, et l'on ne savait pas encore d'une manière certaine que l'option, pour être valable, impliquait l'émigration. A beaucoup de gens l'idée ne venait même pas qu'il fût besoin d'émigrer pour redevenir Français. Émigrer ? Aux fils quittant leurs familles, aux magistrats, aux fonctionnaires l'un après l'autre abandonnant l'Alsace, on disait invariablement, non pas *adieu*, mais « *au revoir, à bientôt, ne vous faites pas trop attendre.* » Personne enfin n'admettait que ce qui était arrivé pût durer.

« Dans l'universelle effervescence alors parut, circulant de main en main, clandestinement, venant on ne sait d'où, une mince et petite feuille, chétive, hardie, osant dire en allemand, dire en français, tout ce que chacun sentait et pensait, osant braver et défier la conquête. D'où venait-elle ? De la patrie. Mais le cultivateur, l'ouvrier, le bourgeois qui la trouvait dans sa poche, sous sa porte, sur sa fenêtre, ne pouvait deviner comment elle lui parvenait.

« Comme le Czar trouvait *la Cloche* d'Herzen sous sa serviette, le gouverneur de l'Alsace-Lorraine dut, plus d'une fois, rencontrer sur son assiette un exemplaire sur papier bleu glacé des numéros de la *Ligue d'Alsace.*

Presque en même temps on ouït parler de vitres miraculeuses, de voix surnaturelles, d'apparitions survenant à Rastadt, à Soultz-sous-Forêts, à Roppenheim et tout le long du Rhin. A Krüth, la sainte Vierge se montrait, comme à Lourdes. Elle avait daigné parler, en *kolmerer*, à Louise Kaltenbach, une pauvre idiote de Colmar.

« *Betet*, priez, disait-elle aux fidèles, priez toujours « et espérez ; les temps sont proches. »

Et la fièvre des miracles, la fièvre des pèlerinages, déjà raillée du temps d'Erasme, se propageait en Alsace comme en France.

Bientôt, de tous les points de l'Alsace, de la Suisse, du pays badois, accourent les pèlerins ; des infirmes se traînaient à Krüth pour y trouver leur guérison ; les dévots, fort nombreux, traversaient la forêt en marchant sur les genoux. Et quand les Prussiens firent garder la forêt par des uhlans et de l'infanterie — sous le prétexte qu'on ruinait les jeunes plantations — on apprit que la Vierge se manifestait maintenant à Walbach, au val de Munster, en sorte qu'il y eut un jour là dix mille personnes attendant la mère de Dieu, *pour une heure de l'après-midi !* Ce furent les dragons brandebourgeois de la garnison de Colmar qui apparurent, et leurs escadrons, déployés en longues lignes, refoulèrent tranquillement la masse croyante et priante.

« Certes, ajoute avec beaucoup de sens le publiciste que j'ai cité, il y avait beaucoup de patriotisme dans cette ferveur de dévotion, et c'est probablement pour cela qu'elle déplaisait à l'autorité allemande. Mais ces manifestations produisaient un autre effet : elles réveillaient les défiances protestantes et rappelaient, en les confirmant, les anxiétés de 1870. Car enfin que n'avait-on pu, que ne pouvait-on faire accroire à une population qui se persuade voir l'action d'un miracle dans le coloris d'une vieille vitre ou dans les mouchetures d'un haricot ? »

Les luthériens donc craignaient fort de voir revenir les heures tragiques où, au siècle passé, en Alsace, les missions de Jésuites faisaient tout pour obtenir le bannissement des protestants [1]. Toujours, en effet, l'accusation de *prussophilie*, si je puis dire, revenait contre les protestants, dont plus d'un pasteur cependant devait abandonner l'Alsace et la Lorraine pour opter pour la France, tandis qu'un seul curé d'Alsace, l'abbé Ch. de Humbourg, quitta le pays pour cause d'option. J'ajoute, pour être juste, que les prêtres catholiques demeurés en Alsace ont intrépidement protesté et protestent encore contre la conquête.

Chaque jour, on assimilait les luthériens aux Allemands. « La chute de M. Thiers a été pour les protestants et les radicaux d'Alsace un véritable *coup de foudre*, » disait l'*Univers* du 5 juin 1873, donnant tout chrétiennement à entendre que M. Thiers, M. de Bismarck et les républicains de France n'ont qu'un seul et même but.

1. En 1753, une mission de Jésuites du village mixte d'Hunawihr suscita une querelle dont la conséquence fut l'arrestation et le bannissement du pasteur et de dix notables protestants de la localité. La relation manuscrite de cet acte d'intolérance fut apportée à M. Julien Sée, rédacteur du *Courrier du Haut-Rhin*, en 1869, par le vieux sellier Obrecht, de Horbourg.

Puis ce même journal ajoutait : « Les événements de Versailles ont *consolé* l'Alsace catholique. »

Consolé ! Pourquoi ? Dieu merci, je veux croire que la question patriotique prime la question religieuse, et que ces haines s'affaibliront ou se transfigureront en amour du pays.

Dans les dernières années du règne de Napoléon III, l'héritage de 1648, la liberté religieuse était remise en question en Alsace ; on entendait parler d'*hérétiques* et de *guerre sainte* — et chaque fois que la France fait un pas en arrière sur la route de la liberté l'Alsace s'émeut et s'effraye. On ne sait plus chez nous, ou plutôt on ne veut plus savoir, on affecte d'oublier que c'est comme alliée de Gustave-Adolphe que la France du XVIIe siècle entra dans les villes libres d'Alsace ; l'influence catholique et le relèvement national sont, aux yeux de certaines gens, choses parfaitement synonymes, et contre la Prusse luthérienne, en lutte avec l'épiscopat romain, une concentration sur le terrain ecclésiastique paraît tout indiquée à ces aveugles. Rien cependant n'est plus contraire et au génie français et — puisque ceux-là se disent monarchistes — aux vraies traditions de l'ancienne monarchie elle-même.

Et, en effet, que nous dit l'histoire ?

— C'est seulement après avoir abattu l'influence espagnole et catholique que la maison de France put s'étendre au delà des Vosges. La force d'expansion de sa politique s'évanouit comme au moment précis de la révocation de l'édit de Nantes. Avec la fin du XVIIIe siècle, cette force reparaît, s'affirme, la France reprend son rôle et sa mission historique. Chose à noter, la France ne grandit jamais que pour la liberté et par la liberté. Quand elle retourne la tête vers le passé, comme la femme de Loth, elle est aussitôt pétrifiée.

Aujourd'hui, la France suit les complications confessionnelles où s'est engagé le cabinet de Berlin.

C'est ainsi que Richelieu avait soutenu contre la maison d'Autriche les puisances luthériennes de l'Allemagne, tout en combattant les progrès du luthéranisme en France. Mais la France ne doit pas être, — sous peine de n'être plus, — le foyer de l'esprit du passé.

C'est bien parce que les journaux comme la petite feuille de Haguenau, plus haut citée, entretiennent les méfiances des luthériens, que je redouterais que que l'Alsace se détachât d'une France cléricale comme d'une France impériale. Mais, en dépit de certaines exceptions, les protestants de Lorraine et d'Alsace sont aussi Français que les catholiques. Je suis certain qu'en 1874 ils ont voté pour des prêtres.

Et les Juifs, demandera-t-on, comment ont-ils voté? En 1869 et en 1870 *pour le gouvernement*, contre les avis des Küss, des Kablé, des Klein, vrais patriotes clairvoyants; en 1874 *pour la France*, avec les catholiques. Mais la puissance croissante du clergé les ramènerait peut-être à leurs anciennes craintes. Les juifs alsaciens, bien différents en cela des juifs allemands, que la France a émancipés, n'oublient pas ce qu'ils doivent à la nation qui proclama les *Droits de l'homme*. Tandis que les juifs de Mayence, que Custine affranchit, brisant les portes de leur

ghetto ; tandis que ceux de Francfort, à qui l'armée
rançaise enleva pour toujours le stigmate de drap jaune
que l'Allemagne les forçait à porter sur l'épaule, sont
demeurés allemands, altérés de fortune, éblouis par le
césarisme, les juifs alsaciens et lorrains sont attachés
indissolublement à la France libératrice.

Et pourtant, comme vers l'Est la puissance matérielle et par conséquent l'attraction morale de notre pauvre France ont décrû depuis soixante ans !

Le territoire alsacien, par exemple, développé, élargi par la Révolution, s'est rétréci avec elle et, mutilé par les traités de 1814 et de 1815, il se réduit aujourd'hui, pour la France, à une partie informe de l'ancien arrondissement de Belfort. D'une superficie totale de 116 myriamètres 95 kilomètres, il ne comprend plus aujourd'hui que *quelques cantons* de langue française.

Rien de plus poignant que ces successifs morcellements, ces brutales rognures, si je puis dire, qui semblent marquer la diminution de la patrie. « Lors de la nouvelle organisation territoriale de la France, dit l'auteur de l'*Alsace ancienne et moderne* (Bagnol. Strasbourg, 1865), en 1790, le département du Bas-Rhin fut formé de la ci-devant Basse-Alsace, à laquelle on ajouta, en 1793 : 1° l'ancien comté de Saarverden, dépendant des domaines de Nassau-Saarbrück et de Nassau-Weilbourg ; 2° l'ancienne seigneurie de Diemeringen, qui avait appartenu au rhingrave de Salm ; 3° celle d'Asswiller, provenant de la famille de Stein Kallenfels et 4° plusieurs communes du Palatinat Par décret du 14 mars 1793, il fut agrandi considérablement au Nord, où ses limites se trouvaient à Nieder-Hochstadt, au-dessous de Landau. Sa superficie était, en 1814, de 569,500 hectares (en 1870, de 455,034 h.), et l'arrondissement de Wissembourg comprenait 10 cantons et 182 communes, avec une population de 146,050 habitants. Par les traités de Paris des 30 mai 1814 et 20 novembre 1815, le département du Bas-Rhin perdit à sa frontière du Nord les quatre cantons de Bergzabern, Candel, Dahn et Landau, comprenant 84 communes et une population de 66,662 habitants. Ses limites furent transportées en deçà de la Lauter, à l'exception cependant de la partie de la ville de Wissembourg située au delà de cette rivière, qui resta à la France, ainsi qu'une portion de territoire de mille toises, située alentour. »

Le département du Haut-Rhin, comme celui du Bas-Rhin, subit la destinée que lui impose notre histoire : la République l'agrandit par la victoire, l'empire le diminue par l'invasion[1].

---

[1]. Le département du Haut-Rhin fut formé, en 1790, de la Haute-Alsace et du Sundgau, auquel fut jointe la petite République de Mulhouse, ancienne alliée de la Suisse, après qu'une loi du 11 nivôse an VI (31 décembre 1797) l'eut incorporée à la France. — Michelet, dans son *Histoire du XIXe siècle* (t. II) montre cette République de Mulhouse allant, la première, au Directoire, apportant son drapeau sur les gigantesques épaules de quelqu'un qu'il ne nomme pas, mais qu'il appelle le *plus bel homme du Rhin*, voulant être française à notre frontière même « acceptant les dangers d'être notre avant-garde. » — Par une autre loi du 28 pluviôse, an VIII (17 février 1800), le département du *Mont-Terrible* fut réuni à celui du Haut-Rhin dont les limites se trouvaient ainsi transportées jusqu'à Neuve-Ville, près du lac de Bienne. Il comprenait alors cinq chefs-

Eh bien qu'importe! Victorieuse ou vaincue, petite ou grande, forte ou humiliée, rayonnante et acclamée ou mourante et chargée de fers, cette France est la France aimée. Les Alsaciens et les Lorrains l'ont perdue, la regrettent et l'adorent. Voilà la vérité. Ce n'est pas à son étendue, c'est à sa hauteur d'idées qu'ils mesurent sa taille et son génie.

Elle leur a donné la gloire, elle leur a apporté le malheur. Ils l'aiment.

Elle a été contrainte de les céder à l'étranger. Ils l'aiment.

Elle semble parfois les oublier. Ils l'aiment.

Ces derniers venus dans la grande nationalité française sont comme les fils aînés de la patrie, ceux qui l'ont le mieux servie, ceux qui la défendraient sans doute encore le mieux...

... Et je songeais à toutes ces choses. Un coup de sifflet retentit. Le train s'arrête.

— *Reichshoffen!* crie une voix.

Reichshoffen ?

Je regarde par la portière du wagon. A ma droite, une petite gare sans caractère avec ce nom désormais inoubliable: *Reichshoffen*. A ma gauche, un petit drapeau tricolore palpitant sur une tombe. C'est là.

---

lieux d'arrondissement et sa superficie était de plus de 600,000 hectares (411,338 en 1870). Mais par suite du traité de Paris du 30 mai 1814, les arrondissements de Porrentruy et de Délémont furent rendus à la Suisse, et une loi du 9 janvier 1816 lui enleva en outre les cantons de Montbéliard et d'Audincourt qui, depuis, firent partie du département du Doubs. (Voyez Bagnol.)

C'est là que finit la bataille. C'est par là que s'écoula, comme un torrent, l'armée en retraite.

Reichshoffen ! Arrêtons-nous.

Cette terre parle et semble brûler encore. Il y a, de ce côté, bien des émotions, bien des larmes, bien des douleurs et bien des fiertés pour un Français.

V

DE REICHSHOFFEN A WŒRTH.

Dès le premier pas fait à Reichshoffen, on rencontre un souvenir de la bataille.

En face de la gare, et tout près de la clôture qui protége la voie, dans un petit champ de blé, une tombe s'élève, modeste, avec une courte inscription. C'est celle d'un fantassin du 45ᵉ, si je n'ai pas oublié le chiffre, soldat qu'un éclat d'obus abattit là, tandis qu'il se retirait du champ de bataille, portant sur ses épaules son officier blessé.

En quelques minutes, on va à pied de la gare au village. Nous cherchons, sans la trouver trop vite, une voiture pour nous rendre à Frœschwiller et à Wœrth. Mais c'est jour de fête à ce dernier bourg. Toutes les voitures sont prises. L'aubergiste chez lequel nous entrons se charge pourtant de nous en procurer une et nous attendons, tout en regardant la petite salle où nous sommes attablés.

Une jeune femme, brune et l'œil bon, tient entre ses bras un petit enfant de cinq ou six mois, tout vêtu de blanc, avec un bonnet ruché, et qui, avec ses jolis yeux étonnés et curieux, ombragés de cils déjà longs s'abaissant sur ses prunelles limpides, nous regarde tout en riant de ce beau rire des petits enfants qui écarte les joues roses et illumine ces visages dont la chair ressemble à la pulpe d'un fruit, et qu'on voudrait dévorer en les embrassant. — Que deviendra ce petit être, et verra-t-il, un jour, d'autres uniformes que les tuniques prussiennes ?

L'auberge est petite, avec des images d'Épinal accrochées à la muraille et représentant nos victoires du temps jadis. Une vieille femme, tout en nous servant de la bière, raconte avec cette simplicité, cette netteté et cette éloquence des gens qui ont réellement vu une chose, les souvenirs de la journée du 6. Dans un coin, un ancien soldat l'écoute, quelque combattant d'Afrique et de Crimée qui, entre deux bouffées de sa pipe, hoche la tête et semble dire : « Cela est exact. J'étais ici et j'ai assisté à ces scènes. »

— La salle où vous êtes, monsieur, dit la femme, était pleine de blessés, de mourants. Il y avait là, dans ce coin, un capitaine, dont la jambe brisée ne tenait plus au corps que par des tendons, et toute la nuit il ne cessait de crier : « Mais donnez-moi donc des ciseaux que je coupe *ça* qui me fait trop souffrir ! » — C'est sombre, la guerre. Mais ce qui a été le plus triste de tout, ce jour-là, c'est le moment qui a suivi la retraite des Français, le soir !

La vieille femme continua :

— Quand les canons, les caissons, les équipages, les hommes, tous ces pauvres gens en débandade ont eu fini de passer ; quand à tout ce fracas, à ces bruits de voix, d'armes, de roues, a succédé un grand silence qui a bien duré une heure; lorsque nous nous sommes dit : « Que va-t-il arriver, maintenant? » je vous jure, monsieur, qu'on aurait cru que tout le village était mort. Tant de bruit depuis le matin, et maintenant pas plus de mouvement que dans un cimetière ! On avait le cœur serré, la gorge prise. Qu'allait-on devenir? Puis, quand les Prussiens sont arrivés, on a éprouvé comme un soulagement. C'était l'ennemi, la brutalité, c'était la mort peut-être qui arrivait, mais du moins c'était encore le bruit, et tout semblait moins terrible que cette heure mortelle qu'on venait de passer dans ce grand silence. Il y avait des cavaliers harassés qui s'étaient jetés dans les granges. Les Prussiens les ont pris. Ils ont fait prisonnier de la sorte, dans le château de M. de Leusse, un officier supérieur que suivait un grand Turc avec un manteau rouge !

Elle voulait parler de quelque Kabyle.

— Voici la voiture, messieurs !

C'est un char-à-bancs, mais nous n'en pourrons que mieux voir le champ de bataille.

J'avais emporté l'excellent *Guide sur le champ de bataille de Frœchswiller*, dont je tiens le dernier exemplaire de l'amabilité de l'éditeur, M. Édouard Fietta, et, pas à pas, au trot cahotant des chevaux, je suivais cette route qui mène de Reichshoffen à Wœrth en traversant Frœchswiller.

La route de Reichshoffen à Frœchswiller est celle qu'on rencontre à droite en sortant du village. A peine a-t-on fait, de ce côté, quelques pas, qu'auprès d'un petit pont de pierre, au bord de l'eau, dans les herbes hautes, on aperçoit une humble croix avec une inscription en allemand. Les Prussiens, admirateurs des vertus guerrières, ont eux-mêmes élevé ce monument à deux soldats de notre armée, un artilleur et un zouave, qui, couchés là dans ces herbes, au lieu de fuir ont voulu brûler en désespérés leurs dernières cartouches et, faisant feu sur les uhlans, sont tombés côte à côte, frères d'armes unis par un même trépas, qui ne se connaissaient point sans doute, mais qu'un lien sacré unissait l'un à l'autre : la rage de la défaite, l'âpre appétit du sacrifice, la sublime folie de la mort.

Et point de nom sur ce tertre vert ! Ces martyrs, après tout, ne demandaient aucune gloire : ils ne voulaient rien que faire leur devoir. Mais les voilà, certes, les revanches du vaincu, les consolations de la défaite, et, pour sauver l'honneur d'une nation, il suffit parfois de ces dévouements obscurs et de ces victimes anonymes qui préfèrent à la fuite certaine et au salut dans la débâcle une lutte dernière, un dernier coup de feu et la mort.

Je les regarde encore en montant la côte qui mène à la forêt, ces deux tombes jumelles. Par ce beau temps d'août, derrière les haies encore fraîches et vertes, on a peine à croire qu'on visite un champ de bataille.

Les fleurettes sourient au bord des fossés où, n'en pouvant plus, bien des blessés s'arrêtèrent, il y a cinq ans, pour mourir. Sous bois, l'herbe est drue et l'ombre paisible. Çà et là seulement, la terre est soulevée ; deux branches de noisetier mises en croix marquent qu'un homme y repose. Ici c'est un lancier, là un cuirassier, plus loin un soldat d'infanterie. Les gens du pays le savent, ils connaissent toutes ces tombes dont quelques-unes, comme celle du général Colson, à demi perdue auprès d'une source, avec l'éternel murmure de l'eau qui coule, donnent l'impression mélancolique de quelque sommeil bercé par le chant d'un être invisible et apportent je ne sais quelle sensation consolante qui fait rêver et espérer.

Frœchswiller, où finit — à cinq heures de l'après-midi par une tuerie presque à bout portant, par une lutte à l'arme blanche suivant un combat d'artillerie où les nôtres, écrasés, ripostaient avec rage, — Frœchswiller où se termina, effroyable, la bataille engagée dès l'aube, est à peu près reconstruit. Les maisons écroulées sont relevées. Plus de traces d'incendie. A peine quelques stigmates de balles. L'église même, que les obus allemands mirent en feu, quoiqu'elle servît d'ambulance à nos soldats, commence à sortir de terre. Tout à côté, donnant sur un jardin, s'élève le château du comte de Durckheim, qui servait de quartier général au maréchal de Mac-Mahon.

On n'y trouverait plus trace des boulets ennemis. M. de Durckheim a fait vivement réparer toutes choses et, bonapartiste endurci, il est devenu bien vite un serviteur fervent de l'Allemagne. L'empereur, fût-il Germain, est toujours pour lui *l'empereur*. M. de Durckheim a cependant, en cette affreuse guerre, perdu un fils, perdu son enfant, tué par les armes prussiennes. Mais cette mort est peut-être une excuse.

M. de Durckheim a sacrifié son fils à la France vaincue. C'est assez. La France n'a plus rien à réclamer. « Passez votre chemin, ô Gaule, on vous a déjà donné ! » Et le père est bien libre, son enfant étant mort, d'aller saluer le vainqueur qui l'a tué.

Ici, il n'y a pas un mètre carré qui ne soit teint de sang. La défense de Frœchswiller fut ce que sont les derniers épisodes de toute bataille bien disputée, quelque chose de confus, d'épouvantable et d'héroïque. On s'est battu sur le pas de ces portes, on s'est fusillé du haut de ces terrasses, on s'est égorgé dans ces jardinets, on s'est assassiné dans ces caves. Les tombes sont nombreuses autour du village, et partout, vers la droite, jusqu'à Elsasshausen, on rencontrerait des monuments allemands.

C'est la route de Wœrth que je tiens à suivre. Après être monté de Reichshoffen à Frœchswiller, il faut maintenant descendre par un chemin assez rapide, bordé d'arbres et de tombes. Sur l'une d'elles, à droite, on lit cette inscription : *Ici repose le capitaine Léonard d'Eggs, mort à trente ans, en commandant le 4ᵉ cuirassiers.*

Ce champ de bataille tout entier n'est qu'un verger immense, à la terre couverte d'herbe, aux pommiers et aux poiriers dont les troncs se tordent et dont les branches plantées bas rendaient difficile, presque impossible, un déploiement de cavalerie.

On frémit en revoyant, par la pensée, les cuirassiers du 8ᵉ et du 9ᵉ, suivis des lanciers, chargeant dans ce terrain raviné, coupé de fossés, plein de troncs d'arbres jetés à terre. Et rien ne semble plus ironique qu'un tel paysage encadrant une telle tuerie : des fruits partout, des branches d'arbre, pliant sous leur fardeau ; partout la vie, la richesse, l'activité humaine, des vignes, des raisins, des houblonnières. Et dans ce cadre, sur cette herbe fraîche d'un vert éclatant et gai, piqué de fleurs des champs,—sous les pruniers, sous les pommiers, — le carnage, les obus abattant à la fois des branches chargées de fruits et des têtes chargées de pensées. Une tuerie dans un paradis. Et quand on le revoit, ce champ de mort toujours verdoyant, toujours riche, heureux, superbe — un coin admirable de cette admirable Alsace — cette idée vous vient, triste et accablée, que les fruits nouveaux renaissent aux arbres meurtris qui repoussent, mais que les hommes tombés ne sont bons qu'à engraisser cette terre qu'ils déchiraient du sabot de leurs chevaux et des roues de leurs canons !

A la crête de cette position qu'avait choisie Mac-Mahon pour disputer le passage à l'ennemi, à droite de la route encaissée de talus qui descend vers la Sauerbach et Wœrth, un arbre apparaît, aujourd'hui célèbre, l'arbre de Mac-Mahon, qui fait presque face aux trois peupliers à côté desquels se tenait le Prince Royal de Prusse.

L'arbre de Mac-Mahon est un noyer dont il a fallu protéger le tronc contre les visiteurs du champ de bataille. L'écorce de l'arbre était chaque jour arrachée, et le noyer allait périr. On a élevé autour de lui une grille rouge, et l'on a appliqué cet écriteau écrit en allemand : *Il n'est pas permis d'arracher les branches.* Là se tenait Mac-Mahon, dominant tout le champ de bataille, bien en vue, au centre même de l'action. Les boulets certes pouvaient facilement l'atteindre. Afin d'arriver là, un peu auparavant, il avait, se trouvant placé plus à gauche, poussé son cheval dans un ravin, puis, l'éperonnant, l'avait littéralement fait grimper un terrain à pic. Ensuite, il s'était tenu là, regardant, résolu à mourir.

La place est bonne et le paysage est superbe.

Dans le fond, à gauche, au pied de la côte abrupte dont cet arbre historique forme le centre, une tour carrée apparaît, dominant un petit amas de maisons d'où émerge encore le toit de tuile rouge d'une église. C'est Wœrth.

Là fut le cœur du combat. Pris et repris, le village était comme la clef de la position française. De là, les Allemands pouvaient s'élancer pour enlever les hauteurs. On aperçoit, en face, les positions qu'ils occupaient, le plateau d'où leur artillerie écrasait nos tirailleurs. Le terrain, rayé de vert et de rouge, coupé de houblonnières, ressemble, comme tous les coteaux cultivés, à une carte d'échantillons.

Gœrsdorff apparaît, avec son clocher blanc, ses toits rouges piqués de taches blanches qui indiquent les fenêtres, et semble se détacher des montagnes d'un vert puissant, boisées, redoutables, qui forment le fond de ce vaste tableau. A droite, on découvre Walburg et la forêt de Haguenau à demi fondue à l'horizon. Le panorama est immense ; on pouvait facilement, de l'endroit où est placé le noyer, observer l'ennemi contraint de marcher un moment à découvert. Les Prussiens étaient venus entre les deux forêts.

Au pied de l'arbre, des tombes, un champ de trèfles ; près de là d'énormes noyers et, en descendant du côté de Wœrth, des tombes encore et des *tumuli*. Cinq cents hommes sont couchés auprès d'un petit champ de blé, sous des poiriers. Un monument à la mémoire de nos soldats porte cette inscription : *Erigé par leurs compatriotes MM. Emile Saint-Pierre, à Oran (Algérie)*.

En entrant à Wœrth par une petite rue qui débouche après quelques pas sur la grand'rue, on aperçoit, à gauche, une sorte de square nouvellement entouré d'un petit mur. C'est le cimetière des Prussiens. Ils sont quinze cents enterrés là. On avait tout d'abord, près de cet endroit, creusé une fosse commune, où l'on avait étendu d'un côté les Allemands, de l'autre les Français. Le général E. Maire, qui repose maintenant dans le cimetière de Frœschwiller, avait été enterré là avec le capitaine de Vogué. Vainqueurs et vaincus ont un moment été rapprochés par la même terre, par la même chaux, dans la promiscuité lugubre de la mort et de l'oubli.

A Wœrth, ou peut dire que chaque maison vit un combat. Le ruisseau qui traverse le village devint rouge pendant la bataille. Le jour où j'y passai, c'était jour de fête ou de marché. Des colporteurs vendaient aux jolies filles des bonnets et des fichus de couleur. De grands garçons coiffés de fourrures allaient et venaient dans les groupes. On buvait dans les cabarets. Point d'uniformes prussiens ; les habitants pouvaient se croire encore Français. D'autant plus qu'en levant les yeux j'aperçus le volet de bois d'une auberge peint aux trois couleurs françaises, bleu, blanc et rouge, et dominant la foule, comme un de ces immobiles drapeaux de zinc qu'on voit accrochés dans nos petites villes au-dessus de la gendarmerie.

On fait un drapeau tricolore avec ce qu'on peut.

Nous remontons à pied, par les bois, du côté où les Turcos, placés à la gauche de l'armée française, commencèrent, au début de la journée, par précipiter les Bavarois au bas de nos positions, dans la prairie et jusque dans la Sauer. Sous le couvert, les feux terribles du chassepot, aux mains des Africains, décimaient les assaillants et trouaient les habits bleu de ciel.

Dans les fourrés, des luttes corps à corps s'engageaient entre nos tirailleurs et les Allemands qui s'y jetaient pour s'enfuir bientôt. Cette terrible journée commençait comme une victoire et par une victoire. Les Bavarois se retiraient du combat par Langensulzbach, et, à dix heures et demie, un officier d'ordonnance prussïen venait apporter au général bavarois Von Hartmann l'invitation verbale de *cesser le combat*.

La brigade de uhlans et la plupart des batteries bavaroises avaient été déjà ramenées jusqu'aux bivouacs de Lembach, d'où le corps d'armée était parti. Toutes les fractions engagées devaient (je cite le grand état-major prussien) *se rallier* derrière Langensulzbach, et à onze heures et demie, les Français se montrant *peu pressants*, la majeure partie des troupes engagées étaient retirées du combat.

Il en fut de cette journée de Frœchswiller comme de celle de Waterloo. Wellington fut sauvé par la faute même qu'il avait commise de s'adosser à une forêt, de telle sorte que la retraite lui était impossible. Il lutta donc jusqu'à l'arrivée des Prussiens. De même à Frœchswiller, l'armée allemande, ayant franchi la Sauer et les prairies qui finissent aux pentes occupées par l'armée française, ne pouvait battre en retraite sans s'exposer à des *pertes très-fortes*. Le général Von Kirchbach, avec un acharnement admirable, ne voulut pas se décider à ce mouvement rétrograde.

« Cette retraite, dit la relation officielle prussienne,
« eût donné à l'adversaire le droit *incontestable* de
« s'attribuer un succès qui, pour n'être que de peu
« d'importance au point de vue matériel, n'en aurait
« pas moins eu un *effet moral* fort sérieux. »

Qui peut dire, en effet, ce qu'une journée de succès, au début de la campagne, eût communiqué de confiance à nos soldats? Nos troupes, habituées à marcher en avant, se fussent senties soudain confiantes. On oubliait Wissembourg, on eût fait peu d'attention à Spickeren, dont le résultat ne fut point d'ailleurs aussi terrible que Frœchswiller. L'armée de Mac-Mahon eût, en outre, reçu bien vite des renforts. La fortune nous souriait encore au matin du samedi 6 août 1870.

L'obstination superbe, l'énergie du général Von Kirchbach nous arracha notre victoire bien gagnée. Supposez, à la tête de ce corps d'armée prussien, un homme de la mollesse de Bazaine et la journée était à nous. Von Kirchbach ne le voulut pas. La rage du vieux Blücher semblait s'être incarnée en lui, et il vainquit parce qu'il risqua tout pour vaincre.

Les renforts allaient d'ailleurs arriver nombreux,

acharnés, à mesure que se prolongeait la bataille.

L'admirable armée de Mac-Mahon dut se mesurer, avec ses 33,000 hommes, dont plusieurs milliers étaient rompus depuis Wissembourg, avec le 5ᵉ et le 11ᵉ corps prussiens tout entiers, le 1ᵉʳ et le 2ᵉ corps bavarois et la division wurtembergeoise. A quatre heures du soir, lorsque le centre et la gauche de l'armée française résistaient encore vaillamment, dans un combat forcené, sous les arbres, dans les vergers, dans les vignes, 38,000 hommes de troupes allemandes débouchaient encore par Gunstett et marchaient sur Morsbronn. Il ne fallait plus songer qu'à vendre chèrement sa vie. Ceux qui combattaient là le firent de façon que le Prince Royal lui-même s'inclinât devant ces vaincus et rendît hommage à cette légendaire armée d'Afrique tombée sur ces coteaux désormais pleins de souvenirs douloureux comme des fantômes.

Jamais terre ne fut plus souriante et jamais autant de sang n'y coula. Sous les vertes chênaies criblées de lumière, aux branches mobiles et tachetées de rayons de soleil, dans l'herbe drue, les tombes sont nombreuses. On a couché là ceux qui sont tombés. Il y a des fosses communes et des tertres séparés. Sur un petit monument de pierre au pied d'un chêne, je lis ce nom : *Ch. Trawit, tué à l'ennemi*, et cette inscription : « *Christ est ma vie et la mort m'est un gain.* »

Ce sont les Turcos qui ont défendu ce bois, disputé cette forêt, arbre par arbre. On montre encore une cabane trouée, déchiquetée, une petite cabane-abri pour les forestiers ou les vignerons, et où une poignée de nos tirailleurs ont combattu jusqu'à la dernière heure, hurlant et semant autour d'eux les cadavres. On jurerait qu'il y a du sang sur toutes ces feuilles.

Peu de jours avant cette visite à Frœchswiller, on avait inauguré au centre même du champ de bataille, le monument commémoratif que l'Alsace a tenu à élever à ses défenseurs. C'est un vaste édifice en forme de chapelle, percé de quatre portes fermées par des grilles et qui se dresse sur un soubassement d'où partent huit gigantesques sarcophages, en grès rouge des Vosges, comme le monument tout entier. Des gloires, des couronnes, des guirlandes de chêne décorent cette chapelle au centre de laquelle s'amoncelaient des centaines de couronnes aux rubans tricolores, déposées là par ceux qui avaient assisté à la patriotique cérémonie.

On a gravé sur les sarcophages les noms des régiments qui ont pris part à la bataille, et les ossements de nos soldats, arrachés aux fosses communes, reposeront sous le mausolée, qui porte, comme un signe glorieux, une immense lettre gravée dans sa pierre rouge : F — c'est-à-dire *France*.

C'est Mlle Fanny de Dietrich, la vaillante descendante de Frédéric, baron de Dietrich, minéralogiste distingué, le premier maire français de Strasbourg, chez qui Rouget de Lisle, son hôte, chanta pour la première fois la *Marseillaise*, qui eut l'idée d'ouvrir une souscription en Alsace pour élever ce monument.

Mlle de Diétrich, le cœur serré de voir les tombes de nos soldats dispersées sous les herbes, tandis que les morts allemands avaient leurs monuments de pierre, mit tout son zèle à faire réussir une telle entreprise, ne voulant que de l'argent *alsacien* pour élever un tombeau à ces Français. A peine les officiers des régiments qui chargèrent — non pas à Reichshoffen, comme le veut la légende, mais à Morsbronn — ont-ils pu obtenir d'apporter leur obole à leurs compagnons d'armes[1]. Un artiste alsacien, M. Dack, de Strasbourg, conçut et exécuta entièrement cette œuvre de piété imposante et sévère. Il en fit les dessins, proposa la maquette d'architecture, les projets de sculpture, et, aidé par un de ses compatriotes, l'architecte Boltz, il termina le monument de cet ossuaire.

Les sarcophages portent, sans aucun nom, ces numéros éloquents :

Premier et deuxième sarcophages.

Infanterie de ligne,	Chasseurs à pied,
3e, 18e, 21e, 36e,	1er, 8e, 13e, 16,
45e, 47e, 48e, 50e, 74e, 78e,	17e.
96e, 99e.	

Troisième et quatrième sarcophages.

Zouaves,	Tirailleurs algériens
1er, 2e, 3e.	(turcos).
	1er, 2e, 3e.

[1]. M. Louis de Turenne tint à contribuer à l'entreprise, ainsi que le 2e cuirassiers, qui voulut donner son argent comme il avait donné son sang. Le comité accepta les deux offrandes. Ce sont les seules; tout le reste est alsacien. Il ne faut pas oublier ceux qui secondèrent Mlle de Dietrich : MM. Stoltz, Rencker, Ignace Chauffour, Rodolphe de Turckheim, Frédéric Hartmann, Auguste Dollfus, Weiss, notaire à Nancy; Mme de Reinach et M. de Rœderer, à Lunéville; Mme Kunser, à Épinal, et d'autres qu'on regrette de ne point nommer.

Cinquième et sixième sarcophages.

Artillerie,
6ᵉ, 7ᵉ, 9ᵉ, 12ᵉ, 20ᵉ.

Génie,
1ᵉʳ, 2ᵉ.

Septième et huitième sarcophages.

Cuirassiers,
8ᵉ, 9ᵉ.
Dragons,
10ᵉ.
Lanciers,
2ᵉ, 6ᵉ.

Chasseurs à cheval,
11ᵉ.
Hussards,
3ᵉ.

Bien des omissions ont, ce me semble, été commises ; mais il sera facile de les réparer, et l'on s'occupait déjà à graver, quand je visitai Wœrth, les noms des spahis et des autres régiments de cuirassiers (1ᵉʳ et 2ᵉ) qui prirent part à l'action.

Le jour où l'on inaugura ce monument funèbre, cinq ans après la guerre, le 6 août 1875, les os des morts de Wœrth, de Frœchswiller, de Morsbronn, du Brückmühl, du Niederwald et d'Elsashausen, durent tressaillir dans leurs fosses. On parlait tout haut, sous les arbres verts, de la patrie, et l'on jetait au vent le nom de la France. La veuve du colonel de Joinville, du 99ᵉ de ligne, tué à Frœchswiller, était là, dans ses vêtements de deuil. Des cœurs alsaciens battaient autour du monument funèbre. Deux mille bouches à la fois frémissaient du désir de crier : « Vive la France ! »

Mais celui qui parlait — un ancien serviteur de l'empire, un de ceux qui complaisamment acceptérent la guerre et qui, je le souhaite pour leur conscience, se reprochent de l'avoir voulue — un orateur disait éloquemment :

« Toute parole de plus serait une parole de trop... Nous n'avons pas une plainte à proférer, pas un regret à exprimer car, — ne l'oublions jamais ! — nous sommes *la rançon de la France !* Ce rôle, acceptons-le pieusement, et, le cœur tourné vers la mère-patrie, subissons-le avec la résignation que produit le sentiment de lui être encore utiles. »

« Devant ce mausolée, confié à des populations amies, ajoutait ensuite un autre orateur, M. Charles Blech, de Sainte-Marie-aux-Mines, personne ne doutera que le saint respect dont sont entourées les cendres des victimes de Frœchswiller ne soit transmis intact aux générations futures. »

Le souvenir de cette cérémonie, l'Alsace le retrouvera dans un livre unique, dont l'introduction sera écrite par l'alsacien Gérard et sur les pages blanches duquel, à la suite de la liste des souscripteurs, les visiteurs du monument pourront écrire leurs noms. Ce livre, imprimé par Berger-Levrault, aura pour couverture une plaque de bronze modelée par Dack, l'auteur du monument.

Il y eut aussi, à Paris, un livre destiné et dédié à l'Alsace. C'était ce livre monumental sur la première page duquel, au pied de la statue de Strasbourg, les membres du gouvernement de la Défense nationale avaient tracé leurs noms, bientôt suivis de ceux d'une foule ; — livre qui, déposé au ministère de l'intérieur, devait être relié en une couverture d'or et déposé plus tard aux archives de Strasbourg. C'était l'adieu de la patrie à la ville écrasée. Qu'est-il devenu ce pauvre et magnifique livre et la guerre civile aurait-elle détruit le souvenir vivant de la guerre nationale?

Auprès du monument de Frœchswiller, une maisonnette s'élèvera bientôt où un ancien soldat français, Alsacien de naissance, veillera sur la conservation de l'ossuaire, et comme un enfant pieux sur la tombe de ses frères.

Quand on traverse ces vergers, un invincible souvenir vous revient, un nom vous remonte aux lèvres: *les cuirassiers*. Il y eut deux charges épiques de ces cuirassiers improprement surnommés *cuirassiers de Reichshoffen*, deux courses folles contre l'ennemi, deux trombes de fer lancées à travers les obstacles sur d'invisibles adversaires: la première, à une heure de l'après-midi, la charge ordonnée par le général de Lartigue à la brigade Michel, le 8ᵉ cuirassiers en première ligne, formé en colonnes par escadron, le 9ᵉ avec trois escadrons déployés, le 4ᵉ suivant en colonne, et enfin des lanciers du 6ᵉ. Lorsque, à travers les vergers et les houblonnières, cette masse solide, quittant le ravin d'Eberbach, se jeta sur Morsbronn à toutes brides, la terre dut trembler et le galop des chevaux dut s'entendre même au milieu des fauquements du canon [1].

---

[1]. Au moment où le colonel Billet, tué plus tard à Limoges, revenait à la tête de ses cuirassiers, le maréchal de Mac-Mahon lui dit: « Ce n'est pas *chargé à fond*, ça, colonel! — Monsieur le maréchal, répondit le colonel, nous *allons faire mieux!* » Et il enleva son régiment prêt à mourir. (*Carnet du colonel Billet.*)

Mais, postés à l'Albrechtshaüterhoff, barricadés dans Morsbronn, tapis dans les vignes, couchés dans les bouquets d'arbres, les Prussiens pouvaient fusiller à leur aise ces cavaliers ainsi lancés ; des officiers prussiens, du haut des fenêtres de Morsbronn, brûlaient la cervelle aux cuirassiers téméraires engagés dans le village ; et, décimés par le feu, foudroyés, confondus, poursuivis par des hussards prussiens, ces héroïques débris d'une magnifique brigade passaient à travers les tirailleurs allemands, se ralliant à l'Est vers Durrenbach et Warbourg, après avoir essayé du moins d'empêcher l'ennemi de dépasser Morsbronn.

Deux heures plus tard, — cette fois chargeant sur Elsasshausen, — d'autres cuirassiers, ceux de la division Bonnemains, s'élançaient sur les canons prussiens et mouraient comme étaient morts leurs frères d'armes.

L'infanterie française, venant de Frœchswiller, avait vainement essayé de reprendre Elsasshausen à l'ennemi. Elle se repliait sur Frœchswiller, et sept batteries du 11e corps prussien, en position à droite et à gauche d'Elsasshausen, la poursuivaient de leur pluie de fer. C'est alors qu'à travers les fossés, bordés d'arbres à hauteur d'homme, le 1er régiment de cuirassiers, chargeant par escadron, le 4e arrivant au galop et le 2e chargeant par demi-régiment, se jettent sur les fusiliers prussiens tirant à volonté et sur les canons tirant à obus, puis à mitraille.

Les fossés arrêtent l'élan de la masse intrépide ; les balles pleuvent, le fer emporte les hommes et éventre les chevaux. Le colonel du 4e tombe, blessé, aux mains du 58e prussien. De ces deux brigades qui formaient, tout à l'heure, la division Bonnemains, il ne restera bientôt que des débris dispersés. Et tandis que ces cavaliers intrépides mouraient à terre ou se repliaient épuisés sous la grêle des balles, ils pouvaient entendre les hurrahs des têtes de colonne d'une brigade wurtembergeoise qui débouchait sur Elsasshausen, apportant encore du renfort à cet ennemi déjà si nombreux.

Telles furent les deux charges immortelles des cuirassiers du 6 août. La poésie et la légende ont eu moins d'éloquence que le simple bulletin militaire lorsqu'elles ont célébré ce double fait d'armes. L'auteur d'une pièce de vers qui fit sensation montrait ces *nocturnes cavaliers* chargeant au *clair de lune*, et leur donnait des aspects de cavaliers de ballades. Non, ce fut en plein jour, dans la rouge fumée du combat, à travers les vergers ravinés, que, descendant au galop un terrain en pente rapide, ces cavaliers allèrent droit à l'ennemi, agitant leurs grandes lattes pleines d'éclairs et dont les Allemands, tirant à distance, bravaient presque impunément les coups.

En toute chose, la vérité vaut mieux que la légende.

La vérité, le vainqueur lui-même l'a dite : « L'at-
« taque était téméraire. Mais *le commandant en chef*
« *des troupes françaises avait lutté jusqu'à la der-*
« *nière extrémité*, jusqu'au moment où il fut entouré
« de toutes parts, contre les forces supérieures des Al-
« lemands ; *partout* son armée avait combattu avec
« grand courage, et sa cavalerie tout entière *s'était sa-*
« *crifiée* pour dégager les autres armes. »

Retenons cet aveu, demeurons sur ce jugement.

Le sacrifice est aussi une gloire. C'est le devoir de

ceux qui veulent, ne pouvant léguer une victoire à leurs enfants, leur laisser du moins le souvenir d'un héroïsme d'où les victoires naîtront peut-être un jour.

Il n'y a pas de strophe poétique, il n'y a pas de fanfares, il n'y a pas de peinture qui vaille cette simple ligne tombée de la plume de l'ennemi et tracée dans la relation de son grand état-major :

« La cavalerie française s'était sacrifiée tout entière..... »

Voilà pourquoi un jour, à Berlin, dans une grande revue passée devant trois empereurs, j'étais encore fier de retrouver, parmi les états-majors qui caracolaient dans la poussière de Tempelhof, au milieu des casques des officiers russes, des aigrettes des officiers prussiens, des pelisses chamarrées d'or des hussards hongrois, des rouges tuniques des officiers anglais, l'humble et mâle cuirasse d'un de nos attachés militaires, un officier de cuirassiers dont le casque était bossué peut-être par un balle de Morsbronn ou un éclat de mitraille d'Elsashausen.

Les cigales chantaient, tandis que nous reprenions sans mot dire et songeant, le chemin de Reichshoffen. Des paysans, çà et là, travaillant dans les champs, rentraient l'herbe coupée. Nous retrouvions encore, presque à chaque pas, des tombes et des souvenirs.

Et pourtant combien on en a exhumé déjà, des victimes de la journée du 6 !

A Neehwiller reposait le colonel Ernest de Franchessin, du 96ᵉ de ligne, qui, frappé de quatre coups de feu, avec deux balles dans le corps, s'était fait attacher sur son cheval et commandait encore, malgré ses mortelles blessures. La comtesse de Franchessin, sa femme, le fit exhumer un des premiers et emporta son corps.

Dans le cimetière communal de Reichshoffen on avait enterré, autour du général Raoult, des officiers de toutes armes, le colonel d'artillerie de Wassart (exhumé), les commandants Bertrand et Massion, tous deux du 1er zouaves; M. de Cardon de Sandrans, capitaine au 13e chasseurs à pied; Schiffmacher, lieutenant de cuirassiers; Robert Houdin, capitaine au 1er zouaves; combien d'autres dont les noms sont inscrits sur les pierres tombales, sans compter les morts sans nom, officiers ou soldats, que la mitraille défigure, qu'on ne reconnaît qu'à leurs uniformes, et qu'on dépose dans l'immense fosse commune ou dans quelque trou séparé avec une de ces tristes mentions : *Tant d'hommes du X...!*

L'heure du départ était venue. Dans l'auberge où nous nous étions arrêtés, je bois, avec des ouvriers inconnus, un verre de bière au souvenir de la France. Et je pars.

Et tandis que le train nous emportait vers Niederbronn, le soleil se couchant déjà et jetant ses rayons sur cette terre rouge dans laquelle on a creusé la voie, je songeais à l'épouvante qui emplissait, le soir du funeste jour d'août, ces chemins, ces forêts, cette route. Nos soldats débandés combattaient encore çà et là, dans les fourrés, dans les maisons isolées, dans la montagne, par poignées, tandis que l'ennemi lançait ses hussards, ses chevau-légers et ses uhlans dans toutes les directions pour couper la retraite aux fuyards. De petits combats succédaient à la grande bataille. On disputait sur les routes encombreés de fusils et de sacs jetés à terre, les canons mal attelés et les fourgons; on jetait à l'eau les mitrailleuses, qu'on ne pouvait plus défendre et, tandis que sur les coteaux encombrés de débris, couverts de morts, jonchés de cadavres, d'armes brisées, de cartouches brûlées, de képis sanglants, de casques vides, de tous les détritus hideux de la bataille, à travers les arbres hachés, les branches cassées, auprès des villages en flamme, le Prince Royal passait, acclamé par ses soldats, — notre valeureuse, notre malheureuse armée roulait comme un torrent à travers les sentiers et les bois, se subdivisait comme en ruisseaux humains qui coulaient l'un vers Strasbourg, l'autre vers Saverne ou qui erraient sans but, sans point de ralliement, dans les forêts, armée le matin, horde le soir : — mais horde glorieuse, devant laquelle s'inclinait l'ennemi comptant ses prisonniers et ses trophées, 9,000 hommes et 200 officiers, une aigle, quatre fanions des turcos, 28 canons, 5 mitrailleuses, 23 fourgons de fusils et d'armes blanches, 158 voitures, — mais ramassant aussi ses blessés et ses morts : 489 officiers et 10,153 hommes.

VI

SARREGUEMINES ET SPICKEREN.

Cette journée passée sur le champ de bataille de Wœrth nous a laissé une mélancolie que ne dissipe point la vue des campagnes que nous traversons. Vallées profondes, mélancoliques et sévères. A peine jetons-nous un coup d'œil au paysage. Le souvenir de la lutte nous poursuit et nous avons, en quelque sorte, dans l'oreille, comme le grondement lointain des canons du combat.

A je ne sais quelle station, la portière de notre wagon s'ouvre et un homme entre. C'est un prêtre, un vieillard. Il est du pays et il vient de visiter des amis dans la vallée.

— Il fait humide le soir, dans les fonds, dit-il en ramenant sur ses genoux les plis de sa soutane.

Il a deviné que nous sommes Français. Dans un coin du wagon, un Allemand à barbe rousse lit un livre et, tout en lisant, nous regarde par-dessus ses lunettes et nous écoute.

Mais le prêtre n'en semble pas ému. Il éprouve, on

le sent, une véritable joie à laisser déborder, devant un compatriote, la douleur qui l'étouffe.

— Je suis vieux, nous dit-il, j'ai vu mourir mes grands-parents, puis mon père et ma mère, j'ai eu un frère tué pendant le bombardement de Bitche ; je connais donc, pour les avoir aussi cruellement supportées que personne, les souffrances que nous cause la perte de ceux qui nous sont chers. Eh bien ! monsieur, rien n'est comparable à la torture qu'on éprouve lors qu'on perd son pays, lorsqu'on vous arrache votre patrie. Pour les autres douleurs, il y a comme un apaisement que le temps amène. Les jours qui passent estompent le souvenir de ceux qui ne sont plus. On les revoit avec le souvenir, on converse avec leurs fantômes. Mais la patrie, plus on vieillit, plus on la regrette et plus on la pleure. C'est une torture de tous les instants et qui s'exacerbe avec chaque aurore.

Il a des larmes dans les yeux, de grosses larmes, et, peu à peu, avec une amère volupté, il énumère, comme on s'arracherait l'appareil d'une plaie pour mieux la montrer béante, tout ce que supportent les populations annexées, et, après les grandes douleurs de la séparation, de l'émigration et de l'exil, les petites vexations de la conquête :

— *Ils* ne sont pas satisfaits de posséder cette immense et magnifique forêt domaniale qui va jusqu'à Épinal. Ils font des procès aux pauvres diables qui vont dans les bois ramasser les feuilles sèches et les branchettes mortes. Du temps de la France on laissait aux malheureux cette humble ressource. Un vieillard ou une femme pouvait se faire un franc cinquante par semaine, ce qui n'est pas bien ruineux pour l'État, à ce métier de glaneur. Les gendarmes et les autorités françaises fermaient volontiers un œil indulgent. Aujourd'hui, tout est différent. L'Allemagne, âpre au gain, guette toute contravention et lui fait suer en argent ce qu'elle peut rendre. Mieux que cela : les Allemands font payer aux habitants les vieux procès-verbaux, qui datent souvent de longues années, et dont les agents de France n'avaient pas réclamé le payement. Il n'y a pas de prescription pour ces conquérants. Tout fait ventre dans leurs caisses avides. Des paysans sont paisiblement occupés à vendre au marché leurs denrées : tout à coup, un gendarme allemand survient; il saisit le beurre, les œufs, les légumes. Grand émoi. De quoi s'agit-il? Quelle est cette réquisition nouvelle? Ce n'est pas une réquisition, c'est tout simplement l'autorité prussienne qui, pour rentrer dans les frais d'un procès-verbal *fait par la France*, abaisse sa main sur les propriétés d'un délinquant dont le délit remonte à 1860, à 1850, et même à 1840.

— Ne croyez pas que j'exagère, continue le curé. Tout ce qu'*ils* peuvent faire pour vexer une population qui leur résiste, ils le font. Tout ce qu'ils peuvent essayer pour effacer les souvenirs de la France, ils le tentent. La ville de Briey dépendait de l'évêché de Strasbourg et par conséquent se rattachait encore, demeurant française, à l'Alsace devenue allemande. Ils l'ont rayée de l'évêché, et ce coup de plume a causé bien de l'ennui à M. Decazes, qui s'est interposé pour calmer le pape. Après tout, ce n'est là qu'un détail, et qui ne regarde que le clergé; mais n'ont-ils pas eu l'idée d'apprendre la haine de la France, de l'enseigner méthodiquement à ces enfants alsaciens dont quelques-uns sont estropiés par les obus et les schrapnels tombés sur Strasbourg ?

Et, nous tirant de la poche de sa soutane un bout de journal suisse :

— Tenez, lisez, nous dit-il. Ils ont voté le budget pour sept ans, mais ils demandent trente-six millions de plus pour faire chanter aux enfants la gloire sanglante de l'Allemagne !

Et je trouve dans ce journal l'analyse d'un livre intitulé : « *Recueil de poésies allemandes,* à l'usage des écoles et du foyer domestique, » dont l'auteur, professeur à Carlsruhe, a été récemment introduit dans l'enseignement au gymnase protestant de Strasbourg, sur l'instigation d'un professeur d'origine alsacienne qui, depuis cinq ans, est devenu le bras droit des Prussiens en matière d'instruction pangermanique.

Un aperçu sommaire de quelques poésies de ce livre nous donnera, dit la gazette suisse, la note des infamies que l'on ose mettre aux mains d'enfants qui sont nés Français et qui, pour la plupart, ont des frères, des parents en France, et qui plus est dans l'armée française.

LA GERMANIE A SES ENFANTS

Quittez vos cabanes, vos demeures,
Que l'empereur marche à votre tête
Et comme une mer sans fond
Inondez la race des Francs !

Que leurs ossements blanchissent
Les prairies et les montagnes ;

Ces os que les corbeaux et les renards dédaignent
Donnez-les en pâture aux poissons,
Endiguez le Rhin de leurs cadavres,
Frappez-les à mort! *Le jugement dernier*
Ne vous fera pas de reproches!

ADIEUX DU GUERRIER

Que mon sabre s'agite,
Que ma balle habite
Dans le cœur des Français!...

LE CHANT DU FELD-MARCHALL (Blücher)

Sur les bords de la Katsbach Blücher l'a emporté!
C'est là qu'il apprit aux Français à nager.
Allez, joyeux Français, vers la Baltique,
Et prenez, sans habits, le requin pour tombeau.

LA PRIÈRE A TABLE DE L'ENFANT ALLEMAND

Ce fut un jour d'allégresse.
A Sedan, fut frappé le grand coup.
Mac-Mahon donna dans le piége.
Et l'empereur et son armée furent faits prisonniers.

STRASBOURG

Tu fus arraché à l'Empire allemand
 Par ruse et trahison.
Notre conscience nous a dit de racheter
 Cette infâme action.

Comme une veuve éplorée,
Triste et déshonorée,
Tu attendais. Voici venir ton vieil amant
Qui te courtise l'épée à la main!...

Il gagnera ton cœur
Avec son bras courageux,
Quand même ton voile de deuil
Devrait se rougir de sang !

Il vient pour te courtiser
Avec son sabre effilé.
Il te conquerra de nouveau
Au grand nouvel empire.

C'est le ton d'Arndt et de Rückert, c'est le vieux cri, l'éternel cri de haine. Il ne m'étonne guère, au surplus. Je sais que les savants et les poëtes d'Allemagne se sont donné pour mission d'exacerber les vaincus et de défigurer l'histoire. N'allais-je pas acheter à la gare de Sarreguemines un roman *historique* publié à Berlin et écrit par M. Hérébert Rau, *le Vol de Strasbourg en l'an* 1681, — que dis-je? roman historique, roman *patriotique (vaterlandischer roman)*, — où l'auteur, après avoir imité Alexandre Dumas et le *Vicomte de Bragelonne*, accumulé dans la peinture de la cour de Louis XIV les erreurs les plus profondes, écrit en gros caractères, à la fin de son livre ces lignes étonnantes :

« L'Allemagne et le peuple Allemand ne doivent jamais oublier que le véritable *vol* de Strasbourg a été accompli en 1681 ! »

Une vignette gravée sur la couverture montre Louis XIV achetant l'Alsace et se dressant devant un évêque au dos courbé qui ramasse deux sacs d'écus portant cette étiquette : 60,000 *livres pro anno*[1].

---

1. *Der Raub Strasburgs im Jahre* 1681, von Hérébert Rau (Berlin, verlag von Otto Jante).

L'Allemand, assis dans notre wagon, continuait à écouter ce que nous disions et à chercher à voir ce que nous lisions.

Le vieux curé ne se montrait pas plus ému de cette attention constante.

— J'ai eu un frère tué pendant le bombardement de Bitche, nous répète-t-il, et vous trouverez son nom dans le livre publié sur le siége de Bitche par M. Dalsème. Si notre pays nous était resté, je ne regretterais pas le brave garçon tombé pour la patrie. Mais, quoique je sois vieux et quoique mon ministère soit tout de charité et de paix, je jure Dieu que je prendrai le fusil, quand il faudra, et que je donnerai ma vie avec joie pour reconquérir la liberté de mon pays !

Le train s'arrêtait.

— Tenez, nous dit-il fièrement en montrant une citadelle solide, placée sur un rocher abrupt, le voici, ce pauvre petit trou de Bitche, qui a résisté pendant des mois et qui a, jusqu'à la fin, gardé sur sa muraille le drapeau tricolore !

Un rouge reflet de soleil couchant incendie le fort, qui se dresse, orgueilleux, imprenable, au-dessus de la petite ville.

Le prêtre nous salue et va descendre.

— Vous êtes un vrai patriote, dis-je au vieillard.

Il sourit fièrement :

— Nous sommes tous ainsi en Alsace, répond-il en regardant l'Allemand qui demeure le visage collé contre son livre.

Et il descend, presque au moment où le train s'éloigne.

J'arrive à Sarreguemines à la nuit tombée. C'est un peu au hasard que je gagne la ville, cherchant cet *Hôtel de Paris* où j'ai logé, il y a cinq ans, en pleine guerre. L'état-major du général de Failly s'y était installé durant les jours qui précédèrent les premiers combats. L'hôtel est-il demeuré ce qu'il était alors ?

Oui, et c'est toujours Mme Fistié qui le tient, et je retrouve la salle où nous passâmes, avec les quelques officiers de chasseurs à cheval qu'on avait laissés à Sarreguemines, la sombre soirée du 6 août. M. Edmond About était avec nous, et nous n'oublierons jamais la pâleur du visage de M. de Geiger entrant en tenant à la main la dépêche qui lui annonçait la retraite de l'armée. Tout le jour le canon de Forbach avait grondé. La nuit, nous passâmes notre temps à construire, avec des arbres coupés pour défendre le pont de la Sarre, une barricade que nos soldats démolirent eux-mêmes le lendemain. M. de Geiger, maire de la cité et sénateur de l'empire, paraissait surtout préoccupé de ne point défendre cette ville ouverte. Le patriotisme désespéré coûte trop cher.

Le lendemain, 7 août, un dimanche, les petites filles de Sarreguemines, en robes blanches, qui faisaient, ce jour-là, leur première communion, se heurtaient — antithèse éternelle ! — à des blessés traînés dans des voitures de cantiniers, à des dragons aux pantalons de cuir tout déchirés, s'appuyant sur leurs sabres comme sur des cannes, à de pauvres soldats blessés qu'on ramenait sur Sarreguemines, avec des essaims de mouches courant sur leurs visages broyés. Et par la rue Saint-Nicolas, l'immense torrent de l'armée en retaite s'écoulait, montant vers Puttelange.

Et je regardais, consterné. Et j'écoutais, dans la salle à manger, les propos presque hébétés des malheureux officiers, tout étonnés d'être vaincus et qui, mourant de faim après une marche de nuit, dévoraient quelque morceau de jambon, en hâte.

— J'ai vu Malakoff, j'ai vu Solferino, j'ai vu le pénitencier de Puebla, disait l'un d'eux, je n'ai jamais vu *ça!*

Ce terrible *ça!* était sinistre. C'était l'écrasement, la défaite, la déroute, la débâcle.

Un chirurgien, montrant ses mains encore rouges, disait à son tour :

— Je n'ai fait que *charcuter* depuis hier.

De temps à autre, de la foule toujours ferme cependant des soldats, une sorte de soupir plein de rage sortait : « Ah! les *sauvages!* Ils sont plus forts que nous! » Ils parlaient des Prussiens. J'ai déjà entendu dire alors, à quelques-uns, le 7 août : « On devrait faire la paix, puisque c'est comme ça ! » La guerre, vue de près, ne ressemble pas aux récits épiques. L'*Iliade* a son envers et son endroit.

Et tous ces souvenirs me revenaient dans cet hôtel d'où j'étais parti, devant les premiers uhlans, allant à pied à travers les campagnes lorraines, les visages pleins d'angoisses qui m'interrogeaient du regard me prenant pour quelque espion, cela jusqu'à Metz, jugeant sur le vif de ce qu'il y a d'effroi, de larmes, de stupéfaction, de colère et d'abattement dans ce mot lugubre : l'*invasion*. C'est là, dans un de ces petits villages dont j'ignore le nom, que j'ai entendu ce mot étonnant tomber des lèvres ridées d'une vieille Lorraine qui avait vu 1814 et 1815 :

« — Encore si c'étaient des Russes ! Au moins ils étaient *plus polis !* » Naïve et profonde exclamation, après tout, qui vaut le cri de cette pauvre femme, navrée devant son carré de choux écrasé par les roues des canons : « De pauvres légumes qu'on a *tant de peine à élever !* » Elle oubliait les hommes. J'ai entendu tout cela.

Mais le plus cruel de tous ces souvenirs peut-être, c'est celui d'une nuit passée à Loudrefing, dans une petite ferme, une nuit terrible où l'on pouvait saisir, par l'imagination, *dans le vent* qui passait, les derniers râles du canon de Forbach et les premiers hennissements des chevaux des uhlans, nuit pendant laquelle, dans la chambre contiguë à celle que j'occupais, un homme, un inspecteur des routes, m'a-t-on dit, sans souci des alarmes de tous, se plaisait à roucouler, à sa fenêtre ouverte à la nuit d'août, la romance de Verdi : *La donna e mobile !*

Je ne l'ai jamais vu, cet homme, mais il me semble que je l'aperçois : un bellâtre triomphant, un de ces êtres inconscients qui n'ont jamais eu, dans toute leur existence, une heure de mélancolie, un de ceux dont l'épiderme de caoutchouc laisse glisser sans les retenir le sang de leurs concitoyens et les larmes de leur patrie. Ce ténor devant ce massacre !

Je me laisserais entraîner trop loin si j'évoquais tous ces souvenirs. J'ai hâte de revoir Sarreguemines. La ville n'a pas changé. Elle est plus peuplée, plus mouvementée même, mais elle est triste. Une population nouvelle de professeurs et d'employés est venue remplacer la population émigrée. Et cette alluvion est plus considérable. On en jugera par ce seul fait : un appartement *meublé* qui valait 1,000 francs de loyer, il y a cinq ans, en vaut 1,700 aujourd'hui, *non meublé*. Tout est en proportion.

La garnison est nombreuse. Il y a des Bavarois et des Prussiens. Le régiment de chevau-légers bavarois, établi en ce moment à Sarreguemines, avait il y a quelques mois encore, pour colonel, un brave homme du nom de Von Engenheim qui, sans le vouloir, a fait grand scandale. A la table de l'*Hôtel de Paris* précisément, il avait réuni son corps d'officiers pour célébrer, la fourchette et le verre à la main, la fête de Louis de Bavière, son roi.

Au dessert, le colonel Von Engenheim se leva et porta un toast.

— Je bois, dit-il avec conviction, au premier *vassal* de l'empire d'Allemagne !

Vassal ! Il avait dit le mot, sans se douter peut-être de sa signification ou croyant lui avoir donné un sens agréable en le qualifiant de *premier*. On devine l'impression que causa le toast parmi les officiers bavarois. Deux jours après, on enlevait au colonel Von Engenheim la guérite qui était comme le signe de son commandement et le chef des chevau-légers était mis en disponibilité pour son éloquence intempestive. On a beaucoup ri à Sarreguemines du *vassal* de ce bon colonel, coupable d'avoir dit la vérité sans le vouloir.

Les officiers allemands ont remplacé, à l'*Hôtel de*

Paris, les officiers d'état-major français que nous y vîmes en 1870. J'occupe la chambre où couchait le général Bisson, qui fut tué à l'attaque du pont de Neuilly, pendant la Commune. Le général de Failly, qui se nourrit fort bien ici et qui s'inquiétait au moins autant, en juillet 1870, des écrevisses de la Blies que des mouvements de l'ennemi, avait laissé à la propriétaire de l'hôtel un *bon de logement de* 500 *francs* que Mme Fistié a présenté depuis au gouvernement de M. Thiers.

Le bon de logement n'a pas été reconnu valable et les 500 fr. n'ont pas été payés parce que le ministère a répondu, fort justement pour le général de Failly, fort péniblement pour Mme Fistié, que l'État ne reconnaît pas de tels bons de logement, attendu qu'un général en *campagne* doit *camper.* La chose est assez juste.

M. de Failly, fort heureusement pour l'hôtelière, n'a pas, comme le prince Frédéric-Charles et son état-major, consommé trente bouteilles de champagne par jour à l'*Hôtel de Paris.*

Sarreguemines a toujours sa fabrique de porcelaine opaque et de poteries de terre à couvertures métalliques, et la rue sur laquelle elle donne s'appelle toujours rue Utzschreider, du nom du fondateur de la fabrique. Les ouvriers nous regardent du haut des fenêtres, reconnaissant bien un Français. Je remonte du côté de ce qui était autrefois la Bavière, la route où, devant une maison portant le n° 11, nous avons causé, le matin du 6 août, avec le général Clinchant, déjà bien irrité, et un de ses aides de camp qui devait être le général de l'armée auxiliaire Cremer.

Là, j'ai vu passer au galop, brillants et le pistolet au poing, les chasseurs du général de Bernis! Comme ce matin se levait joyeux! Quelle espérance nous avions dans l'âme! Et le soir, quel écroulement!

D'ailleurs, rien ne reste ici, nulle trace de ces jours sombres, si ce n'est la sentinelle allemande qui va et vient devant la caserne ou la *Kries-Direction*. Mais si, comme je le disais, Sarreguemines est envahie par des professeurs qui vivent avec 600 thalers par an et qui colportent leur uniforme avec leurs livres, la ville n'en a pas moins perdu sa vie souriante. Aucun plaisir, aucune distraction.

On a essayé d'ouvrir une salle de concert. Le *Hepp Circus* y a mené ses écuyères et ses chevaux. Personne n'est allé écouter la musique ni voir les clowns passer dans les cercles de papier. Sarreguemines avec sa population d'ouvriers faïenciers, tanneurs, brasseurs, fabricants de peluches, porte, comme toute la Lorraine, le deuil de la France.

J'apprends là, au surplus, de bien singuliers détails : Il paraît qu'au printemps de 1875 (nous ne nous en doutions point), le bruit d'une guerre entre la France et l'Allemagne courut si fort en ces contrées que déjà (qui le croirait?) on enterrait là-bas son argenterie. A Trèves, les officiers allemands faisaient leurs adieux à leurs femmes. Une main inconnue avait jeté presque partout, dans les maisons, des *placards* imprimés en hâte et portant ces mots :

— *Krieg mit Frankreich!* Guerre avec la France!

Et nous étions confiants, nous, et nous nous laissions vivre, heureux de réparer les maux passés, sans nous douter que, si près de nous, on fourbissait déjà les armes, on était prêt à mobiliser les ambulances !

Le chemin de Sarreguemines à Sarrebrück n'est pas long. Sarrebrück ! Je ne sais pas de nom qui soit aujourd'hui plus ironique. Il rappelle une escarmouche heureuse dont les journaux officieux essayèrent de faire une grande victoire, sans se douter qu'en annonçant, comme ils le firent, que *Sarrebrück n'était plus qu'un monceau de cendres,* ils donneraient à l'ennemi le prétexte de dire, lorsqu'il brûla Strasbourg, Bazeilles, Châteaudun et Saint-Cloud, qu'il n'avait fait qu'imiter nos procédés de guerre.

Sarrebrück ! Ce fut le premier fait d'armes, le premier — et le seul — sourire de la campagne. On paya cher, quatre jours après, cette reconnaissance militaire.

La ville est grande, animée, prise de cette fièvre de constructions, de bâtiments qui entraîne aussi Berlin. Partout des maçons et des échafaudages. On construit à Saint-Johann tout un quartier neuf. C'est bien la nouvelle ville allemande, avec sa large voie, ses maisons hautes, au caractère en quelque sorte américain. On ne retrouve guère les vieilles constructions que du côté de l'église, où campèrent, un moment, nos soldats. Le feu de leur *popote* a noirci, çà et là, s'il m'en souvient bien, les murailles extérieures. C'est tout le dégât que nous avons fait à Sarrebrück.

« Sarrebrück, ville ouverte et sans défense, a imprimé le *Moniteur* prussien de Seine-et-Oise, *a été brûlée de gaieté de cœur.* »

Le général Frossard s'est toujours défendu d'avoir fait tirer sur autre chose que sur la gare du chemin de fer, sur des convois en retraite ou sur des troupes qui, en dehors de la ville, essayaient de se servir de la voie ferrée. Et, quoique des habitants de Sarrebrück, des membres de la société de tir, eussent pris part au combat du 2, le général ne frappa la cité d'aucun impôt. Il fit venir sur la place publique le bourgmestre, « un peu ému, dit-il, » et le rassura, ne lui demandant que de la discipline.

Ces procédés, on le voit, n'ont pas les allures allemandes. Il ne fut pas question de fusiller les francs-tireurs.

Nous attendons une voiture qui doit nous mener à Spickeren. On nous montre, à l'*Hôtel du Cerf*, la salle où des soldats français, attablés, furent faits prisonniers. Ils s'étaient avancés, à quatre ou cinq, en manière de plaisanterie, jusqu'au milieu de Sarrebrück, encore occupée par les Allemands, et ils avaient parié de boire là chacun une chope de bière. Cette chope leur coûta la liberté.

La pente de la montée est rude pour aller de Sarrebrück à Spickeren et à Forbach. Arrivés sur la crête des hauteurs, nous nous arrêtons. Sarrebrück apparaît, à nos pieds, avec ses toits et ses clochers d'églises. Le terrain est pelé, la route est poudreuse. Un cabaret, que je reconnais, se dresse à sa gauche: *Züm Bellevue*. C'est là qu'on avait enfermé (je les vois encore) les prisonniers allemands faits le 2 août. A quelques pas de ce *bouchon* s'étend, tout piétiné par les fers des chevaux, le large plateau d'où l'empereur et le prince impérial suivaient les péripéties du combat, tandis que grinçaient les mitrailleuses.

Un rideau d'arbres, trembles ou peupliers, forme, du côté de la ville, comme un rideau ou comme un liséré. Deux de ces arbres, complétement tués par les curieux, privés de leur écorce, marqués d'entailles, coutelés, zébrés de traces de canifs, morts, se dressent, comme deux cadavres, des deux côtés d'une borne de pierre dans laquelle on a incrusté une plaque de bronze maintenue par quatre clous et portant en lettres romaines, en relief, l'inscription que voici :

LULU'S ERSTES DEBUT
2 AUGUST 1870.

« *Premier début de Loulou*, 2 août 1870. »

Loulou est le nom ironique qu'ils donnent au fils de *Louis* Napoléon, empereur. C'est là que le prince impérial se tint et regarda tirer sur les colonnes prussiennes en retraite, après que les Allemands, en petit nombre, eurent été délogés du champ de manœuvres. C'est là qu'il ramassa cette fameuse balle que ses courtisans ont grossie pour en faire, entre ses mains, comme le globe du monde.

Les Allemands se sont vengés — lourdement, comme en toutes choses — en dressant ce monument railleur en souvenir « du début de Loulou, » et les collectionneurs, les touristes, les éternels visiteurs des lieux où se sont joués tous les drames, ont charcuté les arbres qui abritèrent l'enfant faisant là son premier pas vers l'exil, et entamé la pierre élevée par la grosse plaisanterie germanique.

Quand il fut ici, à cheval, regardant devant lui, à deux pas, les champs de blé, plus loin, au bas de la hauteur, la ville aux maisons vertes et rouges de Sarrebrück, et cette rivière, et plus loin encore ces forêts sombres, Napoléon III dut peut-être se dire, pendant que crépitait la fusillade :

— Maintenant, tout cela est à moi !

Le poteau de la frontière allemande était déjà abattu, derrière lui, sur la route...

Quelques heures se passent, — quatre jours ! — et à l'escarmouche de Sarrebrück succède la défaite de Forbach. Ce n'était plus que comme prisonnier que Napoléon III devait mettre le pied sur la terre allemande.

Le champ de bataille de Spickeren (ou de Forbach) est là, tout près. On peut s'y rendre en une demi-heure. Déjà nous apercevons au loin, comme une citadelle naturelle, le formidable Rotheberg, le *Rocher rouge*, d'où nos canons balayaient tout ce pays et répondaient aux batteries prussiennes installées justement sur ce même Champ de Manœuvres que nous avions abandonné.

Presque au pied du Rotheberg, de cet éperon rocheux, escarpé, rougeâtre, — l'*Eperon de Spickeren*, — dans un contre-bas de la route de Sarrebrück à Forbach, les Allemands ont établi un cimetière, plus modeste et plus émouvant d'aspect que les monuments altiers qui, çà et là, apparaissent sur les crêtes des hauteurs.

Là, sous la garde d'un soldat allemand blessé dans la journée du 6, dorment du même sommeil 434 Allemands ou Français, couchés côte à côte sous la terre fleurie. Le gardien du cimetière — un jeune homme, portant sur l'œil et le côté gauche de sa face un large ruban ou bandeau de soie noire qui cache une plaie — sort de sa maisonnette lorsqu'il nous aperçoit et vient nous ouvrir la grille qui donne accès dans ce coin de terre habité par la mort.

Le général prussien de François, tué à la tête de sa brigade en essayant d'enlever le Rotheberg, a sa tombe là, une simple pierre, non loin des monuments élevés à nos compatriotes : *Verdier*, officier, né à Dammartin le 21 juillet 1855, et *Achille V. Fourcade*, tué à l'âge de quarante ans et sur la pierre duquel je lis cette inscription : *Que la terre étrangère lui soit légère !*

Terre étrangère ? Oui, car cette partie du champ de bataille est située au delà de l'ancienne frontière française ! Terre étrangère, car du haut d'un monticule qui domine l'espèce de *square* formé par ce champ de repos, une statue de bronze se dresse au-dessus de ces tombeaux, une figure de la *Germania* étendant ses bras au-dessus des morts et leur disant du geste : « Dormez en paix ! »

Sur le socle de la statue, on a tracé ces mots : *Et nunc meliorem patriam appetunt* (Hebr.).

Et c'est un cruel et tragique spectacle que celui de cette Germanie de bronze dominant les tombes où reposent dans la *patrie meilleure* ceux de nos soldats qui sont morts. L'effigie de l'ennemi protégeant le sommeil suprême des vaincus ! L'image de la nation victorieuse étendant ses bras sur les cadavres ! On se demande, en vérité, si elle les bénit ou si elle les insulte !

Au moment où nous quittons le cimetière, le gardien s'approche de nous et, par un geste d'habitude, il lève le bandeau qui recouvre une partie de son visage et découvre une cicatrice épouvantable, atroce, quelque chose d'incroyable et de hideux.

Presque tout le côté gauche de la face est enfoncé, creusé non comme avec une balle, mais comme avec un boulet. Cela est rouge, sinistre, cela paraît saignant encore. C'est affreux. On se demande comment un homme peut survivre à une blessure semblable. La moitié du visage est emportée.

Et cet homme est jeune ! Trente ans peut-être.

Ce qui lui reste de lèvres sourit :

— Spickeren ! dit-il en étendant la main vers le Rotheberg dont les escarpements rougeâtres brillent au loin.

C'est là-bas qu'il a été frappé.

Ce qui me gâte cette victime, c'est que la main qui montre l'Éperon de Spickeren se tend pour recevoir quelque menue monnaie. Après avoir donné le spectacle de sa hideur aussi farouche que celle de Gwinplayne, ce soldat le fait payer.

Avant de gravir les pentes du Rocher-Rouge, nous nous arrêtons, sur la route, à la *Brême d'or*, au pied même de l'Éperon qui apparaît, couronné de bois, là, devant nous, à droite de la route qui va de Forbach à Sarrebrück. Nous avions franchi ce seuil de la *Brême d'or*, le matin du 3 août, alors que le général Bataille, en petite tenue, avec le demi-burnous de flanelle blanche, se promenait, confiant, à quelques pas de là devant la Douane allemande. L'enseigne du petit hôtel ou du cabaret est la même : *A la Brème d'or.*

Le nom du débitant est toujours inscrit sur la porte : *Georges Ponnet,* et ce doit être lui qui tient encore l'établissement. Mais il lui a donné intérieurement l'aspect allemand et il a tapissé la salle où l'on boit de gravures emblématiques destinées à célébrer les hauts faits de l'Allemagne. Étrange décoration, si cet homme est Français. On ne voit partout que des batailles : Frédéric-Charles triomphant sur la Loire et les chasseurs prussiens faisant victorieusement le coup de feu avec nos fantassins dans le Gifers-Wald. Et c'est la *Germania* triomphante mettant le pied sur la Gaule accablée, ce sont les Kobolds fantastiques sonnant de la trompe aux oreilles du vieux Barberousse qu'ils éveillent, tandis que dans le lointain apparaissent, surmontées du drapeau allemand, les cathédrales de Metz et de Strasbourg! Singulières images qu'on ne s'attendait guère à rencontrer chez M. Georges Ponnet et au cabaret de la *Brème-d'Or.*

On s'est hardiment battu aux environs de ce cabaret. Les fusiliers allemands y tiraillaient contre notre 67e de ligne qui, posté en face, sur les pentes, dans les taillis, ripostait avec vigueur. Il y a là une barre de fer qu'une balle a traversée net, d'un trou régulier, sans la courber, comme cette cloche de vaisseau que perça un boulet et qu'on voit au Louvre, au Musée de Marine.

C'est du haut du Rotheberg qu'on aperçoit, en le dominant, tout le champ de bataille, raviné, allant de l'Éperon de Spickeren aux forges de Styring-Wendel.

La route le coupe, pour ainsi dire, par le milieu. Des bois touffus, devant Styring, ont abrité les soldats du général Wagna. Mais il faut rendre à l'ennemi la justice qui lui est due : pour aborder le Rotheberg, il lui a fallu traverser, sous le feu de nos canons, sous les balles de nos soldats, tout le pays découvert que domine la montagne.

On est confondu et un peu irrité de voir que des Allemands ont pu gravir cet escarpement et en déloger nos soldats établis dans des tranchées-abris. Elles sont encore là, ces tranchées maintenant envahies par l'herbe; on peut s'y blottir et, à l'abri des cerisiers, faire feu sur ceux qui s'avancent, les atteindre à une distance considérable et les fusiller de haut en bas.

Je crois, sans être militaire, que la méthode de la tranchée-abri, préconisée par le maréchal Niel, a paralysé une partie des qualités inhérentes au soldat français, en substituant la méthode défensive, qui n'est pas dans notre tempérament, à la méthode offensive où notre élan, notre vigueur, notre espèce d'alacrité joyeuse s'épanouissent sous le feu, comme une plante qui boit l'eau sulfureuse de l'orage. Le général Trochu a beau dire que le Français *fuit en avant* — ce qui est peut-être fort juste — la vérité est que ce Français s'élance, qu'il court, qu'il va, et que le péril, lorsqu'il se précipite sur les batteries ennemies, lui paraît moins grand que lorsqu'il attend la mort, agenouillé et comme tapi dans une tranchée de terre.

Les *hurrahs* des Prussiens, le retentissement de leurs lourds talons sur le sol durent causer quelque impression à nos tirailleurs embusqués. Au surplus, encore un coup, soyons justes. A Spickeren, les Allemands firent, osèrent ce qu'ils n'ont jamais fait durant toute la campagne, et abordèrent presque témérairement une position aussi élevée et cent fois plus escarpée que Montmartre, et ils l'enlevèrent. J'avais peine à gravir, sous le soleil, les pentes du rocher rouge; l'insolation menaçait, sous ces rayons brûlants d'août et sur cette côte sans abri où, çà et là, au flanc de la montée, on a creusé des tombes. Eh bien, les soldats du général de François ont escaladé cette hauteur et, chose incroyable, là où des fantassins avaient peine à se maintenir, le régiment des hussards de Brunswick essaya de monter sur le chemin en rondins balayé par nos obus, et le général de Bulow eut l'audace de faire gravir ces pentes par des artilleurs. Oui, l'ennemi porta des pièces de canon au haut de l'escarpement où ses fantassins se cramponnaient avec peine. Le grand état-major prussien signale le sergent Schmidt, avec le lieutenant de Pressentin, qui réussirent à gagner le sommet avec la pièce de tête d'une batterie légère.

De Pressentin! De François! Ce sont des noms français! La révocation de l'Édit de Nantes a changé les foyers de ces familles exilées en autant de nids haineux qui font payer cher à la mère-patrie les persécutions d'autrefois. Il mourut d'ailleurs en héros, ce général de François dont tout à l'heure nous avons vu la tombe. A la tête de la 9ᵉ compagnie du 39ᵉ, l'épée à la main, il montait vers la tranchée-abri d'où, sur la crête, nos chasseurs à pied faisaient feu, étonnés de tant d'audace. « En avant, criait-il, mes braves du

39ᵉ ! » Et, appelant autour de lui les tambours qui battent la charge, il s'élance. Cinq coups de feu l'atteignent à la fois. La compagnie du 39ᵉ et les compagnies du 74ᵉ qui l'entourent tournoient, écrasées sous les balles de nos soldats. Les Allemands ne peuvent ni avancer ni reculer. Avancer, ils seraient anéantis; reculer, ils seraient décimés. Ils restent là, se collant au terrain, s'abritant derrière les pierres ou les arbres. Et, au milieu de la fusillade, le général allemand meurt en disant : « C'est une belle mort que celle du « champ de bataille ! Je m'en vais content, le com- « bat est en bonne voie ! »

Le combat n'eût pas été en très-bonne voie, si les trois divisions dont le général Frossard réclamait le concours dès neuf heures du matin, et qui tournoyaient autour de Forbach et de Spickeren fussent accourues à temps. Où étaient alors les divisions Montaudon, Castagny et Metmann, qui eussent changé la défaite en victoire? Elles attendaient, c'est-à-dire qu'elles perdaient l'occasion. Elles ressemblaient à des gens qui entendraient le cri d'un ami qu'on égorge et qui le laisseraient égorger.

Cependant d'heure en heure l'ennemi envoyait des renforts sur le champ de bataille. A mesure qu'un général plus ancien arrivait sur le terrain, il prenait le commandement et — admirable discipline ! — il le continuait dans le sens de l'impulsion donnée par son prédécesseur. Nulle hésitation, nulle jalousie, ni chez le supérieur, ni chez le subordonné. Vaillants soldats de Styring, de Wendel et du Gifert-Wald, voilà les généraux en chef qu'il vous eût fallu !

Il y en avait un, du moins, qui, avec le général Valazé, combattait bravement à Styring, refoulant plusieurs fois l'ennemi, lui reprenant les canons que celui-ci nous avait enlevés, le repoussant vers six heures du soir et le dispersant encore dans les bois. Les Allemands rendent justice à ces vigoureux retours, à ces charges à la baïonnette de nos colonnes s'avançant sur les bois, y arrivant d'un seul élan, et cela malgré les feux croisés des tirailleurs ennemis cachés dans les fourrés ou abrités derrière la levée du chemin de fer.

La nuit tombait. Là, tout au sommet du Rothe-Berg, le brave général Laveaucoupet combattait l'épée à la main, voyant succomber autour de lui ses officiers, et maintenait l'ennemi en respect. En bas, à Styring, le général Bataille combattait toujours; mais vers Forbach, à gauche, ou plutôt sur nos derrières, l'ennemi menaçait de nous tourner.

Plus de ligne de retraite. Devant Forbach, où l'ennemi n'osa pas s'engager cette nuit-là, un héros, le lieutenant-colonel Dulac, du 12ᵉ dragons, faisant mettre pied à terre à ses hommes, soutenus par un détachement de fantassins commandés par le sous-lieutenant Arnaudy, s'opposait à la colonne prussienne qui débouchait de la forêt sur la ville. Cette poignée de braves gens, rayant de leurs coups de feu le crépuscule de moment en moment plus sombre, faisaient rétrograder les Allemands sous une grêle de balles, tandis que d'autres soldats en pantalons rouges continuaient le combat du haut du pont du chemin de fer.

Dans sa brochure explicative, le général Frossard se vante de n'avoir laissé entre les mains de l'ennemi ni un canon ni un trophée.

J'ai vu cependant un drapeau à demi brisé, dans le défilé des vaincus de Forbach, un drapeau dont une balle avait emporté l'aigle, et je me rappelle ce mot d'un officier :

— Très-bien ! Plus d'aigle ! Et toujours le drapeau !

« Si trois bonnes divisions de troupes fraîches et résolues, ajoute le général Frossard, étaient venues en temps opportun prendre part à la bataille, *comme elles le pouvaient*, deux sur les hauteurs, une dans la vallée, que serait-il arrivé? Il n'y a pas de présomption à dire que nous aurions remporté une grande victoire. »

Et le Grand État-Major Allemand, de son côté, après avoir montré la division Metmann n'arrivant à Forbach que très-tard dans la soirée; la division Castagny, après s'être promenée tout le jour, n'y arrivant qu'à neuf heures; la division Montaudon ne se mettant en marche qu'à quatre heures, et ces troupes promettant leur concours *pour le lendemain :*

« Il est à noter, dit l'ouvrage revu par M. de Moltke, que la supériorité de l'*ennemi* (l'ennemi, c'est l'armée française) eût été beaucoup plus grande encore si, au lieu de ce *véritable chassé-croisé de trois divisions en arrière du champ de bataille*, il avait eu, *lui aussi*, le concours de toutes les forces qui pouvaient l'appuyer en temps et lieu. Cette tendance

.toujours prédominante .chez les Allemands à joindre l'adversaire, cet *esprit de camaraderie, de solidarité des chefs et leur coutume de prendre l'initiative en temps opportun* sont toutes choses qui ne *paraissent pas avoir existé au même degré dans l'armée française.* »

Quelle sentence! Et que ces lignes doivent être dures à relire — s'ils lisent — pour ceux qui les ont méritées!

J'avais, sous les yeux, la carte et la relation allemandes de la bataille, et, assis .contre le monument élevé aux soldats germains sur la crête du Rotheberg, je regardais cette vallée, ces bois, ce terrain de massacre!

Forbach! le lugubre nom! Il résonne comme un glas, comme Wissembourg, comme Wœrth, à nos oreilles! Que de tombes ici encore! Mais on se lasse à les regarder. Il semble que la mort se répète. Ce voyage en Alsace et en Lorraine est comme une tragédie sanglante qui revient trop souvent sur les *effets* meurtriers.

Là-bas pourtant, dans ce passage vert et jaune, sous le soleil crû, les fumées des forges de Styring continuent à monter vers le ciel, ces bonnes et nobles fumées pacifiques qui sentent le travail, l'industrie et qui donnent du pain à l'homme, fumées salutaires si différentes de la rouge fumée des canons [1].

---

1. Cet admirable établissement de Styring, fondé par MM. de

La voiture court au galop sur cette route qui vit tant d'agonies. Les cadavres étaient nombreux sous les arbres qui la bordent et dans les champs où crient maintenant les sauterelles. Il n'est pas une maison de cette espèce de grande rue qui s'appelle Forbach qui n'ait recueilli un blessé, un mourant. Les habitants ont gardé pieusement les souvenir légués par ceux qui ont expiré : une croix, un bout de ruban rouge, un grain d'épaulettes. C'est la relique de la France agonisante.

D'autres ont fait mieux. Un de ces habitants a vécu six mois sur des caisses de cartouches cachées dans sa grange, et, on peut le dire, il a vécu sur un volcan, sur la menace de la mort, car une étincelle de la pipe des lourds Allemands qui fumaient là eût pu faire tout sauter, la maison et le maître.

A la paix, l'homme qui avait gardé ces cartouches les a fait parvenir en France, les a restituées à l'Etat, et M. Thiers l'a fait féliciter — tout bas, car cet acte de patriotisme était un crime aux yeux de l'Allemagne.

Brave paysan lorrain, c'est son nom que je voudrais écrire ici pour le saluer. Et comme il fait partie, lui aussi, de la rançon de la patrie, il faut me taire et l'oublier!...

...A Forbach, je revois l'*Hôtel du Chariot-d'Or* où

Wendel, avec ses 4 hauts-fourneaux, ses 16 forges à puddler, ses 8 fours à chauffer, et qui produisaient par an 110 mille quintaux de fonte et 150,000 quintaux de fer et d'acier, dépendait des forges d'Hayange. Nous avons perdu tout cela!

je couchai, dans un parc à moutons, la veille de la bataille. On se met aujourd'hui sur le pas des portes pour voir passer un Français. On va à lui, on cherche à lui parler.

Je me rappelle qu'on accusait (était-ce possible?) en juillet 1870, quelques habitants de Forbach d'avoir des sympathies allemandes. On a dit que nos jeunes soldats en retraite aperçurent déjà des drapeaux prussiens à quelques fenêtres de la petite ville. C'est faux.

Oui, c'est faux. Je n'en veux pour preuve que l'aspect douloureux que garde encore Forbach, que les regards de sympathie jetés au Français qui passe, que ces savons tricolores, ces laines tricolores, ces rapprochements de draps bleus, blancs et rouges qui se montrent aux devantures des boutiques de l'épicier, du mercier et du tailleur. Je n'en veux pour preuve que l'évidente émotion qui saisit ces pauvres gens lorsqu'ils entendent la langue d'autrefois, cette langue française qui leur paraît lumineuse et joyeuse comme une chanson!

Sur la muraille de la gare du chemin de fer, à l'endroit où je vis, il y cinq ans, les prisonniers allemands faits à Sarrebruck partir pour Metz, tandis que nos troupiers qui les gardaient et qui admiraient particulièrement leurs chaussures, — ce qui est, avec la nourriture, le grand point en campagne, le soulier! — leur disaient : « Vous avez de la chance, vous, la campagne est finie et vous êtes certains de n'être pas tués ! » — à cette même place, une main inconnue a tracé à l'encre, ce cri de la contrée tout entière :

— *Vive la France !*

L'autorité allemande a fait gratter l'inscription. Elle reparaît encore. Elle est toujours visible.

Et, — je le répéterai souvent au cours de ces pages, — de même, en dépit du malheur, l'amour de notre pays accablé est toujours vivace au fond de ces cœurs.

VIII

L'OURS BLANC DE METZ. — LES VOLONTAIRES D'UN AN, LE SOLDAT.

Je trouve bien fous ceux qui, en wagon, ouvrent un livre et, le lisant mal, ballottés qu'ils sont par la voiture, se privent de ces deux plaisirs : la causerie avec les voisins et la vue du paysage. Dans une excursion d'étude telle que celle que j'avais entreprise, lier conversation avec ceux que le hasard rapprochait de moi, était comme une nécessité dictée. Il suffit, au surplus, je l'ai dit et je le répète, d'être Français pour que, là-bas, on s'adresse à vous sur-le-champ.

Je cause, sur la route de Metz, avec un brave Luxembourgeois qui me donne des nouvelles de Diekirch, où j'ai passé jadis de bonnes heures, avec M. Auguste Marc, chez l'excellent bourgmestre François, mort aujourd'hui. Il nous assure qu'à Luxembourg on aime toujours la France. On l'a bien prouvé, d'ailleurs, durant la guerre, lorsqu'on recueillait fraternellement nos blessés et nos prisonniers échappés. Le hasard fait que je retrouve aussi un Lorrain de mes amis, et que nous causons de nos souvenirs. Comme je lui raconte le trait, rapporté plus haut, de cet homme de Forbach qui a vécu sur des cartouches plutôt que les livrer :

—Bah! me dit-il, le fait n'est pas isolé! Sachez bien que nos paysans alsaciens et lorrains ont sauvé plus d'une fois les armes de nos soldats, et que plus d'un a été condamné pour ce *crime* par l'autorité allemande. Je sais tel endroit où sont entassés des chassepots que les Prussiens chercheraient vainement pendant des années! Il y a eu ainsi bien des dévouements inconnus, et le procès de l'ex-maréchal Bazaine a révélé plus d'un héroïsme sans phrase et sans fracas, celui de gardes forestiers, de pauvres gens et de pauvres femmes, qui contrastait étrangement avec l'apathie criminelle du commandant en chef. A propos, me dit mon ami, irez-vous à Pont-à-Mousson ?

— Oui, peut-être. J'y veux voir un charmant garçon, très-bon patriote, M. Eugène Ory, qui publie là toutes les semaines un vaillant petit journal, *le Patriote mussipontain,* et tous les ans un courageux almanach, l'*Almanach de la nouvelle frontière,* où il apprend à faire aimer deux excellentes choses : la patrie et la liberté !

—Eh bien! si vous allez à Pont-à-Mousson, demandez à faire connaissance avec un type très-populaire dans notre Lorraine, le père Hitter, celui qu'on appelait l'Ours Blanc de Metz.

— L'*ours blanc* de Metz?

— Le surnom lui a été donné par les Prussiens eux-mêmes : *Der weisse Beer,* à cause de sa longue barbe blanche. Nous parlions de héros? Voilà un héros ! Et le père Hitter consolerait les Messins de Bazaine, si l'on pouvait jamais se consoler quand on vous a arraché votre pays!

Il y a eu, en effet, dans la dernière guerre, des dévouements et des héroïsmes particuliers, des martyres presque ignorés, dont chacun de nous devrait se souvenir [1]. Ne m'a-t-on pas conté l'histoire d'un pauvre homme qui a eu les deux pieds gelés, qui les a vus se détacher de ses jambes, dans une circonstance tragique, en se sauvant d'une forteresse allemande? On m'avait dit son nom et je l'ai oublié. N'a-t-on pas décoré naguère un vieux soldat qui, les Allemands emmenant en captivité jusqu'à des enfants de troupe, prenait les plus épuisés de ces pauvres petits et les portait, d'étape en étape, sur la route de l'exil? Il devait plus tard, là-bas, les soigner, les surveiller, se faire le *père aux enfants*, enterrer pieusement ceux qui mouraient, faire faire la première communion à ces prisonniers de douze ans. Comment s'appelle cet homme? Je l'ignore. Mais en revanche le nom de tout personnage scandaleux, on le connaît. Voilà la la gloire.

L'héroïsme revêt aussi parfois une forme comique. La forêt de Fontainebleau a eu son héros en 1870-71. C'est *Brûle-Poussier*, un grotesque sublime, qui alla chercher des voitures de vivres jusqu'à Melun, au milieu des Prussiens, et les amena, par la forêt, aux francs-tireurs campés dans les roches. Paris a eu Ignace Hoff.

---

1. Voyez le chapitre intitulé : *Héros et Martyrs*, dans notre livre les *Belles Folies*. (Un volume, Dentu, 1875.)

J'ai bien souvent entendu le sergent Hoff, le légendaire héros du siége de Paris, raconter le plus simplement du monde ses faits d'armes et dire, avec une naïveté sublime, comment il s'y prenait pour affronter l'ennemi. Le refrain du sergent Hoff : *Pas de danger !* était à la fois touchant et admirable. Lorsqu'il nous faisait le récit de la façon dont il fut pris, à Champigny, après avoir arraché ses galons de sergent, jeté son pistolet, démonté son fusil, enterré le sabre d'un officier général qu'il avait ramassé sur le champ de bataille, on sentait l'héroïsme inconscient dans chacune de ses paroles. J'ai tenu entre les mains le képi de cet homme portant le numéro matricule 327, 4º du 69º, et ce képi roussi, à la visière tordue, troué par derrière, percé d'une balle qui avait *frisé* le crâne de Hoff, en disait plus long que toutes les paroles. Combien de fois le sergent Hoff a-t-il vu la mort de près ?

Certain jour, Hoff reçut à bout portant, entre son ceinturon et sa capote, un coup de feu qui devait certainement le tuer net. Mais il y a parfois un Dieu pour les braves gens. C'était entre Neuilly-sur-Marne et les fours à chaux, sur la route de Strasbourg. Hoff se jeta, pour éviter de nouveaux coups de feu, dans une oseraie. Les Prussiens tiraient toujours. Le sabre-baïonnette du sergent était tout noirci de poudre et, quand il rentra, il s'aperçut encore qu'il avait reçu une autre balle entre les jambes : son pantalon avait été traversé. Mais pas une goutte de sang n'avait coulé. Hoff n'était point blessé. Il le fut plus tard.

— Qu'avez-vous fait de ces vêtements? lui demandions-nous.

— Oh! ils étaient criblés! Je les ai *reversés*, nous répondit-il.

Un autre eût fait parade de cette capote trouée par treize ou dix-sept balles, il ne sait pas au juste le compte. Mais une de plus, une de moins!... Lui la *reversait*, tout simplement, après la campagne, puisqu'elle appartenait à l'État, et sans songer à la garder.

C'est une de mes satisfactions profondes d'avoir contribué, plus que personne peut-être, en signalant à l'attention du maréchal de Mac-Mahon le dévouement du sergent Hoff, à lui faire donner le poste de gardien de la colonne Vendôme, qu'il occupe aujourd'hui, au lieu de celui du square du Trocadéro où la bise le faisait terriblement souffrir de ses blessures.

Aujourd'hui, l'enfant de Marmoutier, — de Mauermunster, comme il dit, — l'Alsacien Hoff ne songe qu'à la revanche à prendre et élève son fils à faire l'exercice. Lui-même guette, avec son œil de trapeur, les Allemands qu'il rencontre à Paris. Il s'amusera, par exemple, un jour, à coller l'étiquette de *Schwob* sur les volets fermés de la boutique d'un chapelier souabe qui est revenu tenir son magasin à Paris après avoir été officier de la landwehr. Une autre fois, il va seul, dans un petit café des alentours de la Porte-Saint-Martin, où il savait que des commis allemands se réunissaient et, tout naturellement, chantaient — chez nous — des chansons contre la France.

Ils les fit taire en disant tout simplement !

— Je suis le sergent Hoff !

Toute l'énergie de cette nature un peu fruste est dirigée sur un seul point : l'*Allemand*.

Je le trouvais, un matin, un peu abattu, pâle.

— Oui, me dit-il, toute cette nuit j'ai eu la fièvre. Oh ! ce n'est rien. Des accès de fièvre comme ça, on en voudrait toutes les nuits, quitte à se réveiller fatigué. Je rêvais que je *les* tenais, quelque part, dans les vignes, les Prussiens, et que, lançant sur eux ma compagnie, j'en abattais tant et tant !... Je me suis battu avec eux toute la nuit !

Le lorrain Hitter, l'*Ours blanc* de Metz, est le digne pendant du sergent Hoff, le héros de Paris.

Je puis, en détail, conter son histoire. J'ai recueilli, sur les lieux mêmes, des documents authentiques, et puissé-je, comme pour Ignace Hoff, attirer sur lui l'attention et lui faire rendre justice ! Car, comme tous les héros, le père Hitter a payé son héroïsme de sa fortune.

Le 14 août 1870, l'armée de Metz acculée sous les murs de la ville, se retournait résolue pour faire tête aux Prussiens et se battait à Borny, lorsque, vers quatre heures du soir, les soldats du 85ᵉ de ligne aperçurent un homme déjà vieux, la barbe longue et blanche, qui, la pipe à la bouche et le fusil à la bretelle, traversa lentement, comme un chasseur en promenade, le 85ᵉ et le 44ᵉ, puis la deuxième ligne, la première ligne et l'avant ligne, et se dirigea du côté des Prussiens.

— Quel est celui-là ? se disent les officiers.

— Voilà un fou ! murmurèrent les soldats.

Ce n'était pas un fou pourtant, loin de là. C'était un ancien brasseur de Saint-Julien, M. Joseph-Thomas Hitter, né en 1808, à Kaisersberg (Bas-Rhin), un vieillard, mais un de ces vieillards solides qui ressemblent à des chênes, un homme à la main robuste, vigoureux à soixante ans passés comme à trente, avec un front haut et large, les sourcils blancs hérissés, une barbe blanche descendant fournie et s'élargissant en éventail jusqu'à la poitrine, la barbe de neige d'un burgrave et le regard étincelant, foudroyant de l'aigle. J'ai là sous les yeux, la photographie de cet homme, coiffé d'un chapeau de feutre gris, sa boîte à poudre au côté, son fusil Lefaucheux entre les mains ; il ressemble à un propriétaire campagnard guettant une compagnie de perdreaux.

L'œil est superbe, surmonté de sourcils rudes avec deux rides profondes à la racine du nez, ces rides qui dénotent l'attention, la pensée et l'énergie. La physionomie toute entière est à la fois patriarcale et farouche. Elle est faite d'implacable décision et de bonté mâle. Tout homme dont on dit *le père* est un bon homme. A Metz, on n'appelle jamais l'Ours Blanc de Saint-Julien que *le père Hitter*.

Il avait, dès le début de la campagne, dès l'apparition des uhlans sur la terre messine, décroché son fusil de chasse et glissé des cartouches dans son Lefaucheux. Pendant cinq semaines, il réclama vainement un chassepot. Lorsqu'on le lui donna, il en noircit prudemment le canon : « Pas de *fantaisie* ! disait-il. Prenons garde à ce qui brille ! »

Il avait, fidèle à la tradition de l'Est, levé une compagnie franche. Ces troupes sont demeurées populaires au pays lorrain et dans les Vosges.

Ce fut grâce aux compagnies franches que le maréchal de la Ferté avait réussi à purger la Lorraine des *partis bleus* et *cravates de bois* dont elle était si infestée qu'on n'y pouvait matériellement plus labourer la terre et qu'il fallait, pour nourrir le peu d'habitants demeurés au pays lorrain, aller chercher le blé jusqu'à Châlons.

Les *partisans* de Metz ont plus d'une fois vaillamment fait leur devoir. Les Hitter et les Lang, les Émile Péchoutre, les Rice et les Michaux ont prouvé aux Allemands que le vieux sang lorrain se révoltait devant l'invasion et, bien souvent on les vit partir — en fredonnant peut-être tout bas le vieux refrain :

> Lon, lon, la, laissez-les passer,
> Les Prussiens dans la Lorraine;
> Lon, lon, la, laissez-les passer,
> Ils auront du mal assez!

Hitter combattait volontiers coude à coude avec ses frères d'armes. Mais il préférait être seul. Il disait à ses hommes :

— Vous brûlez trop de cartouches! Soyez avares. Une cartouche bien employée peut sauver une motte de terre!

Dans toute la campagne, en deux mois et demi, il n'en consomma pas plus de 120 ; la moitié fit balle.

Il se promenait, le jour, sur la Place d'armes, ou se

tenait, buvant de la bière et fumant, dans sa maisonnette de la route des Bardes, râpé, guêtré, coiffé de feutre, carrure athlétique, le poignet de fer, ayant l'air de flâner. Le soir, il était aux aguets. Il se glissait jusque dans les lignes ennemies. On cite de lui des traits d'audace qui, strictement vrais et admirables, n'ont de pareils que dans les aventures de jeunesse de Garibaldi ou les romans de Dumas.

Parlant l'allemand avec une correction absolue, il pouvait (comme le sergent Hoff) répondre au : *Qui vive?* des sentinelles et s'approcher d'elles. Quand sa face blanche apparaissait, il y avait un mort. L'*ours blanc*, comme disaient les Germains, était féroce. Cet *ours blanc* devenait légendaire dans le camp ennemi. Une fois, en plein jour, Hitter osa pénétrer dans le campement allemand de Malroy, à sept kilomètres de Metz, criant :

— Metz est surpris! La porte Serpenoise est prise! Aux armes!

Et profitant de la confusion, il enlevait et rapportait à Metz le fanion d'un général.

On ne croirait pas à de pareilles intrépidités si les documents officiels n'étaient point là.

Le vendredi, 20 août, on pouvait voir sur la place Napoléon, devant le poste, deux chariots chargés de grains. D'où venaient-ils? Des environs de Colombey. Le père Hitter se promenait de ce côté lorsqu'il avise une file de chariots portant des sacs de blé et convoyée par deux uhlans restés un peu en arrière. Il se dissimule derrière une haie. Quand le conducteur du convoi arrive près de lui, il se montre et le voiturier prussien lui adresse alors une question. En même temps accouraient les deux uhlans. Hitter fait coup double sur eux, à portée de revolver. « Mais vous tirez sur nos gens ! s'écrie le conducteur. — Parbleu ! Et toi, tu vas me suivre, ou je te brûle ! » Et le vieil Hitter appuyait le canon du revolver sur le front du voiturier. L'argument était irrésistible, et le convoi tout entier arriva sans encombre à Metz [1].

Un autre jour, c'est six voitures à la fois de lard et d'avoine, réquisitionnés chez nos paysans, que J.-T. Hitter ramène avec toute une escouade prussienne, six hommes et un caporal, plus les conducteurs français. Il les avait rencontrés de même et, tranquillement :

— *Wohin, kameraden ?* leur avait-il dit. Où allez-vous, camarades ?

— A tel endroit, vers tel corps d'armée ! Seulement, répond le caporal, je ne connais pas bien ma route ; pouvez-vous me l'enseigner ?

— Comment donc ! J'ai longtemps habité Metz comme brasseur, et l'état-major m'emploie à donner des renseignements !

— C'est un bon métier, et mieux payé que le nôtre !

— Pour cela, oui ; mais comme il faut que tous les vrais Allemands s'entr'aident, j'offre un verre de vin à la gloire de l'Allemagne ! Mettez vos armes sur les voitures et entrons là, dans ce cabaret.

Ainsi fut fait, raconte M. Cremer, qui tenait le trait

---

1. Le *Vœu National,* écho du pays messin (n° du 21 août 1870).

d'Hitter lui-même. A la sortie, le vieillard robuste s'attarde un moment pour payer la cabaretière, toute surprise de le voir en compagnie de Prussiens; puis il sort. Les sept hommes marchent en riant devant lui, bourrent leurs pipes de porcelaine suspendues au bouton de leur tunique et s'offrent du feu. Puis ils se demandent où est le *camarade*.

— Le camarade, le voici ! répond aussitôt Hitter.

Et les couchant en joue, tandis qu'ils se retournent, il leur dit tranquillement :

— Vos armes sont dans les voitures et les voitures roulent sur la route de Metz, avec les paysans qui les accompagnent, et à qui j'ai fait un signe ! Vous, suivez-les, Allemands du diable, et le premier qui bouge... Je suis l'*ours blanc* !

N'y a-t-il pas là une incroyable audace ? Et les routes de Boulay, de Thionville ou de Jouy ont vu certes plus d'un trait analogue. L'héroïsme n'était donc pas mort dans cette malheureuse France que l'empire eût pieds et poings liés livrée, — il l'avoue lui-même — à l'ennemi, cédant l'Alsace, donnant Strasbourg, perdant l'honneur, après un mois de campagne [1] !

---

1. Voici un nouveau trait relatif au vieil Hitter, l'*Ours blanc de Metz*, dont vous avez conté l'histoire, m'écrit-on du pays lorrain. On pouvait lire dans le *Courrier de la Moselle* (n° du samedi 20 août 1870) les lignes suivantes :

« Trois voitures d'avoine stationnaient vendredi sur la place d'Armes, voitures enlevées à un convoi prussien. L'auteur de cette capture n'en est pas à son coup d'essai ; la veille il en avait déjà amené d'autres, et samedi matin, il arrivait à la place conduisant trois prisonniers... Il est bien connu dans la ville

Le père Hitter est, on le conçoit, un tireur d'une adresse imperturbable. Il faut l'entendre expliquer comment il calcule sa distance, tire plus ou moins en avant du but selon qu'il vise un fantassin ou un cavalier, et suivant la vitesse de la marche, etc., etc. Il sait que le chassepot tue encore à 1,600 mètres, l'ancien fusil rayé à 1,800 mètres ; la hausse du chassepot

où il avait établi la Brasserie modèle de la rue Mazelle. Le nom d'*Hitter* deviendra populaire. »

Voici, d'après ce qu'il m'a raconté lui-même, comment Hitter avait fait ces trois prisonniers :

« Il était en embuscade, derrière des arbres, à quelques mètres de la route. Passent trois gendarmes ou soldats prussiens, légèrement armés, chantant à tue-tête une chanson dont le refrain disait : « *Quand il s'agit de marcher contre la France, tout bon allemand est soldat.* » Les trois prussiens, se croyant chez eux, avaient leur fusil en bandoulière. Le plan du père Hitter est fait. Il sort de sa cachette, gagne la route et se met à chanter en allemand le refrain ; on fait connaissance car on est entre camarades. Le père Hitter a son fusil en bandoulière, il leur conte une farce qu'ils avalent. Qund on est dans les avant-postes français, le père Hitter s'arrête contre un arbre, relève tout doucement son fusil, l'arme, s'assure que ses deux revolvers sont en état. Puis il marche sur la pointe des pieds pour rattraper les Prussiens ; arrivé à quelques pas il leur crie halte : mes trois hommes se retournent ahuris, ils voient le père Hitter, au milieu de la route, les couchant en joue. Il leur dit en allemand : « Le premier de vous qui bouge, qui fait un mouvement pour prendre son fusil, je le tue ; mon fusil a deux coups, puis deux revolvers chargés ; (le père Hitter était aussi toujours armé ; ils n'auraient jamais pu m'avoir vivant, me disait-il, je réservais toujours le dernier coup de chacun de mes revolvers pour moi ; je continue). Retournez-vous et marchez devant moi ! » Et nos trois hommes de marcher devant le père Hitter qui les a ramenés jusqu'aux avant-postes, les tenant toujours en joue. »

« E. O. »

lui paraît bonne, mais il conseille de tripler la longueur de la planche graduée et d'en placer une sur l'ancien fusil. Avec une science de trapeur, il sait que lorsqu'on aperçoit la fumée d'un coup de feu tiré par l'ennemi, il faut, pour fixer la distance où est placé le tireur, compter les battements d'une montre jusqu'à ce que le son soit arrivé à l'oreille, et multiplier le nombre de battements par 68 ou 70 en nombres ronds. Le chiffre obtenu indique la distance.

C'est une érudition spéciale que cet art patriotiquement sauvage de traiter l'ennemi comme un gibier. Hitter partait à la nuit tombante et, une fois dans les lignes prussiennes, allait de buisson en buisson, comptant sur le temps qu'il fallait pour cacher la lune à un nuage, allant plus ou moins vite. Un vrai Mohican. Il prenait soin d'arriver dans quelque bois placé non loin des sentinelles prussiennes; là, il attachait à une branche une casserole, une marmite, un arrosoir, d'autres objets de cuivre ou de fer-blanc, puis il se glissait plus loin, tenant à la main une ficelle démesurée attachée à la marmite. Entendait-il des Prussiens? Tapi dans une cachette, il tirait prosaïquement la ficelle, la marmite faisait du bruit en frappant sur l'arrosoir...

— *Wer dà?* s'écriaient les Allemands.

Hitter demeurait immobile. Au bout d'un moment, il tirait plus fort. Les Prussiens, croyant reconnaître le bruit métallique des *quarts* de fer-blanc frappant sur les sabres, faisaient feu sur la marmite. C'était ce que voulait l'*ours blanc*. Les coups de feu rayant l'ombre lui montraient où se tenait l'ennemi. Il tirait alors, comme à l'affût, et les *oh!* et les *mein-gott!* lui prouvaient presque toujours qu'il avait touché.

D'ailleurs il ne prenait pas le temps, comme on pense, de s'assurer de l'efficacité de son coup; il coupait rapidement la ficelle et, laissant les Prussiens tirer *au jugé* sur l'endroit d'où venait de partir la détonation et que le tireur quittait brusquement, il s'éloignait ensuite tout en rechargeant son arme, cherchait un nouveau coin, tirait de nouveau et tuait encore... La plupart du temps les Prussiens, effarés par cette multiplicité de coups foudroyants, croyant avoir à faire à une nombreuse bande de partisans, se repliaient en arrière. Un poste tout entier battait ainsi en retraite devant un homme!

A l'aurore, le père Hitter rentrait à Metz, sa pipe à la bouche, lentement, contant tout cela avec un accent de simplicité profonde, sans fanfaronnades, mais avec ce demi-sourire satisfait de l'homme qui n'a point perdu sa nuit.

Le vieil Hitter en a certainement ainsi tué plus de soixante. Il n'a pas compté! Son Lefaucheux et son revolver, un revolver assez commun acheté en Belgique, ont fait, dans les tristes nuits du funèbre automne, une besogne cruelle.

Un de ses amis, M. H. Vivien, lui voyant un jour à la ceinture ce revolver, arme pour laquelle, en vrai chasseur, Hitter avait toujours professé le plus souverain mépris, lui demanda pourquoi il s'en servait :

— Parce que mon fusil peut manquer son coup et

que je puis être serré de près. Alors je suis du moins certain que j'en abattrai cinq.

— Six, monsieur Hitter, puisque vous avez là six coups!

— Ah! pardon, comme je ne veux pas qu'ils aient le père Hitter vivant, le sixième est pour moi!

Cet homme a de ces mots frappés, disait Montaigne, à *l'antique marque*. Lorsque Bazaine eut rendu Metz, les Allemands se promirent bien sans doute de faire payer cher à l'*ours blanc* son courage, cette patriotique rage qui faisait dire au vieux chef des francs-tireurs, à la fin d'Octobre : « — Ce n'est pas aujourd'hui qu'il faut crier, c'était il y a deux mois qu'il fallait demander des armes, prendre un fusil et me tenir compagnie! »

On avait bien introduit dans le texte de la capitulation un article ainsi conçu, « *Personne ne sera inquiété pour la part qu'il aura prise à la défense de la ville.* » Mais les amis du vieil Hitter n'en redoutaient pas moins ou que l'intrépide patriote ne se livrât à quelque acte de désespoir, ou qu'un Allemand ne se vengeât dans l'ombre.

— Point de folie, monsieur Hitter, lui disait-on, ne vous faites pas fusiller.

Il répondait :

— Ne craignez rien, j'ai cassé mon chassepot, noyé mes cartouches et quant à mon revolver et mon couteau, puisque tout est fini, je les ai jetés dans la Moselle. Il ne me reste que mon poing, et encore la façon dont nous tombons m'ôterait même l'envie d'assommer un de ces gens-là!

On eut néanmoins le soin de régulariser sa situation, on lui donna le grade de capitaine de la garde mobile, on lui fit endosser la tunique d'uniforme ; mais lui, dédaignant le képi galonné, voulut garder son vieux feutre roussi de « batteur de buissons, » répétant peut-être, à l'encontre de Jeanne, que puisqu'il avait été à l'honneur, il pouvait bien être à la peine. Et, accoutré ainsi, il se promenait fièrement les yeux pleins de bravades parmi les soldats prussiens.

« Le 3 novembre, dit M. Vivien, je le vis sur la Place d'Armes ; les Allemands passaient une revue. Hitter était hors de lui en voyant cette forêt de casques que dominait de si haut la sereine statue de l'héroïque Fabert. Un colonel prussien le regardait, demandant quel était cet homme...

Tout à coup ce colonel pique des deux vers le franctireur :

— Vous êtes M. Hitter ?

— Oui, répond fièrement le *Weisse Beer* sans hésiter.

— Oh ! je vous connais bien !

— Non, fait le vieillard.

— Comment cela ?

— Si vous me connaissiez bien, vous ne seriez pas ici !

— En vérité, dit le colonel avec ironie, et où serais-je ?

— Vous seriez avec ceux que j'ai *descendus* pendant le siége ! »

Le père Hitter a quitté son fusil. Il n'est plus qu'un

bonhomme que la guerre a ruiné et qui vit paisiblement à Pont-à-Mousson, en gravissant quelquefois la hauteur pour apercevoir de loin cette noble ville de Metz que nous posséderions encore si tous l'avaient défendue comme lui. Parfois, un ancien compagnon du siége, comme celui qui fut le général auxiliaire Cremer et qui est mort voyageur de commerce pour les vins et dompteur de chevaux, vient s'asseoir au café, à côté de lui, et causer des anciens jours.

Le père Hitter n'a reçu ni croix ni indemnité. Cependant, en cette guerre malheureuse où d'autres ont récolté des grades et des faveurs, — quelques-uns même la richesse au milieu de la ruine commune, — il a perdu ce qu'il possédait, et c'est en toute vérité que l'ex-entrepositaire de vins et spiritueux, redevenu un pauvre petit bourgeois après avoir commandé les francs-tireurs de Metz et de sa banlieue, pouvait, en 1872, adresser au ministre de la guerre cette réclamation qui regardait le troisième bureau, la Direction générale de la comptabilité et qui est demeurée sans effet :

Pont-à-Mousson, 26 octobre 1872.

Monsieur le Ministre,

Malgré mes soixante-trois ans, mon énergie et mon dévouement à la patrie sont bien connus; je n'abuserai donc pas des moments de Votre Excellence par des détails sur mon odyssée militaire, qui sont connus des sommités du 3ᵉ corps d'armée et aussi de M. le général de Verely, sous les ordres duquel j'ai eu également l'honneur de servir; je me bornerai à faire savoir à Votre Excellence que je n'ai pas cessé un seul instant d'employer tous les moyens en mon pouvoir pour combattre l'ennemi la nuit comme le jour. Mais pendant que j'exposais ma vie tous les jours, des soldats de l'armée française ont profité de mon absence de mon domicile pour piller de fond en comble ma maison, située isolément entre les communes de Vallières et de Borny.

C'est à raison de ce fait que j'ai l'honneur de venir très-respectueusement, supplier Votre Excellence d'être assez bonne de donner les ordres nécessaires pour le remboursement de la valeur de mes pertes, constatées et évaluées très-consciencieusement par les deux pièces que j'ai l'honneur de joindre à cette lettre.

J'ai l'honneur d'être, avec le plus profond respect,

De Votre Excellence,

Le dévoué serviteur,

Hitter.

A cette demande de M. Hitter était jointe cette apostille :

Il résulte du procès-verbal visé par les maires des communes de Vallières et de Borny que M. le capitaine Hitter, des francs-tireurs de Vigy (Moselle), a subi une perte de 8,630 francs dans la journée du 31 août 1870, alors qu'il se distinguait à Noisseville, parmi les meilleurs soldats du 3e corps. Sans cesse aux avant-postes, pendant la durée de l'investissement de Metz, il s'est acquis une réputation légendaire.

Il est de notoriété publique qu'il a mis hors de combat plus de soixante Allemands, a pris à l'ennemi huit voitures à deux chevaux chargées de vivres et fait quinze hommes prisonniers qu'il a ramenés dans la place aux acclamations de ses concitoyens.

M. Hitter jouit dans le public messin de l'estime et de la considération générales. Si monsieur le ministre de la guerre était dans la possibilité de faire droit à cette demande, qui lui est soumise en dehors des délais prescrits par la Circulaire, ce serait un acte de justice qui serait accueilli avec gratitude par l'opinion publique et dont les conséquences permettraient à

M. Hitter de parer aux difficultés d'une situation aggravée par son option à la nationalité française.

Le général de brigade, ex-commandant
de la subdivision de la Moselle,
A. de Vérely.

Nancy, le 5 novembre 1872.

Vu pour la légalisation de la signature
de M. de Vérely,
Le maire de Nancy,
Marchal aîné.

Nancy, le 11 juin 1873.

On sait combien les militaires de profession sont peu enclins à traiter en camarades les soldats improvisés que la nécessité et le malheur forcent à prendre les armes. Ne lisais-je pas, au lendemain des funérailles du général Lecomte et du général Clément Thomas, une sorte de protestation d'un officier anonyme qui regardait comme sacrilége l'assimilation de ces deux victimes, leur désignation sous le même grade, leur inhumation sous le même mausolée? La hiérarchie va puiser des arguments jusque dans cette mort où le pauvre du Père Patrix répond, sinistre :

Je suis sur mon fumier comme toi sur le tien!

Eh bien, les officiers généraux de l'armée de Metz traitent encore aujourd'hui *l'ours blanc* de Saint-Julien en compagnon d'armes et en camarade de péril. Le général Coffinières de Nordeck, pour lequel Hitter professe, en dépit de tout, une haute estime, lui écrivait, le 19 mars 1873 :

« J'ai reçu avec le plus grand plaisir la photographie que vous m'avez fait l'honneur de m'adresser. J'ai éprouvé une véritable joye (*sic*) en revoyant vos traits si nobles et si énergiques. Ah! si notre pauvre France avait eu beaucoup d'hommes comme vous, nous ne serions pas où nous en sommes! »

« J'ai obligé un bien grand nombre de personnes dans ma vie, dit le général dans une autre lettre; trois ou quatre au plus en ont conservé le souvenir, et vous êtes de ce nombre; je vous en félicite et je vous en remercie. »

Le général de Vérely écrit à Hitter qu'il conserve son souvenir « parmi les meilleurs à garder. » Et lui aussi ajoute : « Si tous les hommes étaient comme vous, mon cher et excellent capitaine, la fin des calamités publique aurait sonné en France! » — Je vous remercie très-sincèrement de votre photographie, lui dit M. le général du Frétay, commandant la 2ᵉ division du 3ᵉ corps de l'armée de Versailles; elle me rappelle, hélas! de bien sombres jours qui ont décidé du sort de votre malheureux pays. Nous avons tous le cœur fort triste en pensant à cette pauvre ville de Metz dont nous voilà séparés pour longtemps. Espérons!... c'est le partage des malheureux...

Enfin, le général Davoust, duc d'Auerstadt, l'héritier du commandant en chef qui, à la tête des trois immortelles divisions Morand, Friant et Gudin, dont faisait justement partie le père du vieil Hitter, écrasa les Prussiens le jour même où Napoléon Iᵉʳ les battait à Iéna, écrivait à son tour au franc-tireur de Metz ces lettres qu'il faut citer tout entières :

JUSTUM ET TENACEM.

Versailles, 1er octobre 1873.

Mon cher commandant,

J'ai été bien sensible à votre bon souvenir, et j'y aurais répondu de suite si je n'avais, par mégarde, égaré dans des papiers de service la lettre que vous m'avez fait l'honneur de m'écrire. Je suis heureux d'avoir enfin retrouvé votre adresse, et j'en profite pour vous faire part de la bonne émotion que vous m'avez causée. Je conserverai toujours votre lettre comme une des preuves d'estime qui m'ont le plus touché, et votre photographie comme celle d'un homme plein de bravoure et de dévouement à son pays. Au milieu de toutes les lenteurs du siége, je vous ai dû quelques moments d'espérance dans l'avenir; comment aurait-il pu en être autrement lorsque je vous voyais traverser nos avant-postes, marcher à l'ennemi seul, marcher gaiement au-devant du danger pendant les nuits pluvieuses du mois d'octobre? Vous vous faisiez quelquefois suivre de compagnons dont Metz devra conserver les noms comme ceux de braves gens qui, sans ambition, pleins de désintéressement, allaient remplir la tâche si rude qu'ils s'étaient imposée de leur plein gré.

Adieu, mon cher commandant, je vous suis doublement attaché et par ce que je vous ai vu faire à vous-même et par les souvenirs de 1806, auxquels nos deux familles se rattachent.

Recevez, mon cher commandant, avec l'expression de mes sentiments de haute estime, l'assurance de mes meilleurs souvenirs.

L'un de vos camarades de Metz,

Général-duc d'Auerstadt.

Clermont-Ferrand, 28 décembre 1873.

Mon cher monsieur Hitter,

J'ai été bien sensible à votre bon souvenir; il ne pouvait en être autrement venant d'un homme que j'ai vu si ferme dans des circonstances difficiles, si résolu alors que tant d'autres faiblissaient. Je crois aller au-devant de votre vœu le plus ardent en souhaitant qu'il nous soit donné bientôt de marcher de nouveau côte à côte et en campagne.

Recevez, je vous prie, monsieur, l'expression de mes sentiments de profonde estime et de camaraderie,

Général-duc d'Auerstadt.

Nous avons, je crois, assez complètement fait connaître le courage, le patriotisme et le dévouement de M. Hitter pour ajouter à ces témoignages en quelque sorte officiels un vœu personnel, l'espoir que notre pays n'oubliera pas plus longtemps les services que lui rendit cet homme, la certitude qu'on saura enfin rendre justice à ce héros qui n'a rencontré que la ruine et qui avait tout donné au pays : sa petite fortune, sa maison, ses soixante ans et sa vie !

La patrie a le droit de tout exiger et ses enfants lui doivent tout donner, sans doute. Mais que les nations ne soient pas ingrates, si elles ne veulent point que leurs enfants deviennent égoïstes.

L'égoïsme et l'indifférence avaient tout étouffé en nous. Que l'idée de dévouement renaisse! Que le sacrifice soit fécond comme jadis! Mais pour cela aussi, que la patrie ne soit pas oublieuse et que, célébrant ceux qui sont morts et leur donnant des mausolées de marbre, elle songe aussi à tendre la main à ceux qui ont survécu.

On décrétera d'ailleurs, quelque jour, afin que le

dévouement devienne effectif, le service militaire absolument obligatoire, et le volontariat d'un an n'existera plus.

Le volontariat d'un an n'a pas tenu tout ce qu'il promettait. Son principal résultat aura été de priver l'armée de cette force étonnante, de cette sorte de généreux ferment qui, depuis si longtemps, rendait l'armée française une armée unique et démocratique : les sous-officiers.

Je me rappelle un article d'une revue militaire prussienne relatif à la dernière guerre. Ce que les Allemands trouvaient de particulièrement remarquable dans nos régiments, c'était les sous-officiers, ces sergents-majors et ces fourriers élégants, intelligents, la moustache en croc et la taille bien pincée — graine de capitaines et de braves gens.

Or, le volontariat d'un an pourrait bien, à un moment donné, nous priver de cette race toute spéciale de sergents. J'étais l'autre jour en visite chez le colonel d'un régiment au moment où il recevait le pli officiel lui demandant combien de volontaires contractaient un nouvel engagement.

— Le chiffre n'est pas gros, me dit le colonel, et, sur un certain nombre de ces jeunes gens, un seul demeure. — *Un!* ce n'est pas trop!

Il paraît qu'il en est un peu partout ainsi. On a fait son année de volontariat, moyennant 1,500 fr. et douze mois d'exercice. On a acquitté sa dette. On est libre. On quitte la capote, on reprend l'*ulster-coat* ou le veston de chambre, et tout est dit. Pendant ce temps, les sous-officiers manquent.

Je n'insiste pas plus qu'il ne faut sur ces questions toutes spéciales et assez brûlantes.

Ce que je veux dire, c'est qu'en supposant que l'institution du volontariat touche à sa fin et que l'expérience ait tourné contre elle, elle a produit cependant quelques bons effets, elle a plié à la discipline un certain nombre de jeunes gens qui jusque-là n'avaient connu que leur fantaisie et leur caprice. Une des infirmités de la bourgeoisie française actuelle, c'est de n'avoir pas le nerf et l'énergie de défendre ce qu'elle a conquis, c'est sa prétention de demeurer classe dirigeante sans vouloir se donner la peine de mériter de garder, par sa valeur et ses vertus, cette direction. On l'a bien vu, lors de la dernière guerre, quand les parents eux-mêmes enseignaient à leurs fils l'art d'éluder les décrets de mobilisation et le moyen de se faufiler dans les bureaux. On le verrait encore si la loi n'était là, rigide, et imposant aux privilégiés eux-mêmes ce qui était l'impôt réservé seulement aux pauvres et aux petits. Lorsqu'on a devant soi un ennemi vigilant comme l'Allemagne, le devoir est d'être prêt à se défendre. Sans doute, le désarmement général vaudrait mieux, mais c'est là désormais de l'idéal pur. La réalité nous presse et elle est farouche.

Il faut pouvoir défendre sa propriété et son indépendance. Je ne parle pas de l'honneur qui vaut plus encore. Mais à un temps qui raillerait volontiers les sentiments, on peut parler intérêts. L'intérêt est donc là et il faut que chacun le sache.

Au reste, des symptômes excellents montrent qu'on l'a compris et je prendrai comme symptôme de ce genre le succès d'un livre, le *Journal d'un Volontaire d'un an au 10ᵉ de ligne,* par M. René Vallery-Radot. M. Vallery-Radot, qui a vingt-trois ou vingt-quatre ans aujourd'hui, l'air résolu et le bon sourire confiant et franc de la jeunesse, fut, un moment, secrétaire de M. Buloz, à la *Revue des Deux-Mondes.* Un beau jour, il s'est engagé pour un an, comme tant d'autres; mais au lieu de regarder son année de service militaire comme une corvée désagréable, il l'a prise comme un devoir.

Combien de jeunes gens demandaient et vont demander à être incorporés dans quelque grande ville, à proximité des courses, à deux pas des théâtres, et comme en villégiature ! J'en connais un qui, fort riche, s'était fait meubler à Rouen un petit entresol, comme s'il eût encore habité la rue du Helder, et qui avait expédié de Paris son coupé et son cheval pour en jouir, là-bas, sur les bords de la Seine et explorer aux environs de Saint-Sever la campagne normande.

D'autres, reconnaissons-le, avaient pris leur nouvel état plus au sérieux, et M. René Vallery-Radot est de ceux-là.

Au lieu de mener la vie du volontaire amateur, du *gandin* revêtu de l'uniforme, du *gommeux* dépaysé dans la caserne, il prend, dès le premier jour, le parti le plus sage et le plus digne : il se considère bel et bien comme étant un soldat, un vrai soldat, condamné aux corvées, aux fatigues, aux devoirs de tout homme qui porte l'épaulette, que ses franges soient de laine ou d'or.

Il a emporté avec lui, comme un conseiller, ce beau

livre d'Alfred de Vigny, *Servitude et Grandeur militaires*, qui résume les sacrifices et les gloires de la vie du soldat. Je me rappelle, à ce propos, que lorsque je débutai dans les lettres, — l'auteur même de ce livre, Alfred de Vigny, me conseilla de me faire soldat. Je n'en avais pas la vocation : le militarisme me semblait fini !

— Il ne s'agit pas de vocation, me dit-il. Il faut vaincre votre timidité naturelle, il faut vous apprendre à entrer, le pied sûr, dans la vie. Faites-vous soldat pour le temps le plus court possible, et vous sortirez de cette vie militaire trempé et solidifié!

J'ai souvent pensé, depuis nos épreuves, à ce conseil de l'auteur de *Servitude et Grandeur militaires*, conseil qui me paraissait exagéré et un peu dur alors, mais qui, je le reconnais aujourd'hui, avait sa grande part de vérité.

M. René Vallery-Radot a donc suivi, sans le connaître, le conseil que me donnait Alfred de Vigny. Il a quitté sa chambre d'étudiant, sous le toit maternel; il a dit adieu à ses livres préférés, au foyer d'habitude, à tout ce qui est cher, doux, réchauffant et bon; et il est parti un matin pour le camp d'Avor, où, dès le premier jour, on lui a rasé les cheveux, enlevé son chapeau, son paletot et sa liberté. Mais il ne s'en plaint pas, au contraire. Et, d'ailleurs, il ne fait que ce que font les *camarades*. Il est dans le rang, il marche, et il marche droit. La boue du camp, le vent de l'hiver, les marches étouffantes en été, les étapes interminables qui gonflent les pieds et les boursouflent d'ampoules, tout cela, il le supporte vaillamment, allègrement, avec cette idée que c'est le devoir et qu'il faut montrer qu'on est un homme.

Ce livre restera, comme tout ce qui est sain et bon, comme les *Chants du Soldat*, de Paul Déroulède, allègres et héroïques et semblables à leur auteur. Tous les nouveaux volontaires voudront, chaque année, connaître la vie qui les attend. Tous les parents des enrôlés tiendront à savoir quelle est, là-bas, l'existence de leurs enfants, de leurs frères, et les uns et les autres verront que, quelles que soient les rigidités de la discipline, *on n'en meurt pas*, comme on dit. Et puis la note de ce livre patriotique de M. Valery-Radot est bien française. La bonne humeur de la jeunesse y alterne avec l'inévitable tristesse de tout patriote, à l'heure présente. Que de jolies pages et que de touchants tableaux! L'histoire du chien *Gravelotte*, qui s'attache au régiment au jour de bataille, qui suit les soldats de Metz captifs en Allemagne, qui vit de leur vie et qu'on tue un jour qu'on a donné l'ordre de tirer sur les chiens enragés; les aventures des journées d'étapes, l'arrivée et le logement chez de braves gens qui cèdent leur lit au soldat harassé; — les portraits des officiers dévoués et les silhouettes amusantes des *volontaires*, depuis l'ouvrier horloger qui prend les choses à cœur jusqu'au boulevardier sceptique qui se *régénère* en donnant quelques sous à un camarade pour cirer ses bottes; — le départ du camp d'Avor, les adieux au colonel, l'émotion du capitaine instructeur à qui les volontaires offrent en partant une statuette de l'Alsace et qui se détourne pour cacher ses pleurs; tout cela est écrit et décrit par M. Vallery-Radot d'une plume alerte, jeune, vive, sympathique. On sent le jeune homme de cœur dans ce volontaire et sous l'écrivain. Et si jamais l'institution du volontariat disparaît, ce qui est possible, on pourra dire, en montrant ce livre : Il y eut du moins de vaillants jeunes gens qui prirent au sérieux leur devoir et se soucièrent de mériter les éloges de leurs chefs et la reconnaissance de la patrie. L'auteur du *Journal d'un volontaire* était de ceux-là.

Il est grand temps que l'on comprenne ce que c'est que le Soldat.

Je me rappelle une conversation avec un ami, au camp de Satory, et le nouveau tableau, tracé en causant, des « servitudes et de la grandeur militaires : »

— « C'est un état comme un autre, que celui de soldat, me disait le lieutenant ***, et, parmi tous les travailleurs de ce monde, il n'en est peut-être pas de plus laborieux que l'humble *piou-piou*, qui se lève avec le jour et se couche avec lui, fait l'exercice, lave, astique, étudie à la fois la théorie et la grammaire, va à la cible et à l'école, et sert de son mieux la République et la France. Lorsque le soldat n'est plus l'instrument de règne d'un despote, il est le gardien de la liberté et de l'indépendance d'une nation. C'est lui qui veille, l'arme au bras, sur toutes les autres œuvres du travail; c'est lui qui, gardien résolu, empêche l'étranger de vider nos tonneaux, de saccager nos champs, de brûler nos maisons, de piller nos fermes, d'insulter nos femmes, nos sœurs et nos mères. Je l'aime, ce fusilier Pitou, ce soldat Boquillon; ce fantassin Dumanet dont s'amusent les vaudevilles. Il est enfant et bon enfant; il est naïf et curieux; il ne sait rien et devine tout; il n'entend pas grand'chose à la politique et il paye, de son sang, les fautes et les crimes des hommes d'État. Il suit ses généraux en aveugle et il croit toujours, et il espère — le pauvre garçon si confiant! — qu'ils vont le mener, tambour battant, à la victoire. Il est l'incarnation du peuple veillant sur le sol, un uniforme sur le dos, regrettant l'atelier ou le sillon, le faubourg ou le village, mais fidèle au devoir, obéissant au coup de clairon comme à la voix même de la patrie, et prêt à se faire hacher pour cette loque à trois couleurs qu'on appelle d'un nom sonore : — le drapeau.

« Il faut avoir vécu côte à côte avec lui, pour le bien connaître. Le soldat est timide et ne se *livre* point, ou il est narquois et il *blague*. Entre ses silences confus et ses hâbleries railleuses, il y a la vérité. Cette vérité, c'est que le soldat français, gai, vivant, s'amusant de tout, constitue le type achevé du bon et brave soldat. Les Allemands vous le diront eux-mêmes, dans leur langage à prétentions philosophiques : « La *matière militaire*, en France, est meilleure que partout ailleurs. » On a accusé nos soldats d'indiscipline. Sans doute les prétoriens et les *grognons* — ces grognards dégénérés — ont donné, dans la dernière guerre, de déplorables exemples. Les rues de Strasbourg, à la veille des premiers combats, virent passer plus d'un soldat ivre. Mais, en somme, le soldat, le vrai soldat, fut discipliné, obéissant, et, jusqu'à la dernière heure, plein d'espoir. Cette pauvre armée de Metz, ne la vit-on pas se confier, sans murmure, au chef qui l'allait rendre à l'ennemi? Elle avait foi dans sa propre destinée, dans son propre courage et, sous les murs de Metz, pendant les pluies et les bourrasques d'Octobre, elle attendait impatiemment le signal du combat, certaine que ce serait un signal de gloire. Pauvre troupeau de moutons héroïques qu'on vit, un matin, défiler, sans armes, devant les Prussiens et qui, par longues files, s'acheminèrent, sous la pluie, vers les prisons allemandes!...

« Vous n'avez guère connu, vous autres, au siége de Paris, que le soldat battu et *ramené*, semblable au cavalier qui a été démonté et qui n'ose se remettre en selle. Et pourtant, que de bravoure dans ces bataillons sans cadre, dans ces régiments décimés! Le soldat du siége de Paris, celui du Bourget, de la Malmaison ou de Champigny, et le soldat de la Loire ou de l'Est, celui de Coulmiers, de Josne ou de Villersexel, resteront comme des types à part dans l'histoire de notre armée. Leur allure, leur uniforme, leur figure même, tout en eux semblait nouveau. Braves gens! Ils souffraient terriblement, par ce rude hiver qui se fit, il y a cinq ans, l'allié de l'Allemagne! Ces petits fermiers grêles et presque imberbes, ces mobiles arrachés au foyer, grelottaient sous la peau de mouton qui leur couvrait les épaules et la poitrine, et dans laquelle ils glissaient leurs mains gercées de froid. Ils battaient la semelle, aux heures de halte, en attendant qu'ils maniassent le chassepot ou qu'on leur donnât l'ordre de courir à la baïonnette. Leurs oreilles gelées s'abritaient sous des mouchoirs entortillés autour de la tête ou sous le fameux *passe-montagne* que n'ont pas oublié les gardes nationaux aux remparts. C'était pitié de voir ces malheureux enfants transis, à la peau violacée, au nez rougi et sabré par la bise. Eux ne se plaignaient pas. Ils étaient là, ils y restaient et faisaient leur devoir. Sur une des maisons à demi-effondrées par les obus qu'un détachement d'un régiment de ligne occupait à Bondy, une main inconnue avait tracé ces mots : *Caserne des victimes du plébiscite.*

« Mais, s'il était triste et grelottant, en ces heures atroces de la défaite et de la lutte en plein froid, contre des armées victorieuses, il faut voir ce soldat français, ce même petit soldat, lorsque le succès lui sourit, lorsqu'il marche en avant, lorsqu'il attaque et fait fuir l'ennemi. C'est la gaieté dans la bataille, c'est l'entrain, c'est l'élan, c'est l'humeur même de la France ! La *furia francese*, disaient les Italiens du xve siècle, *the jacobinical rage,* disaient les Anglais en 1793. Demandez-lui, à ce petit *soldat de quatre sous*, ce que vous voudrez ; il l'accomplira. Exigez de lui des prodiges, il les réalisera. Mais il lui faut le succès, le soleil, les acclamations des villes conquises, le sourire des femmes charmées, les lendemains de Magenta, les rues toutes fleuries de Milan, les vivats, les musiques, la folie et la fête du triomphe. — Tout cela est loin, me direz-vous. Certes, et ces combats glorieux ont l'air de dater d'un autre siècle. Qui sait, il est vrai, ce que l'avenir nous garde ? La France pouvait périr dans sa dernière épreuve ; elle a survécu ; la moribonde est convalescente et le petit bonhomme de soldat vit encore.

« Il est au camp maintenant ou à la caserne, et il étudie, il *s'applique*, il travaille, il sait que le service obligatoire doit faire de la nation tout entière une armée, et il veut être digne et capable de défendre son foyer, son coin de terre natale. Il faut le voir à Villeneuve-l'Étang ou à Satory, alerte dans la petite guerre, discipliné dans les rangs, toujours content dans les parties de boules ou de cartes. Il faut l'écouter, tandis qu'étendu, le ventre sur l'herbe, en été, il appelle l'un après l'autre les numéros du loto. Les vieux souvenirs des campagnes de la République se retrouvent dans les épithètes traditionnelles accordées à chaque numéro : *Trente (dans le Tyrol)*, ou : *quinze... erlick dans une guérite*. Ces souvenirs, on les rencontre d'ailleurs encore dans la chanson que chante le gagnant du jeu de cartes en frappant sur le bout du nez de celui qui a perdu. Cette méthode a remplacé *la drogue* du temps des soldats de Charlet. Chaque mesure du couplet est scandée par une chiquenaude et le patient demeure tranquille, immobilisé et ennuyé, tandis que son vainqueur chante :

> N'y a plus de guerre,
> Tous les rois sont morts,
> Larirette !
> N'y a qu'en Angleterre
> Qu'en existe encor !

« Évidemment, ce couplet date de l'ère républicaine où, comme dit Béranger, les habits bleus « bousculaient tous les rois. »

« Il faut aussi entendre le soldat écouter, à la chambrée ou dans le baraquement du camp, les aventures du sergent la Ramée. C'est l'Odyssée du troupier, cette vieille légende qui date des guerres des Flandres. La Ramée, c'est le rêve, la poésie, la tristesse et la joie rabelaisienne de l'état militaire. Souvent, le conteur qui conte ces aventures s'interrompt pour savoir si on l'écoute : *Cric! crac!* dit-il, comme un romancier écrirait : *La suite au prochain numéro.* — Et la chambrée répond : *Cuiller à pot!* — *Sous-pied de guêtre!* — *Le sergent-major au prêt!* — *Le fourier l'a mangé!* (le prêt). Et le conteur continue.

« Et, pendant que Paris s'amuse, va au théâtre, au bal, au café, au cabaret, il y a, de la sorte, des milliers de braves gens campés dans la boue, en hiver, par le froid, par la neige, et qui travaillent, l'arme au bras, pour la défense de la patrie. Ils ont des mères, des sœurs, des amours, eux aussi ; mais, pour le moment, leur mère et leur passion unique, ce doit être la France. C'est à elle qu'ils doivent tout leur temps, tous leurs efforts, tout leur courage, tout leur sang. Ces pauvres *pantalons rouges!* Ils sont là debout, comme des gardiens de notre sécurité violée et de nos frontières enfoncées. Il faut les honorer et les saluer, ces enfants du peuple, ces travailleurs qui donnent à la collectivité nationale, non-seulement leurs muscles, leur sueur, mais leur sang. »

Cela dit, le lieutenant boucla son ceinturon, mit son képi sur sa tête, et, sous la pluie, courut où l'envoyait l'heure de l'*appel*. A cette heure même, le rideau se levait aux Folies-Dramatiques, sur quelque opérette nouvelle, et les « francs-fileurs » de 1870 s'y rendaient, empressés, cravatés de blanc, gantés de frais, eux qui avaient passé leur hiver de 70-71 à Bruxelles, tandis que le lieutenant se mordait les poings à Mayence, captif, et que le soldat tombait à Artenay, au Mans ou au Bourget.

Le train s'arrête. Nous sommes à Metz, Metz l'invincible et l'invaincue, Metz qui serait encore la Vierge héroïque si le cœur ardent du vieil Hitter, l'humble franc-tireur dont nous avons esquissé la physionomie, avait battu dans la poitrine du maréchal à qui la France — pleine de foi, hélas! — avait confié sa meilleure armée!

IX

METZ ET SES CHAMPS DE BATAILLE.

Il n'y a guère de modifié, à Metz, que l'aspect de la gare du chemin de fer. La ville est demeurée ce qu'elle était — comme le cadavre d'un homme reste ce qu'était l'être vivant. Les rues, les promenades, les places, les monuments sont restés, la vie a disparu. Ci-gît Metz, *nunquam polluta.*

La ville est demeurée française. Toutes les enseignes, ou presque toutes, sont tracées en français. Les noms des rues sont encore indiqués dans notre langue. La gare seule est allemande, avec un de ces buffets qui, surchargés de verroteries, ressemblent vaguement à des boutiques de pharmaciens.

Partout des livres allemands aux couvertures illustrées, les aventures comiques de Schültze et Müller, les souvenirs de guerre du uhlan-journaliste Hans Vachenhüsen, le *Kladderadatsch* et d'autres publications hostiles à la France. On n'en vend guère, il est vrai, et les Messins ne les regardent pas.

Les douaniers qui visitent, l'omnibus de l'hôtel, à la porte Serpenoise, sont des Français, ce me semble.

Cette porte Serpenoise, que le boulanger Harelle défendit en 1473 et devant laquelle vint échouer en 1552 la principale attaque de Charles-Quint, repoussée par les soldats du duc de Guise, je la trouve gardée par des fantassins allemands. La vieille cité militaire, la mère de tant de vaillants soldats, la patrie de Fabert, de Kellermann, de Richepanse, de Lasalle, de Custine, de Paixhans, appartient à l'étranger.

L'Allemagne n'a fait d'ailleurs à Metz, je le répète, aucun progrès.

La population de Metz, qui était en 1868 de 54,800 habitants, compte aujourd'hui environ 17,000 Français et 15,000 Allemands[1]. Le simple énoncé de ce fait peut servir à la condamnation de la conquête. Les Allemands en réalité, ont pris possession d'un cimetière. Ils ont enlevé à Metz sa vie propre en même temps que sa nationalité[1]. Partout dans les rues désertes de la malheureuse cité, l'œil est attiré par la vue d'écriteaux portant ces mots significatifs : *Hôtel à vendre, Maison à céder, Boutique à louer.* Que de portes closes, de volets fermés, d'enseignes qui portent le nom de gens émigrés depuis longtemps ! Quels deuils et quelle tristesse ! Les Allemands qui sont venus s'établir ou plutôt s'abattre sur la malheureuse ville, alléchante pour eux comme une proie, étaient, pour la plupart, des aventuriers, des trafiquants avides

---

1. Un nouveau journal prussien, imprimé et rédigé en français, le *Journal de Berlin,* dont le rédacteur principal porte un nom français, M. J. Courrier (est-ce un français vraiment?) le *Journal de Berlin* a beau vanter la *prospérité* de l'Alsace-Lorraine; les faits sont là.

de réaliser en toute rapidité un bénéfice inespéré. Ils ont presque tous fait faillite, et Metz a vu partir, — mais pour se renouveler, — cette lie de négociants de hasard et de juifs allemands.

Pauvre Metz! Metz l'inviolée, Metz qui avait repoussé toutes les attaques, Metz dont l'étranger avait cherché vainement à entamer la muraille, jusqu'à ce jour sinistre du mois d'Octobre 1870, où un maréchal de France rendit la ville à l'ennemi! Elle porte du moins noblement et vaillamment son deuil, s'étonnant, il est vrai, de la facilité avec laquelle la France oublie et de l'importance que Paris attache à des futilités ou à des scandales, tandis que des milliers de Français contraints de demeurer attachés au sol où ils sont nés, se demandent avec angoisse comment ils empêcheront leurs fils de porter le casque prussien. Ce sont des souvenirs et de tristes images qu'il nous faut sans cesse présenter aux regards des heureux.

— Ah! monsieur, me disait, en 1873, un habitant d'Amanvilliers, nous avons bien souffert et d'autres, je l'avoue, ont bien souffert aussi; mais du moins ils sont demeurés attachés à la nation, ils peuvent dormir à l'ombre de leur drapeau. Mais nous, nous voilà et pour combien de temps, pour toujours peut-être! les compatriotes de gens dont nous ne comprenons pas la langue et qui feront apprendre l'allemand à ces pauvres enfants qui jouent là-bas et qui, ne sachant pas d'autre mot, vous ont tout à l'heure dit *bonjour* en français!

Et notez que les Lorrains et les Alsaciens, qui ne parlent point le français, détestent autant les Allemands que leurs compatriotes de langue française :

« Nous ne savons pas nous faire aimer, a dit M. de
« Bismarck. »

J'imagine que le Chancelier n'a pas la naïveté de
s'en étonner. Le conquérant, même aux temps barbares, était haï terriblement. Aujourd'hui, il est à
la fois haï et méprisé. La politique de fer et de sang
n'est qu'un épouvantable anachronisme. Il faut pourtant, ceci soit dit encore, s'armer pour lui opposer
une barrière, et, laissant de côté les sentimentalités
pacifiques des poëtes, ne songer qu'à défendre à tout
prix et à aimer étroitement son pays, menacé, jalousé, envié, démembré. Est-ce lorsque le navire,
— qui est le salut, — fait eau de toutes parts, qu'il
faut, en regardant les étoiles, s'écrier : « Vive l'Univers ? »

Les Messins n'aiment pas le monde entier : ils aiment la France. Leur affection pour la patrie s'est
traduite dans l'inscription vraiment touchante qu'on
lit, au-dessous d'une couronne et d'une croix d'honneur, sur l'une des faces du monument funéraire élevé
dans le cimetière de l'île Chambière : « *Les femmes de
Metz à ceux qu'elles ont soignés!* » Ceux-là, ce sont
des pauvres et braves soldats enterrés côte à côte, dans
des fosses distinctes, creusées jour par jour, du mois
d'août au mois d'octobre. Ils avaient cependant fait
leur devoir, ces braves gens enterrés là ; ils avaient
bien mérité de tomber, du moins, dans un jour de victoire ; ils ne croyaient pas, les malheureux héros, que
la terre où ils dormiraient serait une terre allemande ;
ils étaient dignes de vaincre, ceux qui avaient su si
bien mourir !...

« *A la mémoire de 1,203 soldats français morts aux ambulances de Metz,* » dit encore une inscription du monument. Combien d'autres sont restés là-bas, autour de Rézonville, de Gravelotte, d'Amanvilliers et de Saint-Privat! Et tout cela pour que des soldats prussiens vinssent s'exercer à la cible à côté du cimetière et qu'on entendît leurs balles siffler à côté des tombes des combattants de Borny, de Sainte-Barbe, de Ladonchamps et de Servigny!

Le jour anniversaire de l'inauguration de ce monument, les habitants de Metz ont apporté à chacun des tombeaux français un drapeau tricolore. C'est tout ce qui reste de la patrie à ces morts inutilement sacrifiés : un morceau d'étoffe à trois couleurs.

Un grand drapeau de drap noir flotte encore à côté du monument, portant ces mots tracés en lettres d'argent :

« *Aux soldats français morts pour la patrie!* »

Ah! si du moins nous les oubliions point! si nous avions pour pensée constante d'arracher leurs ossements à l'étranger, de nous rendre dignes de ces morts par la noblesse et la rectitude de notre vie nationale, et dignes aussi de la victoire et de cette revanche que nous doivent la justice et le sort!

Qu'on est loin, auprès de ces tombes, de tout ce qui nous divise et nous trouble! Qu'on est près du devoir! Qu'on lit clairement en soi-même le sens véritable de la vie! — Il y a là, parmi ces tombes, la pierre tumulaire d'un pauvre enfant mort à vingt ans, *Abel Her-*

vot, *étudiant en droit, volontaire au 1ᵉʳ de ligne,* dit l'inscription. Le portrait photographié du mort a été pieusement encadré, encastré dans la pierre. J'ai contemplé ce visage imberbe, loyal, confiant et souriant à tout ce qui est l'existence heureuse et jeune, et je me suis demandé s'il était possible jamais d'oublier les noms de ceux, ministres et souverains, qui ont déchaîné sur nous ces maux atroces, et qui ont fait tuer, qui ont tué ces jeunes gens, ces soldats, ces héros, ces martyrs?

On ne pourrait rester longtemps dans ce cimetière, cimetière allemand où tous les noms sont français. L'émotion vous étreint, vous prend à la gorge. Au loin, on aperçoit les forts de Metz, le majestueux Saint-Quentin, la ligne de ses collines fortifiées qui ne sont plus à nous et qui nous menacent, et l'on se prend à maudire et à détester davantage. Pourra-t-on jamais attaquer cela? Quelles forteresses terribles! En tenter l'assaut serait impossible.

Les Prussiens, dès le lendemain de la conquête, s'occupaient à relier au fort Saint-Jullien le fort de Plappeville. Le fort Saint-Jullien, dont les constructions, bâties sur la glaise, avaient glissé de notre temps, *du temps des Français,* comme on dit ici déjà, — ont, par trois fois, glissé encore depuis que les Prussiens travaillent à les achever. « Ils n'y parvien-« dront pas, disent les Messins en souriant pour se « consoler. » Amère et petite consolation! Les Allemands, qui bâtissent des forts à Strasbourg, débaptisent les forts de Metz. Aux alentours de Strasbourg, les forts s'appelleront fort Fransecki, fort Moltke, fort

Roon, fort Prince-Impérial, fort Grand-Duc de Bade, fort Prince-Bismarck, fort Prince-Royal de Saxe, fort Von der Tann, fort Werder, fort Kirchbach, fort Bode, fort Blumenthal, en tout douze, par ordre de citation. A Metz, le fort Saint-Quentin est devenu le fort Frédéric-Charles ; le fort ouest Saint-Quentin, le fort Manstein ; le fort de Plappeville, le fort E. Alventsleben ; le fort Saint-Jullien, le fort Manteuffel ; le fort des Bordes, le fort Zastrow ; le fort Queuleu, le fort Von Gœben ; le fort Saint-Privat, le fort Prince-Auguste de Wurtemberg ; le fort Belle-Croix, le fort Steinmetz ; le fort Moselle, le fort Vogts-Rehetz. C'est la citation à l'ordre du jour de tous les chefs victorieux.

Les Messins, d'ailleurs, s'inquiètent peu de ces modifications et restent fidèles aux noms anciens.

J'ai retrouvé, je le répète, cette « *bonne ville* » aussi profondément française qu'autrefois ; n'était le silence relatif des rues et l'alluvion de population germanique assez peu choisie, on se croirait au temps jadis. Les Allemands s'attachent cependant, non-seulement dans les forts, mais partout, à déraciner peu à peu tous les souvenirs français. La poste, les messageries, les administrations ont été déménagées. Ces administrations nouvelles font regretter les administrations françaises, dont on se plaignait pourtant, mais qui avaient du moins le mérite de n'être pas vénales.

Sur les quais, sur le quai Félix-Maréchal entre autres, un tas de juifs allemands vendent des objets bizarres, ferrailles, débris des champs de bataille, gamelles, képis, sabres-baïonnettes (les défroques des morts français), et en même des bijoux patriotiques *fabriqués à Pforzheim* et des savons tricolores.

Encore un coup, la population française laisse, sans s'y intéresser, passer toutes ces choses.

« — Comment s'appelle le général qui commande à Metz? demandais-je à un Messin.

« — Nous n'en savons rien et cela nous est égal. Nous savons que c'est un Prussien, et c'est trop!

« — A quelle heure Manteuffel est-il arrivé ici? demandais-je à un autre.

« — A quelle heure? Peu importe. Nous ne retiendrons que l'heure où lui et les siens s'en iront! »

Tel est, en effet, le sentiment des Messins. Ils espèrent qu'un jour ils seront libres. Quand? Ils hochent la tête et n'osent parler, mais ils espèrent. *Ils espèrent, eux aussi, contre tout espoir.*

Dépeupler une ville, soit, cela est possible; la conquérir moralement lorsqu'il s'agit de Metz, l'entreprise est folle. Metz est non-seulement de cœur, mais de langage et de mœurs, une ville française. Tous les Allemands, je le répète, qui ont tenté de venir s'y établir, ouvrant un commerce quelconque dans quelque boutique abandonnée par les Messins qui ont émigré, ont sombré, fait banqueroute. Leurs compatriotes ne leur achetaient rien parce qu'ils ne vendaient que des marchandises de pacotille, et les Français ne leur adressaient même pas la parole parce que ces nouveaux venus étaient Allemands.

Dans les premiers temps de l'annexion, c'était pitié de voir arriver le flot déguenillé de ces chercheurs de fortune, — la lie de la population allemande — qui s'installaient dans les maisons désertes et vides. Peu à peu tout cela a repris le chemin de son pays ne pouvant vivre à Metz, et chaque jour encore on vend à la criée, sur le quai Saint-Louis, les *détritus* des magasins ouverts par des aventuriers aux cheveux longs et aux doigts crochus.

Quelle tristesse d'ailleurs en ces rues silencieuses! C'est un désert, c'est un *Campo-Santo*. Que de portes closes! Certaines rues sentent l'abandon funèbre d'une Pompéi dont les habitants seraient vivants encore et et qui, au lieu d'une éruption, aurait été dépeuplée par une autre catastrophe : l'invasion.

Çà et là, dans Metz, on rencontre encore bien des visages d'anciens officiers, vieux et mornes, avec leur boutonnière décorée d'un ruban rouge, qui passent à travers les rues comme les spectres du passé. Ce sont des enfants du pays qui, après être nés là et avoir servi le pays, y sont retournés croyant y mourir en paix. Ils n'ont pas longtemps à attendre pour être délivrés de l'occupation prussienne. La mort va venir. Quand ils rencontrent un soldat allemand leurs yeux se détournent et leur canne, bien souvent, frappe le pavé d'un coup plus fort et plus colère.

Ces pauvres gens se consolent comme ils peuvent. Longtemps le petit drapeau de zinc qui flottait, peint aux trois couleurs, sur la flèche de la cathédrale, d'une légèreté si étonnante, suffisait pour leur causer quelque joie.

— Le drapeau y est toujours! disaient-ils.

Ils le disaient surtout, et tout haut, quand les Prussiens passaient.

Ceux-ci y mirent de l'amour-propre. Ils offrirent une certaine somme à des gens de la ville pour enlever le drapeau ; nul n'y consentit. Il y a, à Metz, une famille de couvreurs qui avait pour spécialité de grimper à la flèche, les jours de fête publique, les jours où la grosse cloche messine, *la Mutte,* aussi célèbre là-bas que le bourdon de Notre-Dame l'est à Paris, faisait entendre sa voix d'airain. Les Allemands dirent à celui des Bellet qui savait grimper là :

— On vous donnera quatre cents francs, ôtez le drapeau !

Roger-Bellet refusa.

Des soldats allemands essayèrent de grimper. Ils se brisèrent les reins ou les jambes.

— Le drapeau y est toujours ! répétaient enchantés les patriotes de Metz, et les années passaient. On menaça, un jour, Roger-Bellet ; mais les menaces ne firent pas plus que les promesses. Alors les Allemands offrirent à celui des leurs qui enlèverait le drapeau une prime plus forte. Ce fut un homme de Cologne qui y réussit, ou plutôt qui réussit à effacer les trois couleurs françaises sous une couche de blanc de céruse.

Le conseil municipal s'opposa à ce que la cathédrale, monument messin, fût surmontée d'un drapeau aux couleurs allemandes : et, sur ce point, l'autorité prussienne céda. Les Messins prétendent que, sous la couche blanche, le *tricolore* reparaît encore et, dans tous les cas, ils s'applaudissent de n'avoir pas sur leur cathédrale le drapeau prussien noir et blanc.

Le conseil municipal a obtenu de même que la belle figure allégorique de *la France,* peinte par M. A.

Marc, qui était placée dans une salle de la mairie, fût transportée à la Bibliothèque, loin de l'atteinte des Allemands. Quand on n'a plus la réalité à chérir, on se complaît à vénérer les images des choses disparues, et les Messins regardent cette peinture comme on considère le portrait d'un être bien-aimé qu'on a perdu.

Au moment où je passais à Metz, il n'était question que d'un fait qu'il ne m'a pas été possible de vérifier; on contait tout bas, et même tout haut, que le commissaire central de la gare de Metz, l'homme chargé de la police, ayant trouvé, dans un wagon, une vieille dame morte, avait prélevé — pour sa trouvaille sans doute — deux mille deux cents francs sur les trois mille que la pauvre femme avait emportés en partant. Vrai ou faux, le fait était le bruit de la ville. Il montre d'ailleurs en quelle estime particulière les habitants tiennent les fonctionnaires allemands. Un si grand nombre de ces gens ont disparu depuis cinq ans, en emportant la caisse qui leur était confiée!

Les gendarmes prussiens passent aussi pour être parfaitement accessibles à la corruption. Ils sont durs, mais leur dureté est, fort heureusement pour ceux qu'ils rudoient, doublée d'une vénalité atténuante. Leurs froncements de sourcils se détendent facilement devant un ou deux thalers. Les marcs d'argent les font sourire. On n'est point parfait.

Je dois ajouter que des lettres à moi adressées de Pont-à-Mousson, et expédiées *poste restante* à Metz, ne me sont point parvenues. Un doux cabinet noir doit collaborer à la *germanisation* de l'Alsace et de la Lorraine.

Les murailles de Metz étaient couvertes, en ce mois d'août 1875, d'une affiche signée de M. Jules Besançon, maire de la ville, engageant les habitants à venir en aide à *la France*, éprouvée par les inondations du Midi.

Quoi de plus touchant que ces appels constants en faveur de la mère-patrie ! Chaque fois que la France a eu besoin de l'argent de ceux dont on l'a séparée, ils l'ont donné, comme ils eussent donné leur sang. Lors des souscriptions commencées pour la libération du territoire, l'Alsace et la Lorraine étaient au premier rang. Prenons un exemple : la petite ville de Pont-à-Mousson (demeurée française, il est vrai, mais qui a recueilli nombre de Messins) a, en quatre ans, et après trois ans d'invasion et d'occupation, près de dix ans de mauvaises récoltes dans un pays essentiellement vignoble et une faillite de près de trois millions de passif, versé :

Libération du territoire.............	92,904 85
Monument de Mars-la-Tour..........	885 80
Incendies d'Arnaville..............	1,393 49
Inondés du midi...................	11,760 95
En outre sur une somme de 55,555 fr. 80 centimes due par l'État pour logement de troupes, les habitants de Pont-à-Mousson ont renoncé à 46,161 francs 60 centimes, réduisant ainsi la dette du Trésor à 9,394 fr. payés aux plus nécessiteux, ci......	46,161 60
Total.......	153,106 60

pour une ville de 8,211 habitants, c'est-à-dire que chaque habitant a donné, en moyenne près de *deux mille francs*. Et les communes du canton tout entier se sont montrées à la hauteur de la petite ville! Je cite là Pont-à-Mousson, parce que j'ai pu connaître le tableau des souscriptions ; mais Strasbourg, Metz, Colmar, Mulhouse, Thann, etc., ont fait de même, elles qui ne sont plus françaises.

A Metz, il n'était question, à l'heure où je revoyais la pauvre grande ville, que de l'inauguration future — et prochaine — du monument de Mars-la-Tour. Les dames de Metz devaient s'y rendre, portant une immense bannière tricolore, brodée de leurs mains.

L'une d'elles nous dit :

— *Ils* seront capables de nous emprisonner à notre retour, mais qu'importe !

La prudence a dû prévaloir, car je n'ai pas vu que cette bannière ait figuré dans la cérémonie de Mars-la-Tour, et c'est tant mieux. Cette solennité préoccupait aussi beaucoup les Allemands, qui semblent éternellement chercher l'occasion d'une querelle. Au printemps de 1875, avant que l'Angleterre et la Russie eussent fait entendre leur voix nettement pacifique, les officiers de la garnison de Thionville — et ceux de Metz aussi sans doute — s'apprêtaient à renvoyer leurs femmes en Allemagne, croyant déjà à l'ouverture des hostilités et tout heureux de flairer le butin.

Tandis que les Strasbourgeois se déclarent patients et répètent volontiers qu'avec la Prusse il est bon d'avoir *la prudence du serpent*, les Messins sentent bouillir leur sang à l'idée de la guerre. Ils se grisent de chimères, les pauvres gens! Plus d'un nous a pris pour un officier français voyageant incognito et nous a demandé :

— N'est-ce pas qu'il y aura bientôt *du nouveau?*

Ils ne croient pas, hélas, que ce qui est puisse durer. Ils n'acceptent point l'évidence. Ils ne sentent pas que la paix est nécessaire à la France et que la grande malade doit demander son rétablissement au travail et à l'avenir. Qui peut reprocher à celui dont la poitrine est constamment traversée par un poignard de ressentir plus cruellement sa blessure et d'espérer qu'on va étancher le sang qui coule?

J'ai été témoin, le soir de mon arrivée, d'une scène qui serait banale partout ailleurs que là et qui m'a ému jusqu'aux larmes. C'était dans un café devant l'Esplanade, un café où l'on a — le théâtre français étant fermé et, je crois, interdit — dressé une sorte de petite scène où, devant quelques quinquets, tandis qu'un musicien joue du piano, des cabotins de hasard viennent chanter des chansons françaises. Éternelles parodies du patois normand, roulades à la Thérésa, imitations maladroites et malsaines des hystéries et des déhanchements à la mode, voilà ce qui s'étale sur ces tréteaux; et cependant le café est plein; des hommes, des femmes sont là, écoutant et, sans doute, retenant ces refrains. Pas un Allemand.

Tout à coup, à travers la fumée des pipes et dans l'odeur de la bière apparaît, sur le petit théâtre, une femme qui, sans méthode, mais avec une expression poignante et d'une voix forte, pénétrante, qui fait soudain passer un frisson dans toute cette salle, attaque les premières mesures de la valse des *Cent Vierges* :

> Il n'est pas de bonheur
> Loin de toi, ma patrie!

Cela n'est rien, n'est-ce pas? C'est un air applaudi par nous, du bout des doigts, dans quelque représentation où figurait une étoile d'opérette; c'est un air de valse comme tous les autres, très-charmant et très-parisien. Mais là-bas, mais à Metz, mais à deux pas de la caserne d'où sort la patrouille allemande, c'était le pays, c'était la France, cette valse qui se faisait entendre comme un écho d'autrefois. Et, tandis que la chanteuse continuait, je voyais les yeux s'allumer ou s'emplir de larmes, je lisais clairement l'émotion la plus profonde sur les traits des Messins qui étaient là, et je me sentais moi-même très-troublé au milieu de ces captifs qui demandaient à entendre deux fois, à entendre toujours le cri touchant, le soupir et la plainte :

> Il n'est pas de bonheur
> Loin de toi, ma patrie!

Et quelles acclamations lorsque les contours de l'air de valse ramenaient cette reprise : *O Paris!*

O Paris! Ce n'était plus alors les cœurs des Messins, mais leurs mains qui battaient frénétiquement comme devant l'évocation même de la patrie perdue.

Si vous avez à visiter les champs de bataille des environs de Metz, demandez à l'hôtel de l'Europe le *cocher Paul*. C'est un ancien sous-officier d'artillerie du 3ᵉ corps, qui connaît l'art de la guerre et la géographie comme bien peu d'officiers, et qui déchiffre une carte à première vue avec une sûreté étonnante.

J'avais fait route depuis Wissembourg avec un officier anglais de l'armée des Indes, et nous avions rencontré à Metz un capitaine anglais. L'un et l'autre étaient surpris de la science, de l'intelligence militaire vraiment prodigieuse du cocher Paul.

L'ancien artilleur — un gros garçon à l'air jovial, mais à l'œil plein d'éclairs — conte sans fanfaronnade et sans exagération tout ce qu'il a vu et tout ce qu'il a appris. Le léger accent lorrain ou alsacien de Paul Miller donne une curiosité de plus à ce type singulièrement alerte, vif et *débrouillard* d'ancien soldat français.

Les deux officiers anglais qu'il conduisait avec moi, M. le lieutenant W. A. Yule, du 21ᵉ fusiliers, et le capitaine Evelyn C. Money, du 87ᵉ Royal irlandais fusiliers, deux élégants et aimables compagnons, à la fois érudits et spirituels, différaient complétement dans leurs appréciations sur la campagne. Le premier, qui étudiait les champs de bataille de la dernière guerre en vue d'un examen qu'il avait à passer, ne dissimulait pas son admiration pour les hauts faits de l'armée allemande. Il lisait, je m'en souviens, un certain livre anglais où, pour prouver la supériorité de l'Allemagne sur la France, l'auteur, dont j'ignore le nom, rapportait ce détail que, les blessés allemands et les blessés français ayant été *pesés* dans les hôpitaux de Mayence, on a reconnu que *deux Allemands* avaient tout juste en moyenne le poids de *trois Français*. D'où l'auteur anglais pouvait logiquement conclure que Goliath était supérieur à David.

Le capitaine Money, au contraire — peut-être parce qu'il était Irlandais — était purement Français de sympathie et d'instinct. Et rien n'était plus intéressant, en somme, tandis que nous visitions les champs de bataille, que d'entendre se produire ces deux opinions diverses, d'où naissait une discussion constante et vraiment intéressante.

Il faut une journée tout entière, — et bien complète — pour visiter, non pas même en détail, mais d'ensemble, les deux champs de bataille, confondus sur plus d'un point, du 16 et du 18 août 1870.

Nous partons au petit jour pour revenir à la nuit tombante.

C'est par la rue du Pont-des-Morts et le Ban-Saint-Martin que nous sortons de Metz. Le Ban-Saint-Martin! Triste souvenir pour ceux de nos soldats qui ont campé là dans la boue et sous le vent d'automne, en proie à l'ennui et à la maladie, tandis qu'ils ne demandaient qu'à combattre. Aux flancs de Plappeville, dans les vignes, les troupiers inutilisés se sentaient lentement envahis par le mal du pays, et Bazaine, en son château, ne songeait guère à aller relever leur courage.

Le château où logeait Bazaine appartenait à M. Herpin, fabricant de chaussures à Metz, qui, à soixante-dix ans, plutôt que de rentrer dans sa demeure, l'a vendue.

Notre cocher nous montre aux murailles des maisons les traces des feux allumés, il y a cinq ans, par nos soldats, puis des mulets qui passent.

— Ce sont des mulets qui jadis ont appartenu à l'armée. Il en est resté à peu près deux cents à Metz. Et savez-vous comment on les appelle ?

— Non.

— Des *Bazaines*.

Il se met à rire. La plaisanterie a toujours été en France une vengeance. Soubise battu, on chansonnait Soubise et l'on oubliait Rosbach.

Mais, sous la plaisanterie des Messins, la haine subsiste vivace. Ils n'oublient rien, ils n'oublient pas.

Le soleil est cru, tandis que nous suivons la route ; pourtant la chaleur est bien moins forte qu'au 18 août, où nos artilleurs avaient mis veste bas pour servir leurs pièces, si bien que plus d'un rentra à Metz « en manches de chemises. » Les moissons étaient hâtivement coupées, une fumée épaisse couvrait ces coteaux que nous allons voir ; on se battait dans un brouillard de feu.

En passant devant le flanc du mont Saint-Quentin, de ce fort imprenable qui se dresse comme une bravade gigantesque, une émotion pleine de colère nous saisit. Les Allemands ont achevé partout, dans ce fort, les travaux commencés par nous. Des glacis nouveaux apparaissent.

On devine quelle accumulation de choses menaçantes recèlent ces forteresses géantes. Un des officiers anglais, qui a visité le Saint-Quentin, nous déclare que les Prussiens l'ont rendu plus terrible qu'il ne fut jamais. Les provisions de guerre et les provisions de bouche y sont accumulées. Donner l'assaut à ce mont formidable est, je l'ai dit, impossible. Ses canons portent jusqu'à Ars. Bazaine pouvait, avec les forts seuls, défendre les hauteurs de Rozerieulles, contenir l'ennemi assaillant.

De Gravelotte à Saint-Privat, tout porte encore la trace de la lutte pleine d'épouvante qui se livra là durant deux jours. Il y a peut-être cinquante mille cadavres dans ces plaines et sur ces coteaux, autour de ces villages. Les fosses sont larges, longues et profondes. On y dort par milliers. Les corps pourris des chevaux ont rendu les prairies fécondes. On suit les charges de cavalerie par la trace des tombes, on calcule l'acharnement du combat par la multiplicité des croix de bois.

Un simple détail fera frissonner. Il y a, dans ce champ de bataille, plus d'une ferme qui fut le théâtre d'un combat terrible. Il faut saluer, en passant, se découvrir devant les fermes de Moscou, de Leipzig et de Saint-Hubert. *Leipzig et Moscou!* Noms étranges, prédestinés. Ils furent donnés, vers 1816, par les propriétaires furieux de payer le surcroît d'impôts qu'avait amené la première invasion. Une autre ferme porte encore un nom qui rappelle de cette ironique façon, le premier empire : c'est *la Malmaison*, où le maréchal Lebœuf avait établi son quartier général.

Chose bizarre, il y a encore une ferme du même nom à droite de la route de *Metz à Sedan*. La *Malmaison* sur la *route de Sedan!* Le hasard a de ces ironies.

Bref, autour de la ferme de Saint-Hubert, que défendait notre 67e de ligne, la tuerie fut épouvantable. Pour attaquer Saint-Hubert, les Prussiens devaient s'engager dans une carrière de pierre et de gravier où les feux de la ferme et ceux des mitrailleuses placées plus haut les atteignaient si effroyablement que leurs morts restaient là debout, si pressés qu'ils se maintenaient les uns les autres. Au flanc du plateau, en face de la ferme construite à mi-pente, sur l'herbe, on avait, après la bataille, mis *en cercle* les blessés auxquels il fallait couper un bras ou une jambe. Après l'amputation, les chirurgiens versaient, n'ayant pas le temps de pratiquer la ligature, un corrosif quelconque, — de l'eau forte, je crois, — sur les plaies saignantes, et l'on apportait ensuite de nouveaux blessés au même endroit. Eh bien, à l'heure qu'il est encore, à l'endroit où a coulé ce mélange de liquide corrosif et de sang, un grand cercle sinistre est tracé sur la terre !

L'herbe pousse tout autour de cette place lugubre, mais nulle végétation n'apparaît à l'endroit où cette circonférence est tracée, et l'hiver, — aux jours de neige, — en cet endroit la neige fond, la terre étant brûlante encore de cette chaude et atroce liqueur.

Je n'invente rien. J'ai vu cette trace sinistre.

Il y eut d'ailleurs des détails horribles en ces deux journées. Les Prussiens s'étant emparés de la ferme de Mogador n'avaient-ils pas, à l'abri du drapeau d'ambulance, placé une batterie dans la ferme même ? Nos obus alors répondirent aux leurs, et, Mogador ayant été incendiée, cent trente-deux blessés, allemands et français, furent consumés là! O guerre, détestée des mères!

La guerre a ses lendemains sinistres. Il faut avoir vu un champ de bataille, avec ses horreurs saisissantes, pour garder une idée exacte de ce que c'est que la gloire. Le lendemain de la bataille, c'est l'ensevelissement des morts, la mise en tas des cadavres, les fosses creusées et remplies, les pelletées de chaux jetées sur ces pauvres gens endormis, dont beaucoup furent des héros, c'est le relevé rapide du total des soldats enterrés; — c'est, en un mot, le bilan de la victoire établi par les officiers chargés du lugubre office des fossoyeurs. Quelles réflexions assiégent alors le cerveau de ceux qui enfouissent ainsi, dans la terre labourée par les obus, les cadavres des combattants!

De quelles malédictions profondes, pour peu que la pitié entre dans leur âme avec le dégoût, doivent-ils poursuivre les coupables qui ont osé déclarer la guerre et pousser à la tuerie? La vision d'un champ de bataille, tel qu'il est avec ses plaies hideuses, ses morts couchés dans des poses bizarres, cette sorte de musée de figures de cire éventrées, sabrées, trouées, saignantes et qui vivaient hier; ces chirurgies abominables, ces blessures atroces, rendrait à jamais la guerre haïssable. Ces fantômes vous hantent dès qu'on les a vus une fois.

Mais, même après des années, la guerre offre encore des images lugubres, lorsque le charnier est devenu cimetière et que les croix funéraires ont remplacé les corps immobiles et sanglants, étendus çà et là. Un libraire de Metz vient d'avoir l'idée de publier par livraisons la *Carte des Tombes*, la carte indiquant, une par une, toutes les fosses mortuaires creusées aux environs de Metz, sur ces champs de bataille dont les noms sont désormais éternels : Borny, Gravelotte, Rézonville, Saint-Privat, Noisseville, Servigny, Ladonchamps.

Rien n'est plus poignant, rien n'étonne et ne fait plus songer que la vue de ces cartes semblables à des plans de cimetières. Toutes les tombes y sont figurées par des points noirs semés sur le papier comme des gouttelettes d'encre; et, par la position qu'elles occupent, par leur multiplicité, on peut juger absolument de la violence de la lutte, de l'acharnement du combat.

J'aurais voulu que, durant les péripéties du procès Bazaine, ces cartes des tombes eussent été placées sous les yeux de tout le monde. On y lit clairement la vaillance de notre malheureuse armée; on se rend compte de la résistance qu'elle opposa, du carnage qu'elle fit autour des fermes de Saint-Hubert et de Leipzig, autour de Saint-Privat, des soldats de l'armée allemande. Le nombre des ennemis enfouis dans ces terrains atteste la valeur de nos troupes.

Il faut voir, près de Rézonville, au flanc des hauteurs de Vionville, combien les tombes sont pressées, combien est noir de *points funèbres* le papier de la carte des tombes. Pour un Français, dix Prussiens reposent là, et les indications qui accompagnent ces cartes nous donnent les noms de ceux qui y reposent :

Kolau Haven, lieutenant,
et dix Prussiens du régiment de grenadiers n° 3.
Deux Français du 36ᵉ d'infanterie.
Neuf Prussiens du régiment d'infant. n° 44.

Et les chiffres continuent ainsi dans les mêmes proportions sur ce point, et toujours éloquents et sinistres.

Les tombes, qui semblent drues comme grêle autour de Rézonville, contiennent de dix à vingt hommes. La terre est, de ce côté, grasse de cadavres. D'ailleurs, les tombes prussiennes portent toutes des noms : c'est le sort de la guerre. Les vainqueurs seuls savent qui ils enterrent et connaissent à peu près les noms de leurs soldats. Quant aux vaincus, ils ne sont plus que des numéros et des nombres qu'on enfouit en hâte; parfois en donnant un trou à part à quelque officier et des inscriptions semblables à celles-ci : *Un lieutenant,— Un capitaine,— Un chasseur...* Et point de nom.

La mélancolie de cet *anonymat* qui frappe les vaincus m'avait déjà saisi sur le champ de bataille de Magenta, où les tombes françaises seules portent des inscriptions : *Durand, Dumont, Berthet,* etc., et où les tombes autrichiennes n'ont que cette mention : Ci-gisent dix ou vingt, ou cent *Soldats autrichiens.*

C'est la fatalité de la défaite : le vaincu devient un inconnu, un mort sans nom, une épave. Son sang est, selon le mot d'Alfred de Vigny, du *sang anonyme*.

Mais, du moins, les vaincus de Magenta pouvaient se dire qu'ils laissaient leurs morts à une terre étrangère, à cette terre d'Italie qu'ils avaient trop longtemps foulée, tandis que nos pauvres et héroïques soldats de Rézonville et de Gravelotte reposent, eux, dans la terre française devenue terre allemande. Ils l'ont vainement défendue. Vainement ils ont, dans les luttes du 16 août, rejeté en désordre l'ennemi qui leur disputait le passage. Tous leurs sacrifices ont été nuls : le bras était solide et résolu, mais la tête manquait et rendait inutile le dévouement des petits, la bravoure des humbles, le trépas des braves gens qui tombaient pour la patrie !

Et maintenant, c'est en allemand que sont tracées sur les croix blanches les inscriptions funèbres. C'est un aigle allemand, c'est l'aigle de Prusse, qui étend du côté de la France ses grandes ailes de bronze, et qui semble aiguiser au-dessus de ce champ de bataille son bec d'oiseau de proie. Savez-vous pourquoi sont tombés les morts français de Rézonville ? Pour que leur épitaphe fût ainsi rédigée, d'une façon laconique et lugubre :

i *Franzose unbekannt*. — Un Français inconnu !

Nous nous arrêtons à Gravelotte chez Driant, à l'*Hôtel du Cheval d'or,* pour déjeuner. A la porte, une vieille femme étale sur un éventaire des débris de ferrailles, des balles, des plaques de cuivre, des poignées de sabre. Ces *détritus* du combat sont authentiques. Les bois des Génivaux en sont encore pleins. On y trouverait même, sous les ronces, des obus avec des vipères. A Gravelotte, on montre, pour quelques sous, en face de notre auberge, la chambre où l'empereur s'arrêta, fuyant Metz et allant à Étain.

X

DE GRAVELOTTE A SAINT-PRIVAT.

SOUVENIRS DE L'ÉVACUATION.

Je remarque que plus d'un habitant du pays (des vieillards, pour la plupart ou des enfants, — les hommes ont émigré) porte ou quelque képi de soldat, ou quelque culotte de fantassin, ou quelque veste de zouave dont il a décousu les soutaches. Les survivants marchent dans les souliers du mort. Ce qui attriste, dans chacun de ces villages dont les noms sont si français, dont les enseignes des auberges (auberges aujourd'hui fermées) rappellent nos souvenirs nationaux, l'Algérie ou la Crimée, c'est la large plaque qui indique le nom du bataillon et de la compagnie de la landwehr allemande dont les enfants du village font partie.

Et cependant, tout parle ici de la France, mieux que cela, de la Gaule! A Vionville, l'enseigne de la *Poule qui boit;* à Rézonville les cabarets maintenant déserts: *Au retour d'Afrique; Au Soleil,* qui reluit pour tout le monde! On montre à Rézonville le puits où Bismarck, le 18 août, fit puiser un verre d'eau, et la maison où s'arrêta le roi Guillaume. C'est une grande ferme à large porte sur laquelle on a tracé depuis ces deux lettres : K. W. (*Kaiser Wilhelm.*)

Çà et là — et partout et toujours —. des *tumuli*, des fosses, des tombes. Quelques inscriptions, tracées sur ces pierres, ont une éloquence profonde. Nous en avons copié plus d'une : « *A la mémoire de M. le comte Antoine de Levejau de Vesins, lieutenant au 93ᵉ de ligne, blessé mortellement le 16 août 1870 à Gravelotte, à l'âge de 23 ans. Dites à ma mère que je meurs en soldat et en chrétien. Marchez en avant !* »

Cette tombe est à deux pas de la route et, autour d'elle, plus d'un officier du 20ᵉ régiment de Brandebourg est enterré.

Un autre monument rappelle la mémoire de « *Henry de Vauxonne, ex-zouave pontifical, soldat de Mentana, engagé le 23 juillet au 23ᵉ de ligne, tué le 16 août.* » Les autres, les morts sans particule, les Marchand, les Bonnet, les Dubois, les Leblanc, les Lenoir, etc., reposent dans les fosses communes.

Près de là, les Allemands ont tracé une sorte de cimetière militaire, entouré d'une chaîne fixée à des canons plantés en terre, orné d'aigles, de casques et de gloires — échantillon complet du mauvais goût tudesque — et là reposent une quarantaine d'officiers d'artillerie.

Tous ces monuments germains ont d'ailleurs, nous l'avons dit souvent, un aspect à la fois funèbre et ridicule.

Il en est un, sur ce champ de bataille, qui affiche un air menaçant : c'est l'aigle de bronze dont je parlais tout à l'heure, un aigle immense, qui ouvre ses ailes et étend son bec où semblent pendre des lambeaux de chair vers la nouvelle frontière française. Sa large envergure se déploie sur le champ de mort comme l'ombre d'un corbeau géant. Et son œil de bronze regarde là, devant lui : la *France!*

— La frontière est là-bas !... nous dit notre cocher en nous menant de Vernéville à Saint-Privat.

Plus d'une fois notre voiture passe en effet et repasse en France, selon le hasard des découpages de la nouvelle carte. Là bas est Étain ! C'est la route de Verdun que nous suivîmes, un jour, à la suite de l'armée prussienne, au moment de l'évacuation du territoire.

De Verdun à la frontière, j'avais assisté au départ des troupes allemandes. Et ce seul mot : *la frontière*, prononcé par le cocher Paul, me rappelle tous ces souvenirs.

Quelle fête à Verdun ce jour-là! La profusion des couleurs nationales, partout répandues, donnait seule la signification de cette réjouissance qui ne pouvait, hélas, avoir le fier accent d'un refrain de victoire. Elles étaient partout ces trois couleurs : au front des femmes, au cou des hommes, à l'oreille des enfants. J'ai vu des coqs, portant à côté de leur crête rouge une cocarde tricolore. Des chiens verdunois, dont beaucoup avaient entendu le bombardement, portaient un collier tricolore. Les dragées, dans leurs bocaux, étaient tricolores. On nous avait servi, au dessert, un gâteau surmonté de petits drapeaux tricolores que chacun voulut garder comme un souriant souvenir. Et qu'elle était jolie cette coquette ville de Verdun réflétant dans la Meuse les mille feux tricolores de ses lanternes et de ses illuminations !

C'était, en vérité, comme une Venise au petit pied, joyeuse et étincelante. De temps à autre de grands feux, rouges ou verts, incendiaient gaiement les toits des maisons et découpaient les ruines de la halle au blé ou les tours de la cathédrale, couronnées, elles aussi, d'une auréole lumineuse. Mais ce qui frappa le plus cette population verdunoise, habituée depuis près de trois ans au roulement sourd des petits tambours prussiens, à leur battement presque sépulcral, ce fut, lorsqu'à l'heure de la retraite, les clairons et les tambours français se groupèrent place Sainte-Croix, devant la statue de Chevert.

La retraite ! la retraite française ! Il faut avoir vécu en province pour savoir ce que le signal d'habitude garde de joies ou de mélancolies. On a besoin de ces appels de clairons, de ces sons de tambours qui, après avoir roulé comme un tonnerre, semblent s'éloigner régulièrement, lentement, longuement au fond des carrefours, comme dans un rêve. La *retraite* fait partie de la vie même des provinciaux ! Aussi, avec quelle joie Verdun entendit-elle les premiers sons, clairs et gais, du clairon français ! Ce fut une immense acclamation ; on applaudissait, on allumait des pétards, on lançait des fusées, on reconnaissait la France ! Et tambours et clairons s'éloignaient, battant et sonnant par les rues au delà du pont.

— Il me semble que je renais, disait tout bas — en traduisant le sentiment unanime — un vieillard à cheveux blancs, décoré d'un ruban rouge.

La fête (que je n'oublierai jamais) a fini par une nuit criblée d'étoiles.

Le lendemain quelques rares Verdunois se rendaient au Jardin-des-Soupirs, où l'on a inhumé sur les glacis les morts tombés pendant le siège. Une couronne tricolore avait été déposée sur le monument élevé par la cité de Verdun, et qui porte les noms de toutes les victimes, officiers ou soldats, militaires ou gardes nationaux. Tout près de là, et côte à côte, les Saxons, les Prussiens, les dragons de Brandebourg, dorment aussi sous le buis vert disposé en forme de *croix de fer*. L'aigle prussienne étend aussi là ses ailes sur ces monuments allemands. En partant, les Prussiens avaient jeté quelques couronnes à leurs morts.

Le lendemain, 15 septembre, Étain était évacué à son tour.

Nous avions pris, le 14 au soir, une voiture qui nous avait conduit, à travers la plaine, jusqu'à Étain, où nous arrivions à la nuit. Une sentinelle prussienne, postée à l'entrée de la ville et le fusil sur l'épaule, allait et venait devant les fourgons du dernier détachement de l'armée d'occupation.

Ce n'est pas sans émotion qu'on pouvait revoir, planté sur la terre de France, un soldat allemand, casque en tête, debout et menaçant encore.

Les soldats du 64ᵉ d'infanterie prussienne qui occupaient Verdun semblaient d'ailleurs s'être humanisés depuis les combats de Gravelotte. A travers les fenêtres entr'ouvertes des maisons, on les apercevait pacifiquement attablés et silencieux. La ville, au surplus, était morne et semblait volontairement endormie et muette. A peine voyait-on une lumière rouge filtrer à travers des volets mal joints. Dans une boutique abandonnée, les Prussiens avaient établi une sorte de réfectoire où, à travers des nuages de fumée de tabac et de bière, on les apercevait mangeant. Aucun bruit. Parfois l'agaçant et insultant bruit de sabres traînant sur le pavé avec un bruit de ferraille. C'étaient des officiers qui rentraient en causant. La retraite sonnée, on entendit par trois fois les trompettes jouer l'air solennel et superbe invitant les soldats à la prière, puis les derniers accords de cet air qui rappelle le *Choral* de Luther se perdirent dans la nuit, et Étain s'endormit paisiblement.

Nous dînâmes à l'*Hôtel de la Sirène*, dans la salle et à la place même où Napoléon III, fuyant Metz, s'arrêta le 16 août 1870, à neuf heures et demie du matin, tandis que grondait déjà au loin le canon de Gravelotte. L'empereur, qui avait encore quinze jours à régner, était escorté d'un escadron de chasseurs d'Afrique, d'une compagnie de chasseurs à pied, d'un bataillon de grenadiers de la garde et des cent-gardes. Le prince impérial le suivait, l'air souffreteux et mélancolique. Avant le déjeuner, Napoléon s'assit au café de l'hôtel et, sur un bout de table de marbre, il écrivit lentement une dépêche à l'impératrice, puis la relut, ne la trouva point satisfaisante et la déchira en morceaux. Ces fragments de papier, recueillis par un habitant d'Étain, forment un autographe historique bien curieux et bien triste.

L'empereur se leva ensuite et passa, en traversant la

cuisine, dans la salle à manger. Il s'assit là, ayant son fils à sa gauche, devant un poêle de faïence, et tandis qu'on lui servait un déjeuner improvisé, — des œufs, du jambon, des morceaux d'un pâté apporté à l'hôtelier, M. Liégeois, par le maire de la ville, — il demeurait silencieux, presque immobile, les bras appuyés sur la table et ses yeux bleus fixés sur son assiette. L'état-major ne parlait pas non plus. Au dehors la foule attendait, pressée, anxieuse, et se demandant si déjà l'on abandonnait Metz comme on avait abandonné Strasbourg. Tout à coup, le curé d'une petite ville, située entre Étain et Conflans, accourut à cheval, et demandant à parler à l'empereur. Il venait annoncer qu'autour de sa paroisse, à Parfondrup, se pressaient déjà cinq mille Prussiens qui pouvaient rapidement se rendre à Étain et attaquer, enlever peut-être l'empereur et sa suite.

On se hâta de fuir. Le prince impérial était monté au premier étage de l'hôtel de la Sirène, chambre n° 3, prendre un moment de repos. « En voiture, Monseigneur ! » lui cria-t-on. Ordre fut donné en hâte aux grenadiers de la garde de renverser la soupe et de partir aussitôt. Il était onze heures et demie. L'état-major et les cent-gardes disparurent bientôt par la route de Verdun. Une heure après, deux uhlans entraient à Étain, pistolet au poing, caracolant et faisant étinceler le pavé sous le fer de leurs chevaux. L'Allemagne suivait de près et éperonnait César et sa fortune.

Ces souvenirs ont leur accent et leur prix, ainsi évoqués sur les lieux et en présence de l'ennemi. Étain en a évidemment gardé une poignante mémoire. La petite ville est, on le sent, vraiment républicaine. Elle est vraiment patriote.

Éveillée le matin du 15 au son des trompettes prussiennes, elle entendit pour la dernière fois, le bruit des chariots allemands et le galop des chevaux du Mecklembourg. Astiqués, guêtrés, casqués, sac au dos, les Allemands sortirent des maisons où ils étaient restés cantonnés le dimanche, et par compagnies, ils gagnèrent la place de l'Hôtel-de-Ville, où le général Lissingen les passa en revue. Les hurrahs, ces hurrahs germains qui vous tordent les entrailles, saluaient le passage du général, puis, un peu avant huit heures, le général Manteuffel, en uniforme de chasseur à cheval de la garde, tunique bleu de ciel, casquette au front, arriva, suivi de son fils, grand, maigre, à face japonaise, imberbe et pâle, portant l'uniforme de colonel de uhlans. Le défilé commença immédiatement; le 64e, musique en tête, suivi du détachement d'artillerie, puis des chariots chargés de sacs et de bagages et enfin deux gendarmes au bout du cortége en uniforme vert et portant hausse-col.

On remarquait, dans ce défilé, bon nombre de malheureux chiens, attachés et captifs, traînés par les fantassins ou liés aux bagages, sur les chars. L'air piteux et les cris plaintifs de ces pauvres animaux protestaient évidemment contre l'annexion et le rapt qui les emportait vers la frontière. Et pourquoi les chiens ne seraient-ils point conquis lorsqu'on traite les pauvres gens d'Alsace et de Lorraine comme des troupeaux?

Dès que les Prussiens, suivant la rue Nationale, la rue de Metz, se furent éloignés, aussitôt les drapeaux tricolores se montrèrent à toutes les fenêtres; on voyait sortir, se dérouler et frissonner à l'air libre les trois couleurs françaises. Les Allemands, admirables de tenue rigide, marchant, d'un seul pas comme une machine immense, se détournaient parfois pour regarder ces drapeaux, et les uns demeuraient froids ou souriaient, tandis que les autres semblaient visiblement vexés ou agacés.

— Partez ! leurs criaient les femmes ; il vaut mieux voir vos talons que vos pointes !.

— Vous ne mangerez plus notre lard ! Engraissez-vous ailleurs !

Un ancien soldat, un bourrelier, du nom de Renaud, s'approcha du général Manteuffel. Le général s'arrêta.

— Bon voyage, Manteuffel, et [ne reviens pas, dit alors l'homme d'Étain. Et vive la France !

Manteuffel sourit dans sa barbe grise et éperonna son cheval.

Les gendarmes mobiles, baraqués près de la gare, demeuraient enfermés pendant que défilaient les Prussiens; puis ils sortirent tout émus, les braves gens, et ils redonnèrent un regard à cette troupe qui s'enfonçait vers les champs, par la route, semblable à un grand serpent noir. On entendait les Allemands chanter, en s'éloignant, leur chant national.

La frontière n'était pas loin, mais les derniers Prussiens ne la devaient franchir que le lendemain.

Une borne de pierre jaune, au rebord de la route d'Étain à Metz, près d'un petit bois, marque aujourd'hui cette frontière nouvelle. La pierre porte d'un côté la lettre *F.*, qui veut dire *France*, et de l'autre la lettre *D.*, qui veut dire *Deutschland, Allemagne*. Lorsque le premier détachement prussien, parti de Conflans, aperçut en passant cette borne, sa musique joua une marche guerrière et ses soldats poussèrent trois hurrahs, qu'ils répétèrent à quelques pas de là, devant le poteau de la douane prussienne, rayé aux trois couleurs allemandes, planté devant la ferme de Bagneux, avant la Malmaison. C'était l'avant-garde des derniers détachements de l'armée d'occupation.

Nous avions, à six heures du matin, à Vandelize, rencontré l'arrière-garde qui s'éveillait, sortait des fermes, chargeait ses derniers bagages et attachait à ses chars les malheureux chiens hurlants dont j'ai déjà parlé. A Conflans, la grand'rue était pleine de soldats en armes. Le général Lissingen, à cheval, attendait le défilé de ses troupes. Nous les dépassâmes pour les attendre à la frontière et les voir définitivement quitter le pays. Avant même que le dernier Prussien eût quitté Conflans, le maire de la ville avait paré son magasin de drapeaux et d'étoffes tricolores que la gendarmerie allemande voulut lui faire enlever sans que le brave homme, résolu, y consentît.

D'Étain à la frontière, c'est-à-dire de la route placée entre Saint-Marcel (France) et Vernéville (Allemagne), au-delà de Doncourt-lès-Conflans, des détachements prussiens, fantassins du 64e, pionniers, artilleurs, encombraient le chemin. Et toujours, devant le poteau prussien, les hurrahs retentissaient, ou leurs chants, en l'honneur de l'*Homme allemand*.

Vers neuf heures, l'état-major allemand de la ville de

Metz arriva, caracolant, et suivi de dragons bleus, au-devant du général Manteuffel. On entendait, sur la route d'Étain, le lourd et régulier mouvement de l'infanterie prussienne et les échos de sa musique. Manteuffel, dans son uniforme bleu de roi, qu'il portait la veille, suivi de ses officiers et de son fils, fit ranger ses soldats sur le bord de la route, et, à cheval devant la borne-frontière, entouré de l'état-major allemand, il les regardait défiler tandis que la musique jouait une marche triomphale qui se terminait par le *God save the Queen*.

J'ai entendu sur le champ de bataille de Sedan les musiques allemandes jeter au vent la *Prière du Lohengrin*. C'était à la fois terrible et grand, insultant et religieux. Mais le matin du 16 septembre, ces accords de cuivre, cet air de triomphe, ces cimbales marquant le pas roide des fantassins, tout avait je ne sais quel accent de victoire suprême, de dernier défi, de terrible adieu à la terre de France. Pâles et fermes, officiers et soldats défilaient, portant armes devant leur général, qui, en casquette, les regardait à travers ses lunettes. Une indescriptible émotion oppressait les poitrines.

Nous étions là six ou sept Français, nous serrant, près de la frontière, autour d'un brave garçon humble, ému, mais patriote dans l'âme, un coiffeur de Verdun, Merly, venu tout exprès de sa ville pour planter un drapeau tricolore à l'extrême limite de la France, et venu à pied durant la nuit, portant sur l'épaule son drapeau roulé autour de la hampe.

On avait dit que le général de Manteuffel voulait passer le dernier la frontière. Le général Lissingen tenait, de son côté, à être le dernier Allemand foulant notre territoire. Ce n'a été ni l'un ni l'autre. A peine le dernier soldat avait-il repris la route de Metz qu'un capitaine de dragons bleus, un jeune homme, l'air souriant et narquois, poussa son cheval vers la France et se remit à caracoler, puis regagna l'état-major qui s'éloignait au galop. Que celui-là soit bien, cette fois, le *dernier!*

A peine la limite fictive qui sert de frontière à deux peuples avait-elle été franchie que ce brave homme de Merly déploya son drapeau tricolore. Le vent le fit flotter et clapoter gaiement sous le ciel pluvieux. Les dragons bleus et leurs officiers allemands le regardèrent en ricanant. C'est alors qu'un grand cri de : *Vive la France!* retentit sur la route. Deux gendarmes, de ces braves qui sont vraiment le type paternel et courageux du soldat français, arrivaient à cheval. L'un d'eux, le gendarme Adam leva son képi et, le premier, poussa ce cri qui arrivait, étranglé, à nos lèvres :

— Vive la France !

Et les Allemands entendirent répéter ce cri :

— Vive la France !

— Vive l'armée française ! ajouté-je alors, donnant un souvenir à ces pauvres et glorieux morts qui dormaient près de là.

Les bataillons allemands étaient déjà loin que nous demeurions, muets, immobiles, affaissés, à l'endroit où finissait la patrie. Nos mains serrèrent d'une étreinte silencieuse la main des deux gendarmes qui avaient suivi jusqu'à la frontière l'armée allemande, et, sans dire un mot, ces soldats, — modèles de tenue et de discipline, — s'éloignèrent au galop de leurs chevaux.

Et tout était fini. La France était libre. Elle était libre, moins l'Alsace, moins la Lorraine, moins tout ce qui était la chair de sa chair, son flanc gauche, son indépendance, sa sécurité même contre les Germains. Elle était libre comme est libre le convalescent qui peut mourir encore s'il s'abandonne à la moindre imprudence. Elle était libre comme la mère qui donnerait deux enfants pour acheter la rançon de ses autres fils. Ah! c'est devant l'étranger, c'est ici, sur ce sol labouré de boulets, empli de tombes, où le pied rencontre encore des débris de gamelles et d'obus, c'est sur la frontière qu'on ressent, jaloux et entier, l'amour, cet amour sacré de la patrie qu'il faut faire passer dans l'âme même et comme dans le sang de nos neveux!

La nouvelle de cette évacuation définitive était ainsi annoncée à la France :

« *Ce matin, à neuf heures et demie, les derniers soldats allemands ont franchi la frontière entre Doncourt et Gravelotte.*

« *Le sol français est désormais libre dans toute son étendue.* »

Et voilà les poignants souvenirs qui me revenaient tandis que notre voiture roulait vers Sainte-Marie aux Chênes et vers Saint-Privat-la-Montagne!

A la première maison de chaque village demeuré français, les Allemands aperçoivent, comme un défi, un drapeau bleu, blanc et rouge. C'est le *salve* de l'ancienne patrie à ceux de ses fils qu'on lui a enlevés.

Nous ne sommes pas allé jusqu'à Mars-la-Tour, où l'on se préparait, au moment de notre voyage, à dresser le groupe où M. Bogino a montré un soldat français mourant et, de sa main défaillante, laissant tomber son arme que ramasse un enfant [1]. Nous revenons par Vernéville, d'où les batteries allemandes ont foudroyé Saint-Privat, et par Sainte-Marie-aux-Chênes où le 94ᵉ de ligne, commandé par le colonel de Geslin, aujourd'hui général, s'est battu avec tant de courage. Le cimetière est plein de morts allemands. Sur la grand'place du village, un monument s'élève, surmonté d'une Vierge et orné de couronnes faites de fleurs blanches et rouges. L'une d'elles porte cette inscription : *Les Messins à leurs frères*; une autre ce nom : *F. Mouzon, curé*. Sur le piédestal du monument, on a tracé ces mots d'un côté :

Aux Enfants de la France.

De l'autre :

Le colonel de Geslin, les officiers, sous-officiers et soldats du 94ᵉ de ligne.

A tous les braves du régiment morts pour la France le 18 août 1870.

Souvenir d'éternelle reconnaissance.

[1]. L'inauguration du monument de Mars-la-Tour devait avoir lieu moins de deux mois après, et la musique du 94ᵉ de ligne (le régiment de Sainte-Marie aux Chênes) devait y faire entendre, devant plus de 6,000 personnes, les airs français. Au pied de la statue, les dames de Metz avaient déposé une couronne portant ces mots : *Metz ! Espoir !* Une vieille dame, en grand deuil, venue de Paris, portait une couronne avec ces mots brodés en perles blanches : *A mon fils !*

Ici, en sortant de Sainte-Marie-aux-Chênes, en suivant la large route qui conduit à Saint-Privat-la-Montagne, dont on aperçoit là, devant soi, au loin, la silhouette indistincte, on traverse — nous pouvons le dire — une terre trempée de sang.

C'est sur ce terrain, c'est là que la garde royale prussienne a été foudroyée par les chassepots de nos soldats postés dans Saint-Privat, ces soldats que l'ennemi, n'ayant pu débusquer, allait bientôt écraser sous ses obus et envelopper par le mouvement tournant des Saxons venant de Roncourt. « La garde royale — c'est l'expression même du roi Guillaume dans sa dépêche — a trouvé là *son tombeau!* » Ces fusiliers solides et fiers qui paradaient sous les Tilleuls, à Berlin, superbes en défilant, impassibles au son des fifres, — en *dix minutes* les coups de feu de nos tirailleurs en couchèrent six mille — *six mille!* — des deux côtés de cette route. A neuf cents pas de Saint-Privat, les cadavres s'amoncelaient, formaient des tas sinistres, noirs et rouges.

Ce fut un massacre.

Lisez, dans la relation officielle du grand état-major prussien, ce qui se rapporte à ce fait d'armes. On voit clairement qu'un peu d'audace, en ce moment décisif, eût changé le sort de la journée.

La relation se ressent encore, après des années, de l'angoisse que durent éprouver les chefs allemands :

« Les compagnies *fondaient à vue d'œil* sous le feu meurtrier des chassepots. » *Tous* les officiers étaient morts ou blessés. Les bataillons allemands, tout à l'heure si épais, ne « formaient plus qu'une *longue et mince* ligne de tirailleurs. » Un renfort arrive. Cette fois, les Prussiens approchent jusqu'à six cents pas. Ils n'en sont que plus sûrement foudroyés, décimés.

« *L'élan était rompu* pour le moment, dit la relation allemande ; des milliers de morts et de blessés jonchaient ce champ de bataille abreuvé de sang... *La situation devenait fort critique...* car on devait s'attendre à voir l'ennemi (les Français) prononcer un vigoureux retour offensif et *culbuter* sur Sainte-Marie *les lignes sans consistance de l'assaillant* (les Prussiens). Mais — *chose singulière* — rien de semblable ne se produisait ! »

Pour qui sait lire, ces deux mots : *chose singulière* sont gros de surprise, de crainte, de joie inespérée, de stupéfaction. Encore un coup, les dépositions des Allemands sont les condamnations de nos généraux.

L'épisode de Saint-Privat n'en est pas moins un des plus héroïques de la campagne. Lorsque le czar eût porté, un jour, à Berlin, devant les grenadiers de la garde prussienne, un toast aux soldats de Saint-Privat, le soir il s'approcha du représentant de la France, M. de Gontaut-Biron, et lui dit :

— Monsieur l'ambassadeur, en buvant aux soldats de Saint-Privat, croyez que je songeais aussi aux braves soldats qui le défendaient !

Ceux-là ont marqué leurs coups en traits de sang dans les rangs de la garde prussienne. Un monument allemand, élevé sur la route, auprès des peupliers qui la bordent, porte d'un côté les noms de 25 officiers et 790 sous-officiers, de l'autre les noms de 11 officiers, 225 sous-officiers. Quant aux *hommes*, on ne les compte pas. Chair à canon, chair à pelletées de chaux.

Tous ces morts étaient des hommes de trente ans, de vingt-sept ou vingt-huit ans. Les dates de leurs naissances sont là, funèbres : né en 1841, en 1843, en 1849, en 1847, en 1846, en 1840... Ici repose la jeunesse ! Qui donc sur les boulevards criait jadis : *Vive la guerre ?* Qui donc, du haut d'une tribune l'accueillait *d'un cœur léger ?*

Là repose, à côté d'un fossé où 490 hommes sont couchés, un enfant de dix-huit ans, Richard von Mirus, — porte-épée, *fahnrich* cadet, tué avec les soldats du 2ᵉ régiment Empereur François.

— Tous les ans, nous dit notre cocher, je conduis là, sur cette tombe, un général prussien et sa femme qui, pendant que je fais reposer mes chevaux à Sainte-Marie-aux-Chênes, demeurent, tout le jour, agenouillés devant la pierre. Le soir, quand la nuit se fait, je viens reprendre le général et celle qui l'accompagne. C'est le père et la mère. Pendant le chemin, je ne les ai jamais entendus dire un mot ! A Metz, les officiers prussiens saluent le général von Mirus avec respect. Lui, rend le salut d'un air triste. Un jour, un colonel du génie lui montrait le Mont Saint-Quentin en disant : — Il est glorieux d'avoir pris cela ! Le général lui dit : — Il était meilleur d'embrasser un fils ! »

Lorsqu'on tue un ennemi, on ne songe pas à cette chose toute simple :

Les étrangers ont des mères !

Laissons ce champ de mort. Nous aurons encore des tombes à voir, à Sedan. L'odeur des cadavres nous suit à travers ces pages. Nous traversons Saint-Privat, aujourd'hui reconstruit; Amanvilliers, où nous offrîmes certain jour, une broche à ornements tricolores à de braves gens qui nous avaient abrité un moment d'orage, et nous rentrons à Metz par la route que prit notre armée en battant en retraite.

Bien des arbres de la route ont été coupés pour être etés en travers du chemin. Plus d'un uhlan qui voulait poursuivre ou épier l'armée a été tué dans ces bois. Il y a des tombes élevées sous la feuillée. A Longeville, on nous montre une maison fermée, à porte jaune, avec un figuier dépassant la muraille. C'est de là que partit Napoléon pour Étain, Verdun et Châlons.

Au loin, d'ici, on peut apercevoir le château de Frescaty qu'avait bâti, en 1709, M. de Coislin, evêque de Metz, et où logea Frédéric-Charles, qui y fit signer la capitulation. Les artilleurs du Saint-Quentin voulaient, durant le siége, y envoyer des bombes. Bazaine le leur fit défendre.

Paul Miller, notre cocher, avec son accent à la fois naïf et narquois, nous donne sur la façon étrange dont fut dirigé ce siége des détails qui sembleraient incroyables si le procès de Trianon ne nous en avait pas révélé bien d'autres!

Un homme risque sa vie pour entrer dans Metz par un conduit souterrain et apporter des nouvelles du dehors. Bazaine lui devait la croix; il le fit arrêter et mettre en prison.

A la ferme de Cadore, le lendemain du 16 août, on brûla dix-sept voitures contenant du sucre et de l'eau-de-vie; on en fit un punch immense. Ne pouvait-on distribuer ces denrées aux soldats et les leur faire emporter?

Lorsqu'on capitula, la Banque de Metz avait en caisse 2 millions de francs. Ne pouvait-on les diviser entre les officiers? C'eût été autant de sauvé. Les Prussiens les prirent tout simplement.

On prétend que tout était épuisé à Metz. Un marchand de lard, venu à Metz avec une cargaison de marchandise, espérant vendre, acheta au contraire du lard à *meilleur marché*, les Prussiens ayant trouvé des provisions et vendant le lard au-dessous du cours.

Et avec un sourire expressif et un amusant haussement d'épaules :

— Et *foilà*, ajoutait Paul Miller en riant, mais en soupirant. *Foui! Foui!* Voilà la jolie façon dont on menait les choses!

Pendant que ce lard demeurait entassé, l'armée mourait de faim. Il y eut, durant les derniers jours du siège, des épisodes atroces ; par exemple la mort des chevaux.

« Durant la quinzaine qui précéda la capitulation de Metz, me disait mon ami Édouard S..., un officier loyal, érudit et brave, durant cette quinzaine les chevaux que l'on avait parqués çà et là, autour de la ville, pour servir à l'alimentation des troupes, ne recevaient presque plus de nourriture ; aussi étaient-ils arrivés à un degré très-grand de maigreur et de faiblesse.

« Je les vois encore, ces pauvres animaux, exténués et recevant toute l'eau du ciel sur leurs corps, aux flancs évidés et aux côtes saillantes.

« Ils avaient lutté tant qu'ils avaient pu contre la faim.

« Après avoir mangé le fumier répandu sur le sol, ils

avaient rongé l'écorce et jusqu'au bois des arbres plantés à leur portée, puis ils s'étaient dépouillés mutuellement des crins de leurs queues et de leurs crinières, et, ne trouvant enfin plus rien de comestible (?) ils s'étaient résignés et présentant leurs maigres croupes aux rafales de l'automne, ils attendaient la mort.

« De temps en temps, les gardiens du troupeau venaient visiter ces malheureuses bêtes, et, s'ils reconnaissaient chez l'une d'elles les symptômes d'un affaissement prochain, ils s'efforçaient de la pousser sur la route, en dehors de l'enclos, afin de n'avoir pas à l'y traîner morte, un peu plus tard.

« Une fois en liberté, sur le grand chemin, le pauvre invalide paraissait se ranimer un peu et se mettait en devoir de disputer à la boue, quelques brins d'herbe qui se voyaient encore sur les bas-côtés de la route.

« Si faible il était, qu'à chaque coup de dents un peu brusque, toute sa pauvre carcasse chancelait sur ses quatre jambes.

« Il cheminait ainsi pendant quelque temps. Mais il ne pouvait aller loin sans arriver en vue d'un campement de fantassins, car toutes les hauteurs voisines étaient occupées par les culottes rouges.

« Oh! alors, trois fois malheur au pauvre cheval! Aussitôt qu'il était signalé par les cuisiniers des escouades, c'était, dans les vignes, un hourrah, des cris et une course folle de troupiers affamés qui se ruaient à la curée, armés de couteaux, de hachettes et munis de grandes gamelles qu'ils frappaient de leurs armes en courant, comme les Francs choquaient leurs boucliers avant de combattre.

« Les premiers arrivés renversaient le cheval en lui levant les deux pieds du même côté, pendant qu'un loustic lui administrait un coup de son képi, ou bien lui soufflait dessus, pour pouvoir se vanter ensuite à l'escouade, de la facilité avec laquelle on avait eu raison de la bête.

« Le cheval, une fois à bas, disparaissait à l'instant sous une douzaine d'hommes, au milieu d'un cercle de vingt autres qui attendaient leur tour, et la curée commençait.

« Il m'en coûte de retracer de pareilles scènes où se trouve mis à nu, tout ce que l'homme renferme en lui de férocité naturelle; mais, à la guerre, on en voit bien d'autres. Que tout retombe donc sur ceux qui rendent la guerre indispensable !

« La cuisse étant le morceau le plus envié, c'est par là que commençait le massacre du cheval vivant, et s'il était vieux et présentait des tendons un peu durs à couper, avec les hachettes à fendre le bois et des eustaches, le martyre durait longtemps. Heureusement que quelques tards-venus se contentaient de convoiter la tête, *pour avoir les joues* (quelles joues !) et arrivaient avec de la persévérance à scier la gorge de la pauvre bête avant qu'elle n'eût épuisé toutes les horreurs de la désarticulation.

« Non, rien n'était plus pénible à voir, quoiqu'il ne s'agît que d'un animal, que ce monticule humain agité par les soubresauts de l'agonie du cheval, et d'où s'échappaient des cris, des rires et des plaisanteries atroces.

« On entendait des :
— Ah! faut pas ruer!
— Ooh! ooh! làaa!
— Serre les jambes, n. d. D.!
— Tiens, voilà de l'éperon!

Et au-dessous le râle plaintif de la malheureuse bête agonisante.

J'ai vu cette scène-là dix fois.

Pouvions-nous intervenir? Nos hommes mouraient de faim! »

Et il y avait encore, je le répète, des provisions dans Metz.

Le drame de Metz est d'autant plus irritant et d'autant plus criminel qu'on l'étudie de plus près et qu'on appelle, pour le juger, plus de sincères témoignages.

XII

UN SOLDAT DE METZ.

Veut-on savoir ce que supporta, en captivité, un des soldats de l'héroïque armée qui combattit à Borny, à Rezonville, à Saint-Privat, à Ladonchamps, à Servigny ? Veut-on se rendre compte de ce qu'on pouvait exiger de telles troupes, disciplinées, mâles et résolues ?

Voilà ce qu'a conté un sous-officier du 85ᵉ de ligne, Gauthier, qui, pour s'être un moment détourné du chemin, pendant la route pour l'Allemagne, demeura pendu durant trois heures, en face d'une vieille femme coupable, elle, d'avoir vendu des pommes aux prisonniers. Gauthier, l'œsophage comprimé, ne pouvant rien manger, causait cependant gaiement avec *sa camarade* de pendaison. Singulier et tragique tête-à-tête.

Gauthier devait être interné à ce camp de Wesel où les Allemands, quand ils payaient les mandats d'argent venus de France, comptaient les thalers au taux de 3 fr. 60 au lieu de 3 fr. 75, — vainqueurs-usuriers, triomphateurs-Schylocks !

Le 28 octobre, tandis que la garde nationale de Metz

rendait ses armes et que la *Mutte* appelait, — il était trop tard! — les Messins à la résistance; tandis que les généraux montaient en wagon de première classe, ce qui faisait dire au général Deligny : « J'en ai assez de ces généraux-là ! Je monterai dans les troisièmes, je monterai avec les bestiaux, si mes hommes y montènt! » Gauthier partait à pied pour l'Allemagne. Et je ne changerai rien à ses impressions et à ses souvenirs, écrits en quelque sorte sous sa dictée par mon ami, M. Ed. S...

Nul roman, à mon sens, n'est aussi intéressant que ces notes vraies. Je le répète, qu'on juge par les exploits presque narquois de ces captifs, de ce qu'un général en chef bien décidé à vaincre pouvait demander à leur courage.

CARNET DE CAPTIVITÉ.

« 28 *octobre*. — Départ d'une colonne de prisonniers de trois à quatre mille hommes, infanterie et cavalerie (sans chevaux). Une compagnie du 44° prussien sert d'escorte avec une vingtaine de cavaliers sur les flancs.

Couché le soir au *camp de la boue*, près de Noisseville. Là, un capitaine prussien a commandé en bon français plusieurs mouvements de l'école de bataillon : *former en bataille*, *rompre en colonne*, *prendre les distances*, *former les faisceaux* et *planter les tentes*.

Le 29, séjour au même lieu.

Le 30, couché aux Étangs.

Le 31, à Boulay.

Le 1er novembre, à Tromborn.

Pendant toute la route, les officiers et sous-officiers prussiens cherchent à échanger leur or et leur argent contre de la monnaie française. Ils recherchaient surtout l'or, pour lequel ils donnaient une prime. Toujours l'usure.

Pendant la marche, nos traînards étaient frappés à coups de crosse, jusqu'à ce qu'ils rejoignissent leurs places dans la colonne; des chasseurs d'Afrique, peu habitués aux marches et blessés par leurs grandes bottes neuves qu'on leur avait distribuées avant leur départ de Metz, moururent en route, dans la nuit, de misère et de coups reçus.

A Boulay, le 31, nuit très-froide, les chasseurs d'Afrique, qui n'avaient ni bois ni paille pour se coucher et se chauffer, avisent un moulin sur les bords du ruisseau, à quelques pas de leur campement; et, vers la tombée de la nuit, quelques-uns d'entre eux se détachent et commencent par enlever les portes du rez-de-chaussée. Cette première tentative ayant réussi, toute la bande se précipite sur le moulin, malgré les Prussiens qui frappaient de la crosse et de la baïonnette, et tout le moulin y passe. Les chasseurs d'Afrique, montés sur le toit, tenaient le cercle de Prussiens à distance en lançant des tuiles et en criant *gare!* les quelques Prussiens finirent par rire à se tordre. Telle fut la fin du malheureux petit moulin. Mais on manquait de paille pour faire flamber tout ce bois. Un conseil de vieux chasseurs d'Afrique, à longue barbe grise (vieux marabouts), se réunit pour trouver un moyen. La délibération n'est pas terminée qu'une voiture chargée de paille et escortée par deux uhlans apparaît sur la route. Les chasseurs d'Afrique se mettent à pousser le cri de guerre, le fameux *kakaho!* et se précipitent sur la voiture.

Cinq minutes après, la dernière botte de la paille destinée aux Prussiens avait disparu, malgré les coups de lance des uhlans. Un de ces vieux *sachems* d'Algérie avec une très-longue barbe était en train de s'approvisionner de paille sans faire attention aux vociférations de l'un des uhlans; celui-ci prend du champ et fond sur le chasseur d'Afrique, la lance en arrêt ; mais le vieux se redresse de toute sa hauteur, croise les bras sur sa poitrine et se campe devant le Prussien qui détourne sa lance et n'ose plus lui rien dire.

Un marchand prussien arrive au camp. C'était un espèce de juif, un rôdeur d'armées, vendant des cigares, du pain, de l'eau-de-vie, du fromage, et pillant, au besoin, les cadavres. Six chasseurs qui n'avaient pas d'argent ou ne voulaient pas en dépenser, après avoir ruminé un moment, se dirigent vers le malheureux et sa petite voiture traînée par des chiens.

Les fantassins groupés sur les bords de la route regardaient. Il ne faisait pas encore nuit. Les Africains achètent d'abord un peu de schnaps qu'ils payèrent, puis, pendant que deux d'entre eux qui voulaient acheter du pain et qui ne trouvaient jamais leur compte, se débrouillent dans les *groschen* et les *pfennigs*, les quatre autres se glissent derrière la voiture couverte d'une toile, crèvent cette toile avec un couteau et opèrent le complet déménagement des marchandises, qui arrivèrent au camp en passant de main en main. Lorsque le marchand se retourna, il n'aperçut que quelques chasseurs, à l'air modeste et résigné. Quant au chargement de la voiture, il avait disparu. Il ne lui restait que le pain, objet de tant de discussions, et que finalement les deux chasseurs avaient laissé au marchand, prétendant que la monnaie allemande était *trop sale*. Le marchand, craignant probablement que la voiture y passât avec les chiens, partit en criant et aussi vite qu'il pût.

Cette nuit-là, les fantassins se chauffèrent aux dépens d'une allée de petits platanes.

Pour la première fois, à Tromborn, nous reçumes des secours et des marques d'intérêt des habitants. — Aux Étangs, à Boulay, à Noisseville, nous avions couché dans la boue, sans qu'un seul habitant nous eût donné une poignée de main ou un brin de paille.

A Tromborn, l'emplacement où nous devions camper était garni d'une couche de paille de près d'un mètre d'épaisseur. La ville de Sierck avait envoyé une voiture chargée de provisions et d'effets, et deux voitures chargées de tonneaux de vin. A l'aide de ces effets, il y eut à Tromborn au moins cent évasions parmi les nôtres. Les habitants de Sierck ont bien mérité de la France, ils ont été admirables de bienfaisance et de patriotisme. Ils faisaient un long trajet pour apporter aux prisonniers sur la route du pain tout coupé, des pommes, des paires de bas, et faisaient habiller eux-mêmes dans les maisons de Tromborn les soldats qui voulaient tenter de s'évader.

Pour empêcher les évasions, sans doute, un capitaine prussien annonça la prise de Paris, et par conséquent, disait-il, la fin de la guerre. C'était le 1ᵉʳ novembre.

Comme je l'ai dit, des sous-officiers prussiens cherchaient à avoir de l'or français. Un d'entre eux, feldwebel d'origine polonaise, ayant échangé deux pièces d'or avec moi (c'est le sergent-major Gauthier qui parle), je le priai de venir prendre une tasse de café dans une des *restaurations* du village de Tromborn. Arrivés à l'entrée de la principale rue du village, des factionnaires nous laissèrent passer, mais nous vîmes bientôt le *gouverneur de Tromborn*, officier supérieur prussien, qui se dirigeait à cheval de notre côté. Le feldwebel, croyant que nous n'avions pas été aperçus, se jeta dans une rue adjacente et me fit signe de le suivre.

De son côté, le gouverneur, croyant que c'était une évasion qui était en train de s'accomplir, appela un poste et le lança à notre poursuite ; nous courions, nous, à toutes jambes.

On nous arrête dans un jardin. Voilà deux sergents-majors amenés dans un enclos situé près du camp. Nous fûmes placés tous les deux au pied d'un arbre, le poste prussien nous faisant face à environ quinze pas, et sans qu'on voulût seulement nous entendre dans notre défense. Voyant d'ailleurs le poste apprêter les armes, nous crûmes notre dernière heure arrivée. Un médecin militaire prussien qui se trouvait à la fenêtre d'une maison voisine du jardin descendit et, s'adressant à l'officier qui commandait le poste, lui demanda sans doute ce qui allait se passer. Après une discussion assez longue, un homme du poste partit avec un billet; pendant ce temps, moi et le Polonais nous étions toujours au pied de l'arbre. Un quart d'heure après, la réponse arriva et nous fûmes menés sous bonne escorte près du camp, dans une espèce de chaumière en ruine et sans toiture où nous fûmes gardés à vue par un poste placé à quelques pas.

Une sentinelle était mise à la porte. Tous mes camarades vinrent me voir à distance et je leur racontai ce qui s'était passé. La chose était bien simple, mais je lançai ma montre aux camarades, puis mon porte-monnaie, et je leur fis mes dernières recommandations, pensant être exécuté dans la journée. Quelques heures après, un officier prussien arriva et nous lut à tous deux notre sentence. C'était assurément une sentence de mort, car à cette lecture le Prussien fondit en larmes et demanda les moyens d'écrire. Moi qui ne comprenais pas le sens de la pancarte, je ne me méprenais pas cependant sur le sort que me présageait la douleur de l'autre; tout ça pour un soupçon d'évasion c'était la mort pour moi comme pour le soldat de l'armée prussienne, tout ça pour une tasse de café.

Vers trois heures du soir, le poste est relevé. La nouvelle sentinelle, à qui la consigne avait été sans doute mal donnée, m'apercevant moi, en uniforme français, près du sergent-major prussien, pensa que c'était une erreur, me lança un coup de crosse dans les reins en me criant : *fort! fort!*

Diable! Je ne me le fis pas répéter; d'un bond je fus dans le camp, deux minutes après j'étais débarrassé de ma capote de sergent-major, de mon képi de sous-officier et de mes bottes, et je me trouvais entre les mains d'un perruquier qui faisait tomber ma longue barbe. Et leste! et leste! Le poste prussien, n'apercevant plus le prisonnier français, demanda à la sentinelle ce qu'il était devenu. La battue dans le camp commença bientôt, la paille fut remuée, les tentes mises sens dessus dessous, et moi, pendant ce temps, les mains dans mes poches, j'assistais tranquillement à ces recherches. On fit des appels qui, tous, restèrent infructueux. Le sergent-major *Gauthier* fut considéré comme *déserteur*. Quant au sergent-major prussien, on l'emmena dans l'après-midi, et (le pauvre diable!) nous ne savons pas ce qu'il est devenu, mais on s'en doute. Douze balles dans le corps et voilà! Maudite tasse de café! »

Le sergent-major Gauthier était alors un jeune homme de vingt et un ans, bien découplé, très-beau garçon, franc, ouvert, très-brave et d'excellente famille. Devenu sous-lieutenant, il s'est marié, il a donné sa démission en 1873 et il est actuellement l'un des grands manufacturiers du Puy-de-Dôme, à Brassac-les-Mines.

Les souvenirs et impressions qui suivent sont encore de lui. Après avoir pu se soustraire à la mort, il lui fallut pourtant marcher avec ses compagnons de captivité, mais *en simple soldat* et sous un nom nouveau.

« Le 1er novembre, départ de Tromborn, arrivée à Sarrelouis. Repos de deux heures en dehors de la ville, pour faire la soupe, après quoi on nous encaque comme des harengs dans des wagons de marchandises.

Je me trouvais, moi 32°, dans un wagon découvert qui venait de servir à transporter des chevaux en France. Nous étions debout, appuyés les uns contre les autres, ne pouvant ni remuer ni nous asseoir sur quoi que ce fût. Les privilégiés seuls, qui se trouvaient près des parois, pouvaient s'accroupir sur le crottin qu'on avait oublié d'enlever. Nous arrivons enfin à Trèves, il était dix heures du soir. L'officier prussien qui commandait l'escorte nous promit que nous allions loger dans un village situé à un kilomètre. Nous traversons la ville et nous marchons trois heures, sans parvenir à rencontrer ce village tant désiré. Beaucoup de soldats, qui n'avaient pas eu de bois le matin pour faire la soupe, achèvent de dévorer un morceau de lard cru qu'on leur a distribué le matin. Quelques-uns tombent de fatigue et de besoin, et restent dans les fossés de la route.

Vers une heure et demie du matin, cependant, nous entrons dans un village. Mais les habitants sont couchés et ne veulent pas se lever, ce qui fait que les trois quarts des soldats de la colonne couchent dans les rues et sur les places.

Départ le lendemain à sept heures du matin. Aucune distribution n'est faite. On fait 40 kilomètres à pied. Ceux qui avaient conservé un peu de pain de la veille le partagent avec leurs camarades. Beaucoup de traînards.

A sept heures du soir, nous arrivons dans un autre

village. Mais les habitants, qui avaient logé une colonne la veille, refusent de nous recevoir.

Nous faisons encore 4 kilomètres.

Le lendemain, départ à sept heures, mais pas de distribution encore. Les soldats mangent en marchant les quelques morceaux de pain noir qu'on leur a donnés dans le village. Beaucoup n'ont rien reçu ; mais là encore, les autres partagent avec eux. Ce jour-là, on fait 50 kilomètres.

Nous arrivons (1,600 environ sur 2,000) sur le plateau et à côté du château de Gérolstein, après avoir traversé le village de ce nom.

Une distribution abondante nous est faite. Les habitants du village sont très-hospitaliers. Ils recueillent tous les traînards et tous les éclopés qui arrivent après la colonne, leur donnent à manger, à boire, bourrent leurs poches de provisions pour le lendemain, et enfin leur procurent des lits ou de la paille. Visite au château par un beau clair de lune.

Ruines poétiques. Nous songions à Paris, quand un fourrier du 60e se met à chanter à tue-tête le fameux : *Voici le sabre, le sabre,* etc. Les naturels de l'endroit accourent, offrent des cigares au chanteur, qui, pour les remercier, leur raconte en excellent patois des Batignolles l'histoire véridique du général Boum et de sa souveraine. Les habitants, qui n'entendent pas un traître mot de français, trouvent l'histoire intéressante et se retirent enchantés.

Départ le lendemain à six heures. Nous emportons un bon souvenir des sujets de Mlle Schneider.

On nous rembarque, en chemin de fer, à Bittburg,

et nous arrivons à Wesel le même jour, à minuit.

Pendant ce pénible trajet de Sarrelouis à Bittburg, quelques-sous-officiers du régiment avaient trouvé le moyen de ne pas souffrir du tout. Ils avaient fait la conquête d'un caporal prussien, au moyen de dix à onze verres de schnaps à 3 centimes le verre. Et voici comment procédait le Prussien reconnaissant. En arrivant dans un village, il cherchait, à moitié gris, la maison qui avait l'extérieur le plus riche. A force de jurements et de coups de crosse, il réussissait toujours à se faire ouvrir. Dix, quinze sous-officiers entraient avec lui. Le propriétaire, gagné probablement par les arguments persuasifs du caporal, s'empressait de donner du pain, de la viande et d'autres provisions pour le lendemain.

Nous voilà donc à Wesel. Voltaire a chanté jadis les soldats prussiens qu'il y vit. Il les chanterait moins aujourd'hui. On nous fait entrer dans un immense Casino pour attendre le jour. Nous dormons sur les chaises, sur les tables, par terre, etc. A sept heures, nous traversons un bras du Rhin et nous nous trouvons dans l'île qui nous était affectée comme prison. L'île de Buderich servait de prison à 10,000 Français. Nous étions empilés dans les baraques qui contenaient chacune 500 hommes. Devant nous se dressait, menaçant, le fort Blücher. Le Rhin nous en séparait. Derrière nous, dans l'île, une redoute armée de 6 pièces de canon.

Derrière la route, le vieux Rhin et les remparts de Wesel. Il semble qu'on eût bien difficilement pu sortir d'un tel guêpier. Eh bien ! plus de 800 évasions eurent lieu pendant l'hiver et au commencement de l'été.

Voici les principaux moyens employés; on les trouvera peut-être curieux :

1° Au mois de décembre, le Rhin charriait d'énormes glaçons, quelques prisonniers essayèrent, en partant dans la nuit, de gagner un de ces glaçons, comptant pouvoir arriver en Hollande avec lui. On n'entendit plus parler d'eux.

2° Un théâtre avait été organisé pour les prisonniers et par eux. Les dames de la ville avaient prêté des robes, des jupes, etc., pour les rôles de femme. Un jour, l'ingénue et le grand premier rôle femme, qui venaient d'obtenir un grand et légitime succès dans un vaudeville de Scribe, sortirent de l'île et traversèrent le pont de bateaux, sans éveiller les soupçons du factionnaire. Dans la nuit, *ils* ou *elles* arrivèrent en Hollande.

Depuis, suppression des rôles de femme.

3° Sept ou huit cents hommes sortaient tous les jours de l'île, sous bonne escorte, pour aller travailler à un ouvrage en terre de l'autre côté du Rhin. Un certain nombre d'entre eux se plaçaient dans les tranchées que l'on creusait. On recouvrait la tranchée de fagots ou de planches, sur lesquels on étendait une légère couche de terre, en laissant toutefois quelques interstices pour l'aération. A quatre heures, les Prussiens, qui formaient un grand cercle autour des travailleurs, resserraient le cercle, faisaient placer les travailleurs sur deux rangs et les ramenaient dans l'île.

Ceux qui s'étaient fait enterrer attendaient la nuit, soulevaient de leurs épaules leur sépulcre et gagnaient la Hollande en suivant le cours du Rhin.

Beaucoup s'évadèrent ainsi, mais la moitié d'entre eux furent repris avant d'avoir gagné l'hospitalière Hollande.

Un samedi, un sergent et un fourrier se firent ainsi enterrer. Mais leurs camarades ayant mis un peu trop de terre, pour mieux les cacher, il leur fut impossible de sortir. Ils restèrent là toute la journée du dimanche (jour sans travail), et ce ne fut que le lundi qu'on les tira de leur trou, à moitié morts.

Ce moyen fut d'ailleurs tôt éventé par les Prussiens.

4° Un chasseur d'Afrique avait découvert un souterrain qui, partant du milieu de l'île, arrivait jusqu'au bord du Rhin. Nos gardiens connaissaient bien ce passage ; mais, comme ils avaient fait placer à l'entrée de gros barreaux de fer et beaucoup de terre, ils dormaient sur les deux oreilles.

Une bonne lime et deux jours de travail avaient fait disparaître les barreaux. Le chasseur avait exploré le souterrain (un mètre de hauteur et deux cents mètres de long), et le soir, il partait avec huit hommes déterminés, et voici comment : Pour ne pas éveiller l'attention, on organisa un jeu devant l'orifice. Les huit hommes se glissent à plat ventre, cachés par la foule de leurs camarades, on bouche le trou avec de la terre et... huit jours après, nous apprenons qu'ils sont arrivés à bon port, en Hollande. Cette première évasion est suivie de beaucoup d'autres, toutes effectuées de la même manière. On arrivait sur les bords du Rhin, on attendait la nuit, puis l'on traversait le fleuve sur la glace pendant les fortes gelées, à la nage les autres jours, ce bras du vieux Rhin étant très-peu large et très-peu profond.

Les Prussiens, qui constataient tous les jours la disparition de dix ou quinze hommes, employaient tous les moyens imaginables pour savoir le secret des évasions.

On doubla les postes, une surveillance sévère fut exercée, même sur les soldats prussiens qui entraient dans l'île ou en sortaient, il n'y eut plus de travailleurs, etc.

Le premier jour où ces précautions furent prises, 50 hommes s'évadèrent, et plus de 100 le lendemain.

Cette dernière évasion eut lieu dans des conditions qui méritent d'être rapportées.

Un millier de prisonniers s'étaient réunis près de l'entrée du souterrain, jouant, les uns au loto, les autres aux cartes. A trois heures, le premier pénétra dans le trou, et les autres lui succédèrent jusqu'au moment où le premier, étant arrivé près du fleuve, ne put plus avancer. L'opération dura plus d'une heure; ce temps dut paraître long à tout le monde, quoiqu'il faille songer qu'il y avait 200 mètres à faire en rampant. Quand tout fut entré, on boucha le trou et tout le monde rentra dans les baraques.

Deux jours après nous apprenions que 90 hommes environ, armés de gros gourdins, avaient passé la frontière et étaient entrés en Hollande en chantant la *Marseillaise*. Un douanier et un gendarme prussiens effrayés par cet effectif imposant, les avaient laissé passer sans la moindre observation déplacée. On faisait promettre à tous ceux qui pénétraient dans le souterrain de ne rien dire s'ils venaient à être pris par les Prussiens, ou bien de dire que, poussés à bout, ils avaient traversé *le grand bras* du Rhin à la nage et abordé au-dessous du fort Blücher.

Tous ceux qui furent pris répétèrent la même chose. On les amena dans l'île. On menaça de les fusiller s'ils n'indiquaient pas le moyen employé par eux; on leur promit de l'argent, mais en vain.

Tous les officiers supérieurs de la garnison vinrent dans l'île, la firent fouiller dans tous ses recoins, espérant surprendre sur la figure de ceux qui avaient été arrêtés un geste révélateur. Peine inutile. Toujours même réponse : « J'ai traversé le Rhin à la nage. » Un chasseur d'Afrique proposa même, si l'on voulait lui donner sa liberté, de répéter devant eux l'exploit que, disait-il, il avait accompli la veille; il commençait même à se déshabiller, lorsqu'on l'en empêcha. Les Prussiens crurent qu'il disait vrai, et, pour empêcher la répétition du même fait, ils placèrent, au milieu du Rhin, un ponton fortement assujetti sur ses ancres et muni de falots à réflecteurs qui éclairaient toute la rive de l'île. Ils disaient qu'*il fallait être le diable ou Français pour traverser à la nage, au mois de janvier*, un fleuve dont le courant est rapide, qui a 500 mètres de large et qui charriait des glaçons faits pour broyer cent fois un nageur.

Quelques jours après, un traître, un *soldat alsacien*, vendit le secret pour 3 thalers.

Le trou fut immédiatement bouché et un factionnaire fut placé à côté avec mission de tirer sur tout Français qui tenterait de s'en approcher.

Le ponton aux falots, qui nous avait tant fait rire, fut relevé de sa faction nautique.

Lorsqu'on vit arriver l'officier prussien qui venait là faire boucher le trou et placer la sentinelle, ce fut une explosion de rires et de plaisanteries telle que l'officier, exaspéré, commanda aux soldat de faire feu : ce qu'il exécuta à l'instant même, tirant dans le tas. Il lâcha ainsi quatre coups de fusil qui tuèrent un Français et en blessèrent cinq ou six. En un clin d'œil, les canonniers furent à leurs pièces, une ligne de soldats apparut sur la redoute, et peu s'en fallut qu'un cataclysme se produisît.

Le lendemain, on connut le nom du traître d'Alsace ; ses camarades l'attachèrent dans une baraque, un tribunal de sous-officiers s'improvisa et le *Bazaine* fut condamné à être pendu. Mais il n'y eut pas, comme pour l'autre, de recours en grâce. Il échappa cependant.

On n'attendait que la nuit pour exécuter la sentence, lorsque les Prussiens, se doutant de quelque chose, vinrent prendre ce Judas et l'emmenèrent. Nous ne le revîmes plus. »

J'ai voulu textuellement faire connaître tout ce que déployèrent d'énergie nos malheureux soldats, si mal employés. Il y aurait à faire ainsi l'histoire de la captivité en Allemagne. On y verrait la gaieté française survivant à la défaite et le mépris de la mort mêlé à la gouaillerie gauloise. Un Parisien, engagé dans les turcos et qu'on menait fusiller pour avoir voulu s'évader, s'était fait, en découpant du carton, une sorte de pince-nez et lorgnait les dames, comme un élégant de carnaval.

Les dix mille prisonniers du camp étaient là, assistant à l'exécution.

Lorsque les fusils s'abaissèrent, le turco volontaire s'écria :

— Vive le 1er tirailleurs !

Et lorsque le martyr tomba, un même cri sortit vaillant, superbe, indomptable, de dix mille poitrines aux voix mâles :

— Vive la France !

Croyez-le bien, d'ailleurs, c'est par le souvenir de tels sacrifices que notre France vivra !

XII

DE METZ A SEDAN.

Les deux officiers anglais que j'avais rencontrés en route m'ont donné sur les nouvelles fortifications de Metz, qu'ils ont pu visiter en partie, des détails faits pour constater l'activité prodigieuse des Allemands. Metz, déjà terrible, est, je le répète, inattaquable. Nous opérions lentement l'achèvement des fortifications. Ce qui était pour nos gouvernants l'œuvre de longues années, les Prussiens l'ont fait en cinq ans.

Au moment où je vais quitter la ville, M. Eugène Ory arrive de Pont-à-Mousson pour m'accompagner sur les champs de bataille. Je n'ai le temps que de causer un peu, en prenant en hâte un déjeuner arrosé de Thiaucourt. M. Ory me raconte les souffrances de Pont-à-Mousson occupée par l'ennemi, les douleurs éprouvées durant les longues heures où les hurrahs germains fêtaient presque constamment des victoires. Quelques traits sur le caractère prussien me paraissent curieux. Les soldats allemands, logés chez l'habitant, cherchaient à se rendre utiles et y mettaient un zèle un peu étrange. Leur orgueil était d'avoir un maître dont les bottes, cirées par eux, fussent bien luisantes. Vanité de valet [1].

Le train part. En quittant Metz, je vais quitter aussi ce que les Allemands appellent l'*Alsace-Lorraine*.

Mais je m'arrêterai à Sedan, où se joua le sort des deux provinces et celui de la France. La dernière station allemande que nous trouverons sur notre route, c'est Fontoy, un village de mille habitants environ, qui appartint d'abord aux comtes de Luxembourg, puis devint une baronnie. Le dernier des barons de Fontoy est mort à Crécy.

La première station française, avec douane et commissariat central de police, c'est Audun-le-Roman, un chef-lieu de canton situé près des bois d'Audun, entre les vallées de la Feusch et de la Crusne.

C'est là que recommence la France. La petite bande de terre qui nous reste de l'ancien département de la Moselle a été réunie à ce qui nous reste de la Meurthe. On dirait deux branches tragiquement coupées qu'on rattache entre elles pour les laisser au tronc par une bouture.

Avant d'arriver à Fontoy, on passe devant Thionville, devant Hayange, dont les hauts-fourneaux, les fours à chauffer, à affiner, les fonderies, etc., produisent par an plus de 30,000 tonnes de fonte et plus de 10,000 tonnes de fer, sans compter les projectiles pour l'artillerie. C'est à Hayange qu'est né Molitor. Une fois encore on se dit : Nous avons perdu tout cela!...

---

1. Voir à l'*Appendice* les notes inédites. — *Une ville lorraine pendant la guerre et l'occupation.*

Thionville surtout, dont nous apercevons le clocher, Thionville, ce poste avancé de notre France au Nord-Est, couvrant Metz et faisant tête à Luxembourg et Sarrelouis, nous attriste quand nous regardons de loin ses murailles. J'y revois encore les soldats de Ladmirault lavant pittoresquement, au matin d'août, leurs pantalons rouges dans la Moselle.

Thionville, durant la guerre, fut impitoyablement bombardée. Victor Hugo a fait des ruines de l'Hôtel de Ville une aquarelle aussi étonnante qu'un Piranèse. Chose étrange : cette cité de Thionville où Hoche épousa M{}^{lle} Dechaux ; cette ville militaire et belliqueuse rappelle aussi des souvenirs littéraires. Paul-Louis Courier, alors lieutenant d'artillerie, y résida pendant deux ans, de 1793 à 1795. Chateaubriand fut — cicatrice peu glorieuse — blessé sous ses murs en l'attaquant, en 92, avec les émigrés du prince de Condé. Enfin, les pères de deux grands poëtes y passèrent, l'un à peu près sans y laisser de souvenir, c'est le père de Lamartine ; l'autre en y imprimant son nom d'une manière ineffaçable, c'est le père de Victor Hugo.

Le père de Lamartine avait tenu garnison à Thionville, avant la Révolution, en qualité de capitaine de cavalerie. Le père de Victor Hugo, le général Joseph-Léopold-Sigisbert, comte Hugo, défendit Thionville deux fois, en 1814 et en 1815.

Né à Nancy, le général Hugo, qui mourut à Paris, le 30 janvier 1828, à l'âge de cinquante-quatre ans, était un de ces engagés volontaires qui, à la pointe de la baïonnette et de l'épée, conquirent leurs épaulettes d'officiers généraux sur les champs de bataille de la République et de l'empire.

Il était soldat à quatorze ans; en 90, il était officier. En Vendée, sur le Rhin, le Danube ou l'Adige, il se signala par son courage. C'est lui qui a donné à l'auteur de *Quatre-Vingt-Treize* tant de détails ignorés et curieux sur la guerre de la Vendée. Au combat de Vihiers, avec cinquante hommes, il arrêtait deux mille Vendéens. A Callaro, en Italie, Hugo, alors chef de bataillon, sauvait notre armée repoussée, menacée de repasser l'Adige, se maintenait pendant quatre heures dans le village et permettait ainsi à nos soldats de se rallier et de vaincre. Ce fut lui qui détruisit, plus tard, les bandes de *Fra Diavolo*. En Espagne, il rencontra et battit trente-deux fois le terrible *Empecinado*, autre bandit. Il purgeait de toute guérilla le cours du Tage; à Ocana, il arrêtait le corps de Ballesteros; en 1812, il commandait à Madrid; il protégeait la retraite, puis, en 1813, commandait Thionville.

Les revers arrivent. Thionville n'avait point de munitions, elle était ouverte de toutes parts; sa garnison était faible. Les Prussiens vinrent l'assiéger. On pouvait croire qu'ils enlèveraient le côté dont les fortifications, mal entretenues, étaient dérisoires. Le général Hugo la défendit durant quatre-vingt-huit jours d'un étroit blocus. Il a lui-même conté ce fait d'armes, très-simplement, très-savamment, dans un ouvrage technique : *Journal historique du blocus de Thionville en 1814, et de Thionville, Sierck et Rodemack en 1815.*

Les ouvrages du général Hugo, ses *Mémoires*, son

Coup d'œil sur la manière d'escorter, d'attaquer et de défendre les convois; son *Mémoire sur les moyens de suppléer à la traite des nègres par des individus libres,* etc., sont tous d'un esprit élevé, profond, correct et pratique. Le général a cependant laissé un roman, difficile à trouver, que je n'ai point lu et qui a pour titre l'*Aventure tyrolienne,* par *Sigisbert* (un des prénoms de l'auteur). La biographie de Rabbe nous apprend que le général Hugo s'occupait, dans les dernières années de sa vie, d'un grand traité de la *Défense des places fortes.* Un gouvernement étranger lui proposa d'acheter ce travail. La somme était considérable et je ne crois pas que le général fût riche.

Le général Hugo refusa.

En 1871, son fils passa par Thionville et voulut voir la maison qu'habitait en 1814, pendant le siége, le gouverneur de Thionville. Cette demeure est située sur les remparts mêmes, c'est-à-dire sous les bombes. Le général Hugo n'avait qu'à ouvrir les portes de sa salle à manger pour se trouver au milieu du fer. Ses écuries s'ouvraient sur les fossés de la place.

Victor Hugo, accompagné de son fils François-Victor, était entré à la mairie demander l'endroit où se trouvait cette maison. Le conseil municipal était en séance. La trace des projectiles qu'avaient vomis sur la ville les seize batteries (85 canons) du général Von Kamecke, en novembre 1870, n'était pas effacée. Le général von Kamecke, malgré la prière du commandant de place, du colonel Turnier, n'avait pas permis que les femmes et les enfants quittassent la ville. « Leur présence, « répondit le guerrier allemand, hâtera la capitula-

« tion. » Durant deux jours, un bombardement farouche, enragé, fondit sur Thionville. Les maisons brûlaient. On tirait jusque sur l'hôpital. Dans la nuit du 24 au 25 novembre, on se rendit [1]. Les Prussiens trouvèrent dans la ville 200 canons et 4,000 soldats.

Thionville était en quelque sorte encore fumante lorsque Victor Hugo y passa. Il ne se fit point connaître et demanda au maire la demeure du général Hugo.

— Le général Hugo! Voilà un homme comme il nous en eût fallu beaucoup, dit le maire tristement. Vous savez que c'est le père de Victor Hugo?

— ... Que voici! ajouta un des conseillers municipaux, en étendant sa main vers le poëte dont il regardait depuis un moment l'œil profond, la barbe et les cheveux blancs.

François-Victor Hugo a raconté cette visite.

Victor Hugo était descendu, ce jour-là, à l'*Hôtel du Luxembourg*, où logeait justement le général prussien qui commandait la place.

Le petit-fils du grand poëte, le fils de ce regretté Charles, le petit Georges Hugo, si beau et le regard si franc, jouait dans la cour de l'hôtel, avec sa bonne Mariette.

L'enfant avait trois ans alors.

---

[1]. « ... Cette dernière nuit fut signalée par de nouvelles ruines, qui portèrent principalement sur les propriétés privées, *presque tous les édifices publics ayant été détruits.* Parmi ceux-ci, cependant *l'hospice civil fut encor criblé de projectiles* avec un acharnement qui mérite d'être dénoncé à l'indignation du monde civilisé. L'église et sa charpente entièrement incendiées. » (*Rapport du sous-préfet de Thionville sur le bombardement.*)

Et le général prussien, qui passait justement dans la cour, tout seul, raide et correct, le vit et dit :

— Voilà un bel enfant !

Et s'adressant au petit Georges :

— Veux-tu me donner la main? fit-il.

L'enfant le regarda, mit rapidement d'un geste résolu ses deux petites mains derrière son dos et avec fermeté répondit :

— Non !

— Ah! fit le général. Un petit Français !

Il demanda alors à la bonne à qui était cet enfant.

— Monsieur, répondit Mariette en montrant le petit Georges, est le petit-fils de M. Victor Hugo.

— Je comprends, dit alors lentement l'officier général prussien.

Il se tourna vers le fils de Charles Hugo :

— Vous avez raison, mon enfant, ajouta-t-il.

Et il s'éloigna, sans un mot de plus.

Aujourd'hui, Thionville est devenu *Diedenhofen*, et des savants quelconques, comme M. le Dr E. H.-Th. Huhn, *membre de plusieurs sociétés honorifiques*, s'attachent à prouver que la cité lorraine, comme toutes celles qu'on nous a arrachées, ont toujours été allemandes [1]. Au lieu de consulter les étymologies, consultez donc les cœurs des Lorrains, ô pédants d'Allemagne !

---

1. *La Lorraine Allemande.* Voy. *Deutsch-Lostringen — Landes, Volks, und Ortskunde,* ce livre où l'auteur s'est perfidement servi des étymologies données par Auguste Terquem dans son ouvrage sur la Moselle (1 vol., Stuttgard, J.-G. Cotta, 1875).

Si l'on est ému en apercevant Thionville, on l'est bien davantage en approchant de Sedan.

Sedan ! Quel son de glas il y a aujourd'hui dans ce nom, et que de deuils, et que de hontes il nous rappelle ! C'est le plus cruel, à coup sûr, de notre histoire. Et comme toutes les stations qui précèdent la ville vous plongent, par avance, dans une mélancolie profonde ! Tout à l'heure, c'était Montmédy, dont la silhouette se découpait, orgueilleuse, sur la hauteur escarpée. Maintenant c'est Carignan, d'où, — le soir de Beaumont ! — l'empereur télégraphiait : « Il y a eu un engagement *sans importance !* » Voici Brévilly, Pouru-Saint-Remy, Douzy, et cette rivière de la Chiers, qui se teignit de sang en septembre 1870; voici Bazeilles, dont le nom signifie ruine. En arrivant à Sedan, en vérité, on s'étonne de ne pas entrer dans un cimetière. Il semble que la mort doive encore planer là.

Mais non. La ville est gaie, animée, bruyante. Les pièces de drap sèchent sur les poteaux de bois. La population ouvrière bourdonne comme les abeilles d'une ruche. C'était, d'ailleurs, quand j'y passai, la fête de la ville. Des baraques de saltimbanques et des boutiques partout. Un musée d'anatomie s'élevait, sur la place Turenne, en face de la statue du héros. On affichait sur les murs de la ville une dépêche de M. Philippoteaux, député des Ardennes, qui annonçait que, par un vote, Sedan venait d'être déclassée comme ville forte et que ses remparts n'allaient plus demeurer qu'un souvenir.

Je descends à l'*hôtel de l'Europe*, chez Jacouby, qui

nous raconte quelques souvenirs de la bataille : le passage des fuyards de Beaumont, sans armes, s'appuyant sur des bâtons. C'est ici qu'a logé Von der Tann. Lorsque le corps bavarois revint quelques mois après de l'armée de la Loire, après Coulmiers, il eût tenu tout entier sur la place Turenne. Il était effroyablement décimé.

Je remarque une chose étrange. Aux devantures des libraires, à Sedan, s'étalent des photographies faites d'après des tableaux de bataille peints par des artistes allemands. C'est la *Charge des chasseurs d'Afrique* par M. H. Lang, ou les *Bavarois devant Bazeilles* par Franz Adam. C'est quelque scène militaire d'après Waldemar Friedrich. Je dois dire que ces peintres font à nos soldats la part vraiment belle.

Il n'en est pas moins bizarre de voir aux vitrines des boutiques françaises les œuvres des artistes bavarois ou prussiens ! Quoi ! ces photographies faites à Munich vont orner les appartements français ? Nous accrocherions à nos murailles ces tableaux de victoires allemandes célébrées par les Allemands ?

L'art n'a pas de patrie, a-t-on dit. Soit, lorsqu'il se tient dans les régions supérieures et sereines. Mais quand il se fait métier et que ce métier a pour objectif de représenter certaines gloires, ce n'est pas aux vaincus de populariser les œuvres des vainqueurs.

Les photographies étalées à Sedan et que je trouvais en grand nombre tandis que je cherchais, dans les librairies, les savantes et excellentes études sur la révolution à Sedan, les *Souvenirs d'un vieux Sedanais*, par M. Charles Pilard, — ces photographies me semblaient ironiques et m'irritaient. La visite au champ de bataille devait me causer une tristesse plus grande encore.

De grand matin, nous sortons, en voiture par la porte qui mène au faubourg de Balan. C'est là que finit la bataille. Les Bavarois étaient arrivés jusqu'au pied des remparts, à deux pas des fossés, et leurs balles frappant sur nos canons y produisaient des sons de cloches. Il y eut, à cet endroit, une poussée vigoureuse, éperdue, folle, lorsque des soldats de toutes armes essayèrent un retour inoffensif, reprirent à la baïonnette quelques maisons et tentèrent un dernier effort en s'écriant : *Aux armes ! Bazaine arrive !*

Le curé de Balan sonnait le tocsin pour appeler les hommes au combat. Les Allemands voulurent le fusiller. On se contenta de fusiller son frère, riche propriétaire. Fusiller ? Pis que cela. On assure qu'on lui *trancha la tête* avant de piller sa maison [1]. C'était un vieillard. Il s'appelait Laurent Laporte. Le curé, lui, on le mena, la corde aux poignets, à Reims. Il croyait bien périr. On lui fit grâce.

Dans les heures suprêmes du combat, les Bavarois, ivres de poudre, se gorgèrent aussi de vin, et il y eut à Balan des scènes d'épouvante. Dès les premiers pas hors de Sedan, on découvre, çà et là, bien des croix, mais des croix faites de branchages, moins bien conservées qu'en Alsace et en Lorraine. Ce sont des tombes.

---

[1]. Voy. *Recueil de documents* sur la conduite des Prussiens (Bordeaux, Feret et fils, édit., 1871). Les Allemands ont fait pis. Voir à l'*Appendice*.

Il faisait, le matin où nous passions là, un temps humide, avec ce brouillard qui, à l'aube, avait permis aux Bavarois de traverser la Meuse, devant Bazeilles. On avait, en 1870, dans les prairies, ouvert les écluses, et la Meuse inondait les plaines autour de Sedan.

Le cocher qui me conduit a vu de près toutes ces choses. C'est lui qui a conduit en Belgique le général de cavalerie Marguerite, frappé à Illy d'une balle qui, lui traversant les joues, lui avait arraché la langue. Le malheureux général ne pouvait dire un mot. Ses yeux seuls vivaient, sombres et fiévreux. On lui versait en chemin du lait dans la gorge pour le nourrir. Il mourut en Belgique bientôt après.

Plus tard, dans cette même voiture qui m'emporte, le général de Wimpffen était venu, en compagnie de M. Jules Favre, étudier le champ de bataille, pour le procès qu'il intentait au *Pays*.

Nous nous arrêtons, sur le chemin de Balan à Bazeilles, devant la maison qui porte pour enseigne : *La Maison mitraillée*, et *A la dernière cartouche*. C'est là que M. de Neuville, le peintre, a placé cette scène admirablement composée et devenue si rapidement populaire des *Dernières Cartouches*. C'est là que le commandant Lambert, de l'infanterie de marine, à la tête d'une poignée d'hommes, résista vaillamment aux Bavarois, combattant jusque sur le seuil, faisant de l'auberge une citadelle, brûlant jusqu'à son dernier grain de poudre, lançant à l'ennemi le dernier morceau de plomb avant de se rendre. Puis, lorsqu'il fallut mettre bas les armes, le commandant Lambert descendit seul et, ouvrant la porte, le premier affronta les balles ennemies, comme un capitaine de navire reste le dernier à son bord.

Il y eut là des traits héroïques. Un officier blessé au ventre, voit, quand la fusillade a cessé, sortir de la cave du logis, tout blême, un soldat qui s'était caché.

— De quel pays es-tu, toi? dit l'officier.

— De Valenciennes !

— Eh bien, tu ne fais pas honneur au département du Nord !

Et l'officier meurt.

L'auberge de la *Maison mitraillée* appartient à Mme Bourgerie, dont le fils a imaginé de transformer une des salles du rez-de-chaussée en un musée bizarre où se trouvent rassemblés tous les débris du combat : cocardes, pompons, boutons d'uniformes, balles, grenailles, sabres, épaulettes, schakos défoncés, casques aplatis, cuirasses trouées. Le tout est mis sous verre, encadré, arrangé avec une symétrie coquette qui donne un aspect plus funèbre encore à ces débris. Involontairement, en les regardant, je songeais à ces caves du couvent des *Capucini,* à Rome, où les moines font des rosaces et des rinceaux avec les ossements des squelettes de leurs morts. Ce musée est à la fois bourgeois et macabre.

Le nom sympathique de M. A. de Neuville est vénéré dans la maison. On le conçoit: M. de Neuville a fait la célébrité et la fortune du logis. Le peintre a pris son tableau sur nature. La grande armoire de chêne, l'alcôve où gît, raidi, un cadavre, tout se retrouve dans la réalité comme dans l'œuvre d'art. C'est une inspiration ardemment française et poignante que ces *Dernières cartouches*. On ne peut que faire à M. de Neuville un léger reproche d'inexactitude. Pourquoi a-t-il donné à ses héros, au commandant Lambert, qui s'appuie, blessé, contre l'armoire, l'uniforme, les pantalons rouges des soldats de la ligne, puisque ce sont des soldats de l'infanterie de marine, à collets et épaulettes jaunes, pantalons bleus à bandes, qui ont défendu la *Maison mitraillée?*

Bazeilles n'est pas loin, ce pauvre Bazeilles dont les maisons en flammes sentaient la chair grillée, le lendemain de la bataille. En vérité, l'incendie de Bazeilles par les Bavarois est le plus atroce épisode de cette horrible guerre, avec l'incendie de Châteaudun et celui de Saint-Cloud. La fureur avec laquelle la division d'infanterie de marine venait de défendre le village, avait exaspéré les Bavarois. Il y a, dans les régiments bavarois, mêlés aux gros garçons de Munich, des gens de race sauvage, des paysans des environs du Tyrol, sanguinaires. Ils promenaient les torches à travers les logis; ils faisaient marcher pieds nus, sur les tas de morts, des femmes de Bazeilles soupçonnées d'avoir fait feu sur les Allemands. Ils fusillèrent des paysans au son de la musique. Un petit enfant du pays, Remi, vit son père tomber sous ses yeux, la tête traversée d'un coup de baïonnette. On a inscrit sur le monument commémoratif élevé à Bazeilles les noms des habitants morts pendant les trois jours d'incendie : il y en a vingt-sept, et parmi ces vingt-sept des enfants, des femmes, notamment deux pauvres ouvrières malades et mortes brûlées dans leur lit.

Aujourd'hui encore, malgré tant de maisons reconstruites par l'œuvre du *Sou des Chaumières,* le village de Bazeilles a l'aspect d'une ruine immense. Les carcasses des logis se dressent avec leurs fenêtres béantes. Des espaces vides où l'herbe pousse marquent la place des bâtiments écroulés. Plus d'église. Elle est détruite. On a, depuis que j'ai traversé ce triste village, élevé un monument commémoratif de la bataille. Il ne doit pas remplir beaucoup la commune martyre [1].

Chose incroyable, Bazeilles, où la guerre déclarée par l'empire a laissé de si affreuses traces, Bazeilles — qui l'eût imaginé? — Bazeilles est bonapartiste!... Il suffit d'énoncer le fait pour montrer que longtemps encore l'homme aimera les mains qui le châtient. Et

---

[1]. Ce monument de Bazeilles, élevé par les soins d'un comité dont Mme de Fougainville, mère d'un lieutenant de l'infanterie de marine tué à Bazeilles, était présidente, ne porte que le chiffre des pertes de l'héroïque division de l'infanterie de marine et les noms de 5 officiers supérieurs, 8 capitaines, 11 lieutenants et 8 sous-lieutenants de cette arme héroïque; mais on a négligé d'inscrire les pertes du 12e corps tout entier, dont faisait partie la division de Vassoigne. Cet oubli, qui sera réparé, a quelque peu attristé les combattants de Bazeilles qui, sans faire partie de la division Vassoigne, appartenaient au corps du général Lebrun.

Nous proposons de modifier ainsi l'inscription tracée sur le monument de Bazeilles :

Au 12e corps d'armée. — A l'Infanterie de Marine.

Rectifions, ou plutôt démentons ici une anecdote qui courut lors de l'évacuation de Sedan. On sait qu'un Bavarois mourut d'insolation au pied de la statue de Turenne. On lui fit des funérailles militaires, et la tradition veut que les pompiers de la ville, en mémoire de l'incendie de 1870, aient déposé sur la tombe du Bavarois une couronne avec inscription :

Les Pompiers de Sedan au Pompier de Bazeilles.

Depuis Bazeilles, les porteurs de casques à chenilles ne sont plus appelés chez nous que de ce surnom. Mais l'anecdote de la couronne est apocryphe... *Si é ben trovato, non é vero.*

d'ailleurs n'était-ce pas à Sedan — à Sedan! — que M. Thiers redouta un jour, à tort ou à raison, de voir Napoléon essayer de rentrer en France et de se présenter à la garnison?

Les Bavarois n'ont pas rasé le château, aujourd'hui transformé en ferme ou en fabrique, où Turenne passa sa première enfance. Peut-être ignoraient-ils que le général du Palatinat eût vécu là. Ce bâtiment avait été, il est vrai, converti en ambulance durant le combat, mais les Allemands n'y regardent pas de si près. Un château plus tragique depuis les combats de 1870, c'est le château de Montvillers, qui appartient à un journaliste d'autrefois, et un journaliste de talent, M. Matharel de Fiennes. C'est dans son parc, qui apparaît avec ses statues détachant leurs blancheurs sur les masses de verdure, qu'on a enterré une grande partie des morts bavarois couchés par milliers autour de Bazeilles. Le château, pendant la bataille, servait d'ambulance. A quelques pas du parc, au bord de la route dans un champ, les Bavarois ont élevé un monument à leurs morts. Ceux-là étaient nombreux. Ce fut un massacre. Lorsqu'on déterra tous les morts pour assainir le champ de bataille, on trouva çà et là des fosses portant cette inscription tracée en allemand : « Ici repose *un officier*. » On creusait, et l'on trouvait quinze ou vingt hommes couchés côte à côte.

Ce fut un drame épouvantable, hideux, que cet assainissement du champ de bataille de Sedan, et qui pourrait fournir le texte effrayant d'un chapitre intitulé : *les Lendemains de la gloire*. Un médecin belge, le docteur Guillery, en a raconté les péripéties principales dans un compte rendu publié à Bruxelles et dédié au prince Nicolas Orloff, qui avait constitué et présidé le comité dont faisaient partie M. Bérardi, rédacteur en chef de l'*Indépendance belge*, et M. de Molinari, du *Journal des Débats*. Un rapport de M. Albert Brun, l'actif et remarquable sous-préfet de Sedan, complète les pages du docteur Guillery.

Les historiens ne montrent jamais que le rayonnement de la bataille. Le réalisme de ces travaux en fait voir la pourriture et la laideur. Vous rêvez gloire? Regardez : voici le charnier ! Sept mois après le 1er septembre 1870, la puanteur est telle autour du champ de bataille que la salubrité publique court des dangers. L'homme aime la guerre? Soit. La guerre, si on ne détruit pas ce qu'elle sème de morts autour d'elle, la guerre engendrera la peste.

C'est Corneille, montrant énergiquement dans la tragédie de *Pompée* :

> Ces horribles débris d'aigles, d'armes, de chars,
> Sur ces champs empestés confusément épars,
> Ces montagnes de morts privés d'honneurs suprêmes
> Que la nature force à se venger eux-mêmes,
> Et dont les troncs pourris exhalent dans les vents
> De quoi faire la guerre au reste des vivants !

La Belgique s'était émue. Le prince Orloff écrivait à M. Bérardi qu'au XVIIIe siècle, dans une guerre de la Turquie contre la Perse, des nuées d'insectes, nourris de chair corrompue, apportèrent une épouvantable épidémie dans des provinces russes, cent fois plus éloignées des champs de bataille que Bruxelles ne l'est de Sedan. Il fallait donc se hâter. Les paysans ardennais avaient fait à bien des morts, à des chevaux, des funérailles sommaires.

Les exhalaisons étaient horribles. On prenait dans la main un peu de neige jaunâtre chargée de bulles de gaz, et quand elle fondait entre les doigts, des odeurs de cadavre se répandaient. Et alors, en Mars 1871, on creusa, on fouilla dans les prairies, sous la neige, les *tumuli* des morts. Des pieds encore chaussés de grosses bottes, des faces à demi-rongées apparurent çà et là! On découvrit des choses horribles. Un chien était mort, à la Moncelle, parce qu'il avait à demi-dévoré un cadavre. Les miasmes du champ de bataille donnaient les fièvres aux pauvres gens. Les *morts se vengeaient*, comme dit Corneille. On apprenait que, des cadavres ayant été jetés à la Meuse, on les avait préalablement *éventrés* afin d'empêcher un ballonnement qui eût ramené à la surface de l'eau les corps en décomposition.

N'est-ce pas l'épouvante même, cet éventrement de corps glacés qui, trois ou quatre jours auparavant étaient des êtres, avaient des mères, des sœurs, des enfants? Je ne sais rien de plus atroce. Voilà la guerre. Et quand on songe que ceux qui la déclarent viennent, cinq ans après, nous dire impudemment et impunément: « *Dans mon passé, je n'ai rien à faire oublier, rien à dissimuler, rien à désavouer* », on est confondu d'une telle audace, et on se demande de quel limon certaines âmes sont pétries.

Ce n'est pas tout. Après avoir déterré les morts, on les brûla. Du goudron additionné de pétrole fut jeté sur ces pourritures humaines, puis du chlorure de chaux. Et tout fut dit. De temps à autre, dans le brasier, une détonation se faisait entendre. C'était quelque cartouche encore enfermée dans la giberne attachée à un cadavre, et qui partait, comme si ces ennemis eussent combattu entre eux même après leur mort.

Le docteur Guillery a raconté comment, avec le sous-préfet de Sedan, M. Brun, dont le zèle, je le répète, fut en cette circonstance au-dessus de tout éloge, il retrouva dans la Meuse des cadavres accrochés aux herbes ou retenus au fond de l'eau. Cela était blanchâtre et difforme. On eût pris cela pour des pierres calcaires. Une main, — une main détachée de l'avant-bras, — qui flottait emportée par le courant, avait l'air d'un caillou blanc.

Il semble qu'on parle, en racontant ces réalités de quelque chose d'incroyable. Jamais Hans Holbein ne rêva visions plus macabres. Ces hommes devenus des grumeaux empestés et roulés par un fleuve, n'est-ce pas le comble de l'horreur?

Et c'est par milliers que ces morts, nés pour être heureux, aimés, embrasser les joues roses de leurs petits, sont enfouis là! Il y a des fosses qui contiennent des bœufs morts de la peste bovine, d'autres des chevaux. 270 fosses seulement, assainies par M. Trouet, renferment 6,000 cadavres. Oh! ce n'est pas tout, M. Michel a assaini 902 fosses, M. Créteur 3,213. Calculez ce que ces *tumuli* peuvent recouvrir de cadavres.

« Après avoir si souvent visité et surveillé ces
« champs de bataille, disait éloquemment M. Albert
« Brun dans son rapport au préfet des Ardennes, je

« dirai, s'il m'est permis d'émettre un vœu, que le
« devoir du gouvernement de la République française,
« par respect pour la mémoire de nos braves soldats,
« serait d'élever, dans une huitaine d'années, un vaste
» ossuaire à l'instar de celui de Magenta. Cette tâche
« lui sera facile, avec les travaux qui couvrent les
« champs de bataille des environs de Sedan. Il
« pourra ainsi recueillir précieusement les nobles
« cendres des défenseurs de la patrie et inscrire sur le
« fronton du monument funèbre cette inscription, qui
« serait un enseignement pour la génération française
« nouvelle : *Ils sont morts autour de Sedan pour la*
« *France; l'Éternel garde leurs âmes et la patrie*
« *leurs ossements, d'où sortiront un jour des ven-*
« *geurs!* »

« *Nostris ex ossibus ultores!* »

J'avais traversé, au moment de la bataille, ce pays désolé. Je tenais à revoir les sentiers que j'avais gravis, les villages où j'avais vu la désolation et le pillage. Après avoir traversé Bazeilles, ma voiture me conduit, en suivant le cours de la Chiers, par des chemins pleins d'ombre, verts et heureux, à la Moncelle, puis à Daigny et de là à Givonne. C'est à Givonne que j'ai vu, en septembre 1870, les hussards de la mort et les hussards rouges.

Toutes les maisons étaient désertes. On y avait couché les blessés. Des chirurgiens allemands coupaient des jambes dans les jardins pleins de roses. Des fabriques étaient incendiées. On lisait ces mots :

Bureau et caisse sur des murs qui fumaient encore. Je revois toujours un petit chemin où mon pied heurta le cadavre d'un beau jeune homme, un zouave, le ventre ouvert, le visage pâle, les yeux fixes, un sourire de défi illuminant encore sa face glacée.

Il y avait à Givonne un pauvre diable de tisserand qui, pendant la bataille, s'était, mettant en hâte sur une voiture à bras tout ce qu'il possédait, enfui à travers bois jusqu'à Viller-Cernay. Tout à coup cette idée lui vint qu'il avait oublié sur la cheminée de sa pauvre maison, quoi? l'humble bouquet de mariée que sa femme, morte, portait à son corsage le jour du mariage et qu'il conservait, là-bas, sous verre.

C'était tout ce qui lui restait de celle qu'il avait aimée : — une relique, un souvenir. Il laissa là son haquet et rentra, à la nuit, à Givonne pour chercher ces fleurs déjà jaunies. On l'arrêta aux avant-postes. « Que venez-vous faire ici? demandèrent les Prussiens. — Rien de bien coupable : chercher un bouquet de fleurs. » Ils se mirent à rire. « Allons donc! dit leur chef. Mais c'est un espion! » Il fit un signe, on adossa le pauvre tisserand à un mur. « En joue! Feu! » Il tomba foudroyé. S'il eût succombé en tenant entre ses doigts le bouquet poudreux, il fût mort consolé, presque heureux.

Givonne est aujourd'hui souriant comme autrefois. On ne croirait pas qu'il a vu de si près la bataille. Nous montons à Illy. Les bois sont verts, les taillis épais. J'ai vu ces chênaies hachées par la mitraille, pleines de morts, de chevaux perdant leurs boyaux comme dans les *corridas* espagnoles. Çà et là, les Allemands avaient planté dans la terre un sabre recouvert de casques à pointes. Autant de casques, autant de cadavres couchés là. Maintenant nulle trace de ces tueries. Les tombes sont conservées avec peine dans les champs. Il a fallu l'intervention de l'autorité pour qu'on les respectât.

Le nom d'Illy rappelle un des beaux faits d'armes de la bataille, la charge des chasseurs d'Afrique et des chasseurs contre les tirailleurs prussiens. Un officier allemand me racontait d'une façon nette et cruelle cette charge épique qui arrachait ce cri : *Ah! les braves gens!* au roi de Prusse établi sur les hauteurs de Frénois.

— Je la regardais de loin, disait-il. Je voyais une ligne noire immobile et une ligne blanche qui courait. Tout à coup, la ligne noire s'illumine d'une traînée de feu. La ligne blanche se brise. Tout se confond dans la fumée, et, quand ce brouillard se dissipe, je n'aperçois plus rien que la ligne noire toujours en place et des points blancs éparpillés. Trois fois ce spectacle se renouvela; trois fois, avec un admirable mépris de la mort, la cavalerie vint se briser contre le mur noir et vivant de nos soldats.

Rien ne peint mieux, en effet, que ces deux *lignes* le résultat de l'admirable et téméraire charge des divisions Bonnemain et Margueritte, charge qui partit du calvaire d'Illy pour venir se briser contre les fantassins prussiens. Les cuirassiers de Frœchswiller — il y en avait encore d'ailleurs parmi eux — ne furent pas plus intrépides que ces cavaliers obéissant à la trompette sonnant la charge : ces dragons, ces hussards, ces chasseurs, ces spahis qui couraient, sabre haut, travers les grenades, sur les tirailleurs thuringiens, régiments nᵒˢ 32 et 95, visant à coup sûr. Les képis rouges et les manteaux blancs roulaient à terre. Les cavaliers chargeaient toujours. Le général Tillard et son aide de camp tombèrent là, sur le coteau, dans un champ de betteraves.

Avant de venir se former en bataille devant les épais bois de Garenne, les chasseurs avaient, le corps baissé sur le col de leurs chevaux, traversé les chênaies à travers les étroits sentiers, en se courbant pour éviter les déchirures des branches qui leur fouettaient le visage.

On raconte un trait touchant d'un général qui commanda en cet endroit.

Il cherchait un guide, un éclaireur pour le conduire à travers le bois d'Illy. On lui désigne un garde-chasse, un ancien soldat nommé Gévetot.

Quand il aperçoit le garde-chasse, le général de G... le reconnaît.

— Tiens, dit-il simplement, c'est toi !

— Mon général, fait Gévetot en se découvrant.

— Comment, reprend le général de G... tu ne te souviens pas que nous avons été brigadiers tous deux au même escadron de chasseurs d'Afrique?

Ce qui était vrai.

— Voyons, Gévetot, répond le général, guide-nous !

— Volontiers, dit le garde.

Et quand il a conduit la colonne à travers les bois :

— Maintenant, dit le général, que puis-je faire pour toi, mon vieux camarade?

— Ce que *vous*... ce que *tu* peux faire ? répond Gévetot. Me donner un képi, un cheval et un sabre, et me permettre de charger !

— Allons donc ! et tu serais fusillé si on te faisait prisonnier !

— On ne me fera pas prisonnier, général, je *te* le promets !

— Va pour le képi, pour le cheval et pour le sabre !
— Merci !

Quand le génénral de G... dit : *Chargez !* Gévetot chargea. Il fut de ceux qui sabrèrent les Prussiens blottis derrière les haies et qui essuyèrent leur feu à bout portant. La mort l'épargna.

Un an après, en septembre 1871, on remettait à Gévetot la croix de la Légion d'honneur, accompagnée de ces quelques mots : « *Remerciement d'un compagnon d'Afrique.* » Le garde-chasse dit volontiers du général de Galliffet : « Il n'est pas fier ! »

Du côté d'Illy, comme vers Givonne, le pays est montueux, boisé, admirablement vert et touffu, et semble impraticable. Et pourtant les Allemands ont lancé à travers ces fourrés, au galop, leur artillerie pour arriver à la mettre plutôt en batterie. D'une minute parfois dépend le sort d'une bataille. Les artilleurs fouettaient, enlevaient leurs montures, broyaient les branchettes en passant et arrivaient vite. Combien de fois ont-ils dû leur succès à cette promptitude qu'on ne soupçonnait pas être *une* de leurs vertus !

Autour d'Illy, de Floing à Givonne, leur 11ᵉ corps, leur 5ᵉ corps et le corps de leur garde se massaient, formant un arc du cercle immense qui allait, vers quatre heures du soir, entourer notre armée refoulée dans Sedan. Les Wurtembergeois venaient placer leurs canons au-dessus de Donchery, et des officiers français, du haut des remparts de la ville, niaient encore que l'envahisseur fût si près. Les bois de la Marfée, où le duc de Bouillon et le comte de Soissons avaient, en 1641, battu les troupes royales du maréchal de Châtillon et de Fabert, étaient pleins de troupes ennemies. En gravissant la côte qui mène au château de Bellevue et à Donchery, on s'imagine bien ce que dût être ce gigantesque spectacle d'une aussi vaste étendue couverte de troupes allemandes. Au lendemain de la bataille, ces coteaux — je les ai vus — étaient littéralement noirs de Prussiens.

Nous rentrons dans Sedan pour nous rendre, en sortant par une autre porte de la ville, au château de Bellevue. Notre cocher nous arrête devant une méchante sculpture élevée dans un coin de la ville et représentant la République brisant à la fois les sceptres et les instruments de guerre. L'idée valait certes d'être mieux exécutée.

En montant la côte, nous apprenons, en causant, quelques détails fort intéressants sur les façons d'agir des Allemands. Ils achètent à l'heure qu'il est, sous le couvert de marchands juifs, dans les foires, des chevaux pour la remonte, de cette solide race ardennaise. Ils les achètent avec robe brune ou bai brun, jamais blanche, les destinant à leurs équipages d'artillerie. Ils payent extrêmement cher des pouliches de deux ans et demi. Ces juifs, qui ont acheté en France, revendent leurs achats à Spa ou à Aix. Les Allemands sont très-sévères sur le chapitre des chevaux. Défense chez eux d'exporter un cheval comme jadis en Espagne de laisser sortir un tableau de Velasquez. Ils ont pris un cheval à un Français voyageant dans la Moselle et voulant repasser la frontière. Ils ont, un moment, arrêté le cirque américains Myers, qui, venant à Paris, traversait l'Allemagne avec ses chevaux. Nous, au contraire, nous nous laissons naïvement tout prendre.

Les souvenirs de 1870 sont encore très-présents ici. Le nom du général de Failly est des plus maltraités. L'équipée fatale de Beaumont est sévèrement jugée. On raconte que M. de Failly répondait à ceux qui venaient lui annoncer que les Prussiens approchaient, allaient entourer son corps d'armée : « — Taisez-vous ! Vous *semez l'alarme!* » Tout est possible : n'avons-nous pas vu l'improbable ?

— Voici le château de Bellevue ! nous dit le cocher tout à coup.

C'est là que Napoléon III a dormi sa dernière nuit sur la terre française. En quittant Bellevue, il devait coucher à Bouillon, en Belgique, justement dans la chambre qu'avaient occupée la veille, chez le bourgmestre, M. et Mme Charles Hugo.

Le château de Bellevue est élégant, avec trois corps de bâtiment à tourelles modernes. Une grille fort jolie l'entoure. Des appartements arrangés en serres unissent les bâtiments les uns aux autres. Napoléon vint là après avoir traité de la capitulation dans la *maison du tisseur*, sur la route de Donchery. Des cavaliers prussiens l'escortaient. Il était déjà prisonnier. Dans la nuit du 2 au 3 septembre il coucha à Bellevue, (le château étant envahi par les aides de camp), dans la même chambre que M. de Moltke. L'empereur vaincu n'était séparé du général vainqueur que par un rideau.

Cette fin d'empire a des ironies terribles. Le réalisme s'unit ici à un écho des tragédies d'Eschyle. On a voulu nier la boue matérielle de Sédan en disant qu'il faisait, ce jour-là, un beau soleil. La vérité est que la température était froide, relativement à la saison, et que la pluie avait détrempé le sol. Le 2 au au soir, cette pluie fut torrentielle. Le 1er septembre, le vent soufflait du couchant.

On s'imagine, quand on visite la ville si peuplée, ce qu'elle devait être le soir de la bataille, avec cette agglomération de troupes débandées, de canons, de caissons, de chevaux, et par dessus le bruit furieux de cette houle humaine, les sifflements des obus et les détonations du bombardement. Il y eut des gens tués dans la ville, où quelques-uns, — qu'on m'a nommés et qui depuis ont fait, comme on dit, blanc de leur épée — pour s'étourdir, buvaient du Champagne.

A la sous-préfecture, où l'empereur était rentré depuis le matin, le désordre était extrême. Un historien, ami des détails, s'occupe de réunir et publiera bientôt des menus faits recueillis à Sedan, depuis la guerre, pendant un séjour de plus d'une année. Il déterminera exactement la place occupée par chacun et essaiera de dégager les responsabilités.

A l'endroit où le maréchal de Mac-Mahon fut frappé, dès le début de l'action, Mme la maréchale de Mac-Mahon a fait élever une croix de pierre. C'est presque en face de la Moncelle, et non loin du monument funéraire construit par les Bavarois, au haut d'un petit coteau où, dans la terre rougeâtre, on a creusé un étroit sentier. Une maisonnette de briquetier est bâtie près de là, au-dessous, sur la pente. C'est dans cette cabane de briquetier, à côté de la carrière rouge, que fut mis, pendant le combat, le maréchal blessé. Il y demeura étendu jusqu'à ce qu'on l'eût transporté à Pouru-aux-Bois.

L'endroit où le maréchal fut frappé est marqué par un peuplier demeuré célèbre sous ce nom : *Le Peuplier de Mac-Mahon*. Cet arbre, unique, se dressant sur cette terre de brique, domine tout le coteau.

L'empereur est venu de ce côté à cheval, mais il ne s'est pas avancé jusqu'à la crête où se trouve le peuplier de Mac-Mahon. Au moment où il gravissait la hauteur, lentement, un de ses officiers d'ordonnance, parti au galop devant lui, tomba mortellement frappé.

— Il y a du danger de ce côté, dit alors à Napoléon le général de Vassoigne.

L'empereur ne répondit pas un mot, fit retourner son cheval et, au pas, sans se hâter, revint à Sedan, silencieux, abattu.

Il rentra par la porte de Balan.

Comme il passait place Turenne, un tambour de la ville voulut le saluer d'un cri. L'empereur, le comprenant, lui fit de la main un signe qui semblait vouloir dire : « Ce n'est plus la peine ! »

Il se dirigeait vers la sous-préfecture. Les Allemands commençaient déjà à bombarder. Sur le pont de Meuse, assez encombré, un obus, tombant sur l'équipage d'un charretier, coupa la charrette en deux et abattit un cheval qu'il tua net. Napoléon, qui avait jusque-là marché lentement, piqua des deux aussitôt et gagna, au galop, la sous-préfecture, qui est là, tout à côté, à droite.

On avait conservé et on montrait au Louvre, dans l'ancien Musée des souverains, la table sur laquelle Napoléon Ier avait signé l'abdication de Fontainebleau. Cette table était toute percée de petits coups de canif, multipliés avec rage par l'oncle vaincu. A la sous-préfecture, le neveu couvrit de coups d'aiguille — ou de bec de plume — une table d'acajou. J'ai vu ce salon de la capitulation et le décor, élégant, semble bien étroit pour un tel drame.

Les appartements de la sous préfecture sont précédés par une sorte d'antichambre ou de *hall* qui court en manière de corridor, dès l'entrée. Les cent-gardes avaient couché là. On avait étendu pour eux des bottes de paille. Tandis que la bataille continuait, l'empereur se promenait là, silencieux, et fumant ou plutôt allumant fébrilement des cigarettes qu'il portait à ses lèvres et jetait ensuite presque aussitôt. Derrière lui, un officier — n'était-ce pas le général Castelnau ? — passait son temps à marcher sur les allumettes pour les éteindre et les empêcher de mettre le feu à la paille des cent-gardes. Les heures s'écoulaient ainsi.

Le général de Wimpffen a raconté que lorsqu'il se présenta à la sous-préfecture le soir, pour s'entretenir des conditions de la capitulation avec l'empereur, il le trouva couché. La chambre où dormit, cette nuit-là, celui qui avait été César et à qui les savants allemands prodiguaient les plates adulations pour son *Histoire de César*, cette chambre est très-simple, avec une alcôve aux rideaux rouges. Quels rêves dut-il faire là ! La chambre du prince impérial était à côté. Le fils pouvait entendre parler ou soupirer le père.

On éprouve une émotion singulière et presque une déception à se dire : « — Quoi ! voilà les objets témoins d'une pareille histoire ! C'est là que s'est joué le sort de la France ! » Et, de près, la petitesse apparait. Je ne sais guère que le château de Blois où le lieu de la tragédie soit digne de la tragédie elle-même.

L'empereur était tellement troublé, le soir de cette funeste journée du 1er septembre, qu'ayant demandé un bougeoir, et la servante le lui apportant avec une bougie allumée :

— Eh ! bien ! la bougie, vous ne l'allumez pas ? dit-il à cette fille.

Elle ne comprenait point.

— Je vous dis d'allumer la bougie !

— Mais... sire !

Il s'aperçut de sa distraction, dit : « Pardon, mademoiselle, » et entra dans la chambre aux rideaux rouges.

Le matin de la bataille, passant à la Martée, l'air triste, il avait dit à un soldat du corps du général Lebrun : « — Votre régiment n'est pas ici. Vous devriez être à Metz. » Il croyait aussi avoir affaire à l'armée de Frédéric-Charles. Et voilà quelle netteté de perception et d'informations son esprit conservait, malade d'ailleurs, comme on l'avait vu à la ferme de Baybel, le 30 août.

Tous ces renseignements ne sont guère que la menue monnaie de l'histoire. Cependant ils méritent d'être recueillis tandis qu'on peut les contrôler et que les témoins sont encore là.

Mais le lieu le plus saisissant de ce coin si tristement célèbre des Ardennes, c'est la maison du tisseur, sur la route de Donchery, la petite maison où Napoléon et M. de Bismarck eurent l'entrevue fameuse qui précéda la capitulation et que le chancelier de Guillaume a racontée dans une lettre autographiée même en France.

Petite, à un seul étage, avec un modeste verger par derrière, la maison du tisseur est située à gauche, sur la route, lorsqu'on vient de Sedan et quand on contemple le panorama immense de ces environs de la ville où le canon de Bazaine eût peut-être fait une trouée dans les armées ennemies, si le commandant de l'armée de Metz eût tout tenté alors pour rompre le cercle qui l'enserrait. On ne peut s'empêcher de se dire :

Si Bazaine était venu ! Mais ce n'était point Bazaine, c'était le prince royal qui accourait. Éternelle fatalité ! C'est Grouchy qu'on attend, c'est Blücher qui arrive.

La chambre où l'empereur et M. de Bismarck se tinrent est celle dont la fenêtre s'ouvre à gauche de la petite maison. Tout d'abord, le vainqueur et le vaincu s'entretinrent un moment devant la porte, assis chacun sur une chaise, Napoléon coiffé d'un képi d'officier général, les épaules couvertes d'un manteau à revers rouge, sans épée, — le général Reille l'avait portée au roi de Prusse ; — Bismarck botté, casqué, sabre au côté. Des officiers généraux causaient tout bas à quelques pas de là.

Au bout d'un moment, comme il faisait un peu frais peut-être, les deux interlocuteurs voulurent entrer dans le logis. Il y a deux entrées : l'une à droite, l'autre à gauche. Ils prirent, derrière la maison, l'escalier de la partie gauche, un petit escalier de bois, roide et tournant.

Au premier et unique étage ils arrivèrent, conduits par la femme du logis, et, ouvrant la porte d'une chambre assez étroite, située à droite en entrant dans l'humble appartement, ils s'enfermèrent là après avoir fait signe à la femme de s'éloigner.

Elle se tint tout près pendant qu'ils parlaient. Leurs voix étaient basses. L'empereur avait l'air écrasé. C'est dans cette conversation que Napoléon rejeta sur son peuple la responsabilité de la guerre que ses familiers déclaraient nécessaire « *à l'intérêt de la dynastie.* » Une table ronde, recouverte d'une toile cirée, séparait ces deux hommes ; placés devant la fenêtre, les yeux sur ces campagnes où la mort avait fait son œuvre, ils se tenaient, Bismarck à droite de la cheminée, Napoléon à gauche, du côté d'une seconde fenêtre qui s'ouvre par côté, dans la maison.

Sur la cheminée, de petits objets de porcelaine dorée à l'*or allemand*, espèce de composition métallique spéciale, et une image représentant *Saint Vincent de Paul prêchant*. Ces deux pasteurs d'hommes ont pu là contempler l'image de quelqu'un qui du moins ne sut jamais ce que c'est que verser le sang des autres.

La femme du logis a fait encadrer et a appendu à la

muraille les cinq pièces d'or que Napoléon lui mit dans la main quand l'entretien fut fini.

Cet entretien achevé, l'empereur était prisonnier. Bismarck en partant laissa des cavaliers de planton à la porte, et quand la voiture partit pour le château de Bellevue, où Napoléon devait voir le roi de Prusse, deux cuirassiers galopaient en tête et deux hussards de la mort suivaient par derrière, sabre au poing, avec leurs ossements et leur crâne d'argent, croisés sur leur sabretache et leur kolpack.

Chose incroyable et ironique, cette entrevue de Donchery, qui devait marquer la chute d'un empire, allait en même temps faire pénétrer une rivalité inattendue dans la maison du tisseur, naguère si paisible et laborieuse.

Cette maison du tisseur était, en réalité, la maison de deux tisserands, les frères Fournaise, qui travaillaient là en commun, mariés l'un et l'autre, tous deux heureux. Quand Napoléon et Bismarck eurent passé par là, l'humble logis devint, du jour au lendemain, quelque chose comme un monument historique. Il en est des pierres comme des livres : *habent sua fata petræ* On vit alors affluer dans la maison les curieux, les visiteurs, les coureurs de champs de bataille, les touristes, les Anglais. Tout ce monde payait pour visiter la *chambre de l'entrevue*, et jeter un coup d'œil aux cinq louis laissés par l'empereur et à l'image de saint Vincent de Paul. Quelques amateurs de *reliquiæ* historiques proposaient même d'acheter les cinq pièces d'or encadrées et de les payer très-cher. — Elles ne sont pas à vendre, répondait le tisseur.

Et on se contentait de vendre des photographies de la maison, exécutées par Hector Husson, le photographe de la place d'Armes.

Cela ne faisait le compte que d'un seul des frères Fournaise, de celui chez qui Bismarck et l'empereur étaient entrés.

— La maison est à nous deux, disait alors l'autre. C'est par hasard qu'*ils* sont montés à gauche, c'est-à-dire chez toi, quand *ils* pouvaient tout aussi bien monter à droite, c'est-à-dire chez moi. Partageons donc les profits de l'aventure et mettons en commun les gains nouveaux comme nous avons mis le travail passé !

— Point du tout, répondait celui des frères Fournaise qui avait reçu les visiteurs, c'est chez moi qu'ils sont venus. C'est pour moi qu'est l'aubaine. Chacun pour soi et tant pis pour toi !

Les femmes aussi s'en mêlaient. On s'irritait, on s'aigrissait. Après bien des années d'affection, la jalousie divisait ces bons cœurs, et en fin de compte on brisa les liens d'autrefois.

Aujourd'hui, un petit mur de pierres sèches s'élève au milieu de la maison des tisseurs et sépare leurs deux logis. Ils continuent à vivre côte à côte, — il le faut bien, leur toit est là. Mais ils ne se parlent point et le Fournaise qui continue à travailler regarde avec envie le Fournaise qui peut, si bon lui semble, faire des économies en se croisant les bras ou en ne s'en servant que pour empocher les pièces d'argent qui tombent chez lui depuis la guerre.

Comme je rentre à Sedan, dernière étape avant

Paris de ce voyage à travers les champs de bataille où j'ai cherché, buisson par buisson, le souvenir de nos morts, et où il me semblait aller d'une flaque de sang à une flaque de sang, mon cocher me dit tout à coup :

— Avez-vous vu les cinq pièces d'or que Napoléon a données à la femme du tisseur ?

— Oui.

— Avez-vous remarqué une chose ?

— Laquelle ?

— C'est que, dans ces cinq pièces d'or, pas une ne se ressemble. Il y en a une de Napoléon Ier, une de Louis XVIII, une de Charles X, une de Louis-Philippe, et la cinquième de Napoléon III. Les cinq derniers règnes !

Les cinq derniers règnes ! Le mot me frappa. C'est le hasard qui a fait que Napoléon III, prenant dans sa poche cinq pièces d'or, ait tendu ainsi cinq pièces différentes.

Ce hasard a parfois des rencontres incroyables, ironiques, effrayantes. Les deux mots d'ordre pour la garde du palais des Tuileries, mots d'ordre fixés d'avance, selon l'habitude, pour le 4 septembre 1870, étaient (le croira-t-on ?) *Soult* et *Sedan*.

Les cinq pièces d'or, données par Napoléon III, et se trouvant résumer à la fois comme le testament des cinq règnes, cela stupéfie. L'empereur ayant reçu de M. Bure de l'or ancien, il n'est pas étonnant que des pièces de dates diverses figurassent dans les rouleaux. Mais le destin voulait-il essayer d'une funèbre ironie en réunissant dans la même main, en rapprochant dans le même cadre ces pièces de monnaie de cinq monarchies données à la femme d'un tisserand pour lui payer l'hospitalité d'un moment — et cela quarante-huit heures seulement avant que la République vînt succéder aux souverains dont les effigies tombaient des doigts du dernier empereur !

Pourquoi faire des romans, inventer des tragédies, chercher l'impossible, l'étonnant et le navrant, quand il y a ce drame éternel, cet incroyable roman, cette impossibilité vivante : — l'Histoire ?

XIII

ELLES ATTENDENT.

J'entends souvent dire que la France est d'humeur légère et qu'elle considère le passé — un passé qui date de cinq ans! — comme absolument oublié. Je n'en crois rien. La plaie est vive et profonde, au contraire, dans les âmes. Les éternels jouisseurs, les sceptiques et les égoïstes seuls ont repris gaiement leur vie d'autrefois.

Dira-t-on qu'ils sont la majorité? Majorité d'apparence. A bien compter, ceux qui se sentent humiliés, ceux qui ont un deuil sur la pensée depuis 1870 sont les plus nombreux. Ne le fussent-ils pas, que c'est pour eux que j'ai écrit ces pages, certain que beaucoup préfèrent un patriotique souvenir à cette chose vulgaire et hideuse qui a fait tant de mal à notre pays, et qui s'appelle d'un mot bas et affreux comme elle : *la blague.*

C'est par là que nous avons été accessibles et facilement vaincus. Ajoutez que nous avons été trompés [1].

---

[1]. A ceux qui prétendent que les ministres de l'empire n'ont cessé de protester contre les tendances de l'opposition et de dé-

Mais nous ne demandions pas mieux, avouons-le, que de nous endormir sur des mensonges.

• Toujours est-il que si nous oublions (ce qui n'est pas), les Prussiens n'oublient point, eux. Tous les ans, le 2 septembre, l'anniversaire de la capitulation de Sedan devient pour eux une fête nationale. C'est l'opinion publique qui le veut plus encore que le gouvernement. Les tribunaux, les bureaux officiels, les écoles chôment à Berlin comme dans les plus grands jours. On vide des chopes énormes, dans les cabarets de Munich, à la santé de *Louis II le Roi Allemand, et de Guillaume Ier le Victorieux*. Les *Knipes* retentissent de chants guerriers qui réclament la Bourgogne et la Franche-Comté après l'Alsace et la Lorraine. On rêve aussi de recommencer ces *illustres pillages* que le peintre Ulmann a popularisés dans son tableau saisissant : les Prussiens saccageant une ferme, *pour Dieu, pour le roi et pour la patrie!*

clarer que grâce à elle nous n'étions pas prêts, nous recommandons la lecture des lignes suivantes, tirées de l'ouvrage de M. Émile Ollivier, *Principes de conduite*.

« Pendant toute l'année 1869, jusqu'au moment de sa mort, le maréchal Niel n'a cessé de déclarer au Corps législatif, au Sénat, à la commission du budget, au conseil d'État, partout, que l'armée était complètement prête, organisée, équipée, approvisionnée, instruite, et qu'en sept jours elle pourrait présenter en bataille plus de 600,000 combattants. »

L'habileté, la prévoyance du gouvernement impérial sont encore tout à fait caractérisées par ces paroles que M. Rouher prononça à la tribune après Sadowa :

« Au lieu de cette cohésion puissante qu'avaient créée les traités de 1815, nous n'avons plus en face de nous qu'une ancienne conféderation divisée en trois tronçons. »

Mais notre impardonnable faute est d'avoir cru à tout cela! Il nous fallait une expiation.

Mais nous non plus nous n'oublions point.

On n'a rien oublié : la France est sans reproche.
Les souvenirs, du moins, à tout ont survécu,
Et les cœurs, Wissembourg, aiment ton vainqueur Hoche,
Comme ils pleurent Douay, ton malheureux vaincu!...

Travaillons donc à nous corriger des défauts qui nous restent, à nous unir et à nous affranchir. Ce n'est pas la première fois que nous serons sortis de la défaite pour monter à la victoire. Rosbach a eu pour lendemain Iéna, comme Iéna eut Waterloo pour réveil.

« Il faudrait changer nos mœurs, écrivait Bernis à Choiseul en 1757, à une époque comparable à la nôtre, et cet ouvrage, qui demande des siècles dans un autre pays serait fait en un an dans celui-ci s'il y avait des faiseurs. » Il ajoutait : « Il faudrait un *débrouilleur général*. » Que ce *débrouilleur* soit le pays lui-même et nous serons sauvés. Et surtout, ne continuons pas à nous étourdir et à nous admirer.

Il faut bien se figurer que nous avons péché par l'ignorance, par le désordre et par l'indiscipline, que ne rachetaient pas toujours le mépris de la mort et l'indomptable courage. Sans être hégélien, et du parti de la force du fait, on peut bien dire qu'on ne récolte en ce monde que ce qu'on a semé. Le chirurgien en chef de notre premier corps d'armée, le docteur Leroy, disait à un ami, avant le premier coup de feu tiré : « Nous sommes perdus ! Des hommes solides, des gaillards se font *porter malades !* L'incurie est extrême. La force morale nous manque ! Pauvre France ! » Et, dans la nuit qui suivait la confidence, navré de tout ce qu'il voyait, il se brûla la cervelle, à Strasbourg.

Les Allemands, au contraire, étaient solidement organisés, et la haine et la rage leur donnaient une unité de direction. Encore aujourd'hui, ils étudient et connaissent le terrain des prochaines guerres, sentier par sentier. Nous avons tant crié — trop crié! — contre les espions qui venaient chez nous manger notre pain et nous trahir! Croyez-vous qu'il n'y en ait plus?

M. J. J. Henner nous racontait que cet automne, chassant le renard avec des amis aux environs de Mulhouse, il était tout surpris de trouver des traces de fer de chevaux et de roues de canons dans des sentiers depuis longtemps inconnus aux habitants mêmes du pays et qui, tracés jadis par des bûcherons ou des *schlitteurs* étaient cachés par l'herbe et les broussailles. Eh bien, ces chemins de traverse ignorés des Alsaciens, les Allemands les connaissent. Ils y font passer audacieusement, à l'heure de la *petite guerre*, leur cavalerie et leurs équipages.

Guérissons-nous de notre aveugle confiance, et répétons-nous souvent que nous avons devant nous le plus formidable adversaire. Et lui aussi fut châtié, il y a soixante dix ans, pour sa légèreté incroyable!

Après la bataille d'Iéna, les Prussiens, se croyant vainqueurs, n'ajoutèrent foi à leur défaite que lorsqu'ils virent les soldats français entrer dans Berlin. Encore prirent-ils un moment les chasseurs de la garde, à uniforme vert, qui entrèrent les premiers, pour des cavaliers russes, leurs alliés, accourant à leur aide. Une porte faisait-elle du bruit en se fermant, on allait répétant : Entendez-vous les salves d'artillerie qui nous annoncent la victoire?

Pour égaler cet aveuglement, je retrouve un journal français daté du 20 janvier 1871, au lendemain de Montretout et du Mans, pendant la retraite de Bourbaki, et qui agite encore la question de la *retraite des Prussiens* en doutant que, ce moment venu, leurs troupes conservent leur solidité et leur discipline.

Voilà où nous en étions.

Les peuples vaincus, il est vrai, perdent facilement le sens des choses et même le courage. On s'est tant irrité, par exemple, des *quatre uhlans* s'emparant de Nancy. On ne songeait pas que ces uhlans incarnaient 800,000 hommes. D'ailleurs l'exemple n'est pas unique.

En 1806, les Prussiens se rendaient plus facilement encore.

Je me rappelle avoir vu et copié, en 1866, à l'étalage du bouquiniste, M. Lefebvre, rue Richelieu, un cadre rempli de curieuses lettres autographes, parmi lesquelles celle-ci :

Au quartier général de Stettin, le 30 octobre 1806.
Grande armée, 5e corps, 1re division, 1re brigade.
Le général de brigade Claparède, commandant dans la Légion d'honneur, gouverneur de Stettin.

J'atteste que les quatre hussards du 5e régiment dénommés ci-après, savoir :
Pierre M..ler, 5e compagnie;
Lef bvre, 5e compagnie;
Egel, 3e compagnie;

Chilée, 3ᵉ compagnie;

Ont arrêté hier, de l'autre côté du pont de l'Oder, en avant de Dam, *quatre-vingt-cinq Prussiens à cheval;* qu'ils les ont faits prisonniers et les ont amenés dans la place de Stettin, eux, leurs chevaux et leurs bagages. Je leur en ai fait *donner un reçu,* et je me fais un plaisir de rendre témoignage à la bravoure et à l'intrépidité de ces hussards, et d'appeler sur eux la bienveillance de leurs chefs et l'estime de tous les militaires français.

CLAPARÈDE.

Cette pièce surprenante fut envoyée par le général Claparède au ministère de la guerre, dont elle porte le sceau.

« *Qui nous rendra ces soldats héroïques ?* » Mais, en attendant, les hussards de Stettin valent bien les quatre uhlans de Nancy.

N'oublions pas, je le répète, et ne craignons pas que les deux provinces nous oublient. Les cœurs, depuis cinq ans, sont toujours demeurés français en Lorraine :

> Et chaque fille a toujours mis
> A son costume de l'Alsace
> Les trois couleurs de son pays !

Les Prussiens font tout, cependant (nous l'avons vu), pour détacher de la mère-patrie les Alsaciens et les Lorrains. Ils n'y réussissent, ils n'y réussiront point, j'aime à le redire toujours. Leur art de la mise en scène va très-loin. Un de mes amis a vu, dans une gare, un homme en uniforme français, déguenillé, demandant l'aumône en disant : « La France ne nourrit plus ses soldats, et voici comment on les habille ! » Il faut bien faire croire aux populations que la France est ruinée, finie.

Un Alsacien s'avança d'ailleurs vers le déserteur et l'appela *ingrat* et *lâche*. L'autre ne répondit pas.

En dépit de tout, les Allemands seront toujours, pour les Alsaciens et les Lorrains, des Souabes, des *Schwobs*. C'est le terme méprisant. Un enfant sort de l'école allemande :

— D'où viens-tu?
— D'apprendre le *schwob!*
— Et qui te l'enseigne?
— Une *Schwob* (ou un *Schwob!*).

Un pauvre diable d'Alsacien, qui n'a pas opté, le fils d'un boucher, revient chez lui, au village, après avoir fait dans l'armée prussienne le temps de service exigé par la loi :

— Ah! te voilà, *Schwob!* lui dit son père.

Mais le jeune homme, qui hier encore portait le casque, se regimbe.

— Je ne suis pas un *Schwob!* Nous ne serons jamais des *Schwobs!* Qu'un autre que vous m'appelle *Schwob*, il verra !

Voilà l'esprit des populations.

De temps à autre, les Allemands font paraître dans leurs journaux des lettres apocryphes dans le genre de celle-ci et qui ont pour but de montrer aux *annexés* qu'on est fort bien traité dans l'armée prussienne :

Erfurt, 15 janvier 1873.

Ma chère maman,

Notre pain ait noire, mais nou faisont beaucoup d'exersices

et quand nous avont finit nous somme contan de manger un peu. Nous somme a bliger de faire six heures d'exersices tout lais jour, et je vous dis que c'est un mensonge quant ou vous dis comme ça que les Feldwebel nous battent; au contraire il sons trais bien avec nous et ne nous font pas de mals. Je me plait au régiment et j'espère que quand je te verrais bientôt nous seront tout les deux heureus de nout voire encore une fois réunis. Tu peut dir a notre Curé qu'il s'est trompé quand il a dis que je serai battu par Prussiens, che lui dira que je suis trais-bien et que j'aimes mieux être Allemand que Français.

Envoie moi deux thalers, je n'ai presque plus d'argent.

Ton fils,
X.....

Les Alsaciens haussent les épaules et disent :
— Mensonges de *Schwobs!*

Les Allemands ont beau proscrire la langue française, l'esprit de la France est toujours présent. On connaît le discours de M. Sonnemann au Reichstag où il signalait l'impertinence de l'enseignement officiel allemand :

« Vous trouverez dans le programme d'études, que je mets à votre disposition : l'histoire enseignée en langue allemande (à des enfants qui ne parlent parfois que le français), la géographie en langue allemande, la *calligraphie en langue française*, le *dessin en langue française!* »

C'est ce que l'Allemagne appelle enseigner la moitié du temps en allemand et l'autre moitié en français.

Cela se passe ainsi, à la haute école professionnelle de Mulhouse.

Au lendemain de la guerre, l'Alsace eût peut-être consenti à devenir une province autonome. Aujourd'hui non.

La justice allemande poursuivait naguère devant le tribunal de Stuttgard, l'auteur d'une brochure intitulée : *les Prussiens en Alsace-Lorraine*. M. Jean Dolfus, l'industriel bien connu de Mulhouse, se trouvait parmi les témoins cités dans cette affaire. Dans sa déposition, il affirmait encore que le prince de Bismarck avait fait aux députés alsaciens, en Janvier 1871, la déclaration suivante :

« J'ai voulu faire ce que vous demandez. Je désirais faire de Mulhouse et d'une partie de son rayon industriel un petit État qui aurait pu être allié à la Suisse. Mais je n'ai pu y parvenir et je ne puis plus y songer maintenant. Mais je vous promets de changer le moins possible les institutions que vous avez. Vous pourrez vous regarder comme une République se gouvernant elle-même. »

La République en question est purement et simplement devenue une tyrannie allemande. D'ailleurs, l'esprit d'autonomie a cessé bien vite, dès qu'on a vu que son développement était le vœu secret de l'Allemagne. M de Bismarck n'avait-il pas eu la franchise de dire : *Les Alsaciens cesseront d'autant plus vite d'être français qu'ils se sentiront plus Alsaciens?*

Sans doute il y a des renégats. Mais ce n'est pas de ce nom qu'on flétrit les pauvres diables qui pour vivre, et la rage au cœur, ont accepté du pain de la main des Allemands. Non. Ceux-là, on les plaint. Ceux qu'on marque au front, ce sont ceux qui, riches, honorés, pouvant retrouver une situation en France se sont jetés, assoifés de titres, dans les bras de l'Allemagne.

C'est le comte de Dürckheim-Montmartin, dont le fils, officier de dragons, est, nous l'avons dit, mort à Frœschwiller et qui, dans un banquet, porta la santé de l'empereur allemand et insulta la France. C'est Fritz Hartmann, député de Colmar à l'Assemblée de Bordeaux, et qui, l'un des premiers, s'est écrié : « Acceptons les *faits accomplis!* » C'est M. Coulaux, un ancien officier de notre artillerie, décoré de la Légion d'honneur, directeur de l'établissement de Klingenthal, où l'on fabrique des armes blanches et à qui un de ses ouvriers donnait son compte en disant : — *Je ne veux pas forger des sabres qui pourraient un jour servir contre mes fils, militaires français !*

Ces noms, *la Ligue* de l'Alsace-Lorraine les clouait au pilori dans ses bulletins ; — tous, depuis le pasteur protestant Adolphe Stœber de Mulhouse, qui jurait, dans ses vers, *fidélité éternelle* à l'Allemagne, jusqu'au juge Dollinger qui, Français, juge et condamne les Alsaciens coupables d'aimer toujours la France.

Oublions ces apostasies. Elles sont rares d'ailleurs, et si la bourgeoisie en fournit quelques exemples, le peuple n'en présente aucun, à vrai dire. Les humbles auraient cependant l'excuse du ventre. Les autres pèchent par le cœur, ce qui est la façon de pécher la plus vile.

Il suffit, pour se convaincre de la persistance du sentiment patriotique en Alsace, de parcourir la liste des condamnations infligées, durant le régime de l'état de siége, par le conseil de guerre permanent du Haut et du Bas-Rhin. Ces condamnations datent de 1871, mais depuis les jugements ont changé de forme sans que les causes qui les faisaient rendre se soient modifiées. Des femmes, des vieillards ont payé de la liberté et de leur argent leur attachement à la France.

Mme Meyer, receveuse à Molsheim, un an de prison et 200 thalers d'amende.

Joseph Mischler, tailleur à Strasbourg, *pour avoir recruté des hommes pour l'armée française, détention perpétuelle.*

Geoffroi Frutz et Georges Bürgel, maçons à Bischwiller, *soupçonnés* d'avoir voulu rejoindre l'armée française, un mois de prison.

Laroche et Zierer, employés du chemin de fer à Habsheim, *soupçonnés* du même délit, 3 mois de prison.

Hœusler, de Kaltenhausen, *pour avoir voulu prendre du service* dans l'armée française, 5 ans de réclusion et 500 thalers.

George Sauer, journalier, à Haguenau, pour avoir tenté de mettre en liberté un prisonnier de guerre, un an de prison.

Schir et Berong, menuisiers, à Mutzig; Veit, de Strasbourg, *soupçonnés* d'avoir voulu rejoindre l'armée française, un mois de prison.

Pierre Petitjean, instituteur à Valdieu, et Le Faivre, aubergiste au même endroit, tentative pour s'enrôler dans l'armée française, 5 ans de prison et 100 thalers d'amende.

Holdenrich, tisserand, à Thannenkirch, pour avoir favorisé le recrutement des armées françaises, un an de détention et 100 thalers d'amende.

Louis Kœhl, employé du chemin de fer de l'Est, domicilié à Benfeld, détention d'armes et tentative pour *détourner les registres de la gare,* 2 mois de prison.

Un employé fait son devoir? Ce peuple allemand, si moral, l'emprisonne. Justice teutonne.

Théodore Papier, agent de police à Reiningen, détention d'armes, un mois de prison.

Simon, notaire à Soultzmatt, pour avoir envoyé à *tous les diables* le facteur qui lui apportait la *Strassburger Zeitung*, 50 thalers d'amende.

Joseph Klaus, de Hegenheim, pour avoir arraché un arrêté du gouverneur général affiché à un mur, 3 mois de prison.

Thiéb. Schnebelé, valet de labour à Uffholz, pour être rentré avec sa voiture alors qu'il était requis pour le service de l'armée allemande, 6 mois de prison.

Aloïse Lotz, tailleur à Dornach, offenses envers l'empereur et les employés allemands en Alsace par une lettre adressée à un prisonnier de guerre et ouverte par le commandant de Spandau, 6 mois de prison et 25 thalers d'amende.

Ignace Navé, voiturier à Ensisheim, pour avoir dit : « *Aujourd'hui c'est un monarque qui l'emporte, demain c'en est un autre; d'ailleurs, l'empereur d'Allemagne et l'ex-empereur des Français sont tous deux des drôles.* » Six mois de prison; son fils Xavier, pour avoir attaqué un sous-officier, 5 ans de prison.

Pierre Loyaux, de Belfort, revenu récemment de captivité, pour avoir parlé de l'armée allemande en termes injurieux. Un mois de prison.

V. Thomas, éclusier du canton de Saar-Union, pour avoir déchiré son registre et fait disparaître les clefs de l'écluse lors de sa révocation. Deux mois de prison et 50 thalers d'amende.

Jos. Krebs, Henri Martin et Jean Schlachter, de Soultzbach, vallée de Munster, pour avoir appelé des gendarmes « *Schwobs* » 15 jours de prison.

Georges-Philippe, artilleur, né à Dieffenbach (Wœrth) et arrivé récemment de Suisse, pour avoir crié : *Vive la France!* dans une bagarre au vieux marché aux poissons, 6 mois de prison.

Alex. Eberhardt, de Sainte-Marie aux Mines, rentré récemment de captivité, pour avoir dit à des soldats saxons qu'il en croquerait six à la fois, etc., 3 mois de prison.

Philippe Kœls, ancien garde mobile et prisonnier de guerre de Strasbourg, pour avoir crié : *Vive la France! à bas la Prusse!* un mois.

Jacques et Ch. Fimkenel, de Mulhouse, pour avoir dit à un facteur de la poste : « *Tu devrais être honteux de porter une casquette prussienne* » et l'avoir frappé, 6 mois.

Eugénie Blondel, femme Dumesnil, de Rouen, domiciliée à Strasbourg, pour avoir offensé Alsweh, de Strasbourg, qui venait d'entrer dans un corps de musique allemand, 6 semaines de prison.

Scholl, menuisier à Strasbourg, pour avoir dit au sergent de ville Wolff : « *Êtes-vous Français? Non, vous êtes un lâche!* » un mois de prison.

George Gæchelmann, de Sainte-Marie aux Mines, pour avoir dit à un fonctionnaire saxon : « *Quel fameux gaillard ils ont plantés là,* 3 mois de prison.

Marie Charlier, de Saverne, ayant dans une bagarre, répondu au commissaire qui la menaçait d'arrestation : « *Ce serait pour moi un honneur d'être emprisonnée,* » 13 jours de prison.

La séance du 27 septembre fut la dernière que tint le conseil de guerre dans sa composition de compétence d'alors ; les tribunaux réguliers furent rouverts au mois d'octobre ; à Strasbourg, le procureur Popp prononça un discours dont je citerai seulement un passage. Il montre bien comment les Prussiens prétendent *germaniser* leurs *frères* d'Alsace-Lorraine : « Deux magnifiques provinces ont été conquises ou plutôt délivrées par nous, disait-il, deux provinces qui sont notre sang et notre chair et nous vivons dans la joyeuse espérance que bientôt pas une goutte de sang français ne coulera plus dans les veines des habitants de ces provinces. Souvenez-vous, messieurs, que vous êtes la justice. Souvenez-vous que vous avez à votre disposition toutes les sévérités de la loi. *Chaque fois qu'il s'agira d'être sévères, n'épargnez pas ; n'oubliez pas que la clémence serait une faute, la modération un danger.* »

Que M. de Bismarck s'étonne ensuite que la Prusse *ne sache pas se faire aimer!*

On pourrait croire que les conseils de guerre étant clos, la justice allemande se montre aujourd'hui plus clémente et plus juste. Il n'en est rien. Nous avons extrait ces arrêtés de jugement de l'annuaire publié par M. P. Ristelhuber, la *Bibliographie alsacienne* (1871) *chronique de l'état de siége*. Eh! bien, M. Ristelhuber lui-même a senti le poids de la justice germaine; pour avoir reproduit quelques vers de Victor Hugo, adressés aux vainqueurs par le poëte irrité :

> O faucheurs, vous pliez sous vos gerbes
> De cadavres, de fleurs, de cyprès, de lauriers :
> Conquérants dont seraient jaloux les *usuriers !*
> Mais vous comptez en vain, *voleurs de ma Lorraine*,
> Sur mon peu de mémoire et sur mon peu de haine!

M. Ristelhuber s'est vu condamner à quatre mois de forteresse. Le dispositif du jugement visait les mots que nous avons soulignés.

L'évêque de Nancy ayant, dans un mandement resté célèbre, comparé l'Alsace et la Lorraine à Sion qu'on reverrait, le curé d'une paroisse de la Moselle, l'abbé Demnise, fit suivre la lecture du mandement de quelques paroles patriotiques. Il fut, avec vingt-cinq autres prêtres, poursuivi ; mais, moins heureux que d'autres, il fut condamné. Peu lui importait. Il attendait le jugement de la cour d'appel de Metz pour faire entendre aux conquérants le libre accent d'un patriote.

Le 7 mai 1874, cette cour d'appel jugeait le curé de Lucy. La foule était grande au tribunal ; tous les cœurs messins tressaillirent en écoutant les paroles de cet homme qui avant tout était Lorrain et par conséquent Français.

« Mon Dieu, disait-il (sa plaidoirie a été publiée), je sais bien que la France, dans cette guerre néfaste, a donné plus d'un scandale; j'ai déploré tout le premier cette légèreté insouciante qui ne s'est pas donné la peine de compter avec ses moyens, l'habitude de vaincre ! J'ai couvert de mon indignation ces ambitions honteuses qui n'ont pas rougi de se faire un trône avec des ruines, ces calculs misérables qui ont troqué l'épée du soldat contre la plume du diplomate.

« Mais à part cette légèreté dont je doute encore qu'elle soit corrigée, ces ambitions et ces calculs qui, en définitive, ne se sont pas étendus au delà de certaines personnalités, avouez, messieurs, que la France s'est toujours retrouvée elle-même, jalouse de son indépendance, ardente sur le champ de bataille, généreuse envers l'ennemi tombé entre ses mains ! J'ai dit: ardente sur le champ de bataille, les cuirassiers de Reichshoffen seront un jour une légende! *Et puis, que voulez-vous? nous l'aimons ainsi, avec ses imperfections et ses faiblesses!* »

L'auditoire tressaillait, palpitait, pleurait tandis que l'accusé revendiquait, au nom de tous les Lorrains, « *le respect de nos douleurs.* » Les juges allemands, eux, s'occupaient à ricaner. Un des leurs, le plus jeune, s'étant amusé à crayonner la caricature de l'accusé, ils se passaient de main en main le bout de papier et comparaient la *charge* à l'original.

L'abbé Demaise continuait.

— N'espérez pas, disait-il, nous séduire par un bien-être quelconque; je le veux bien, votre main sera douce, votre parole affectueuse, votre sollicitude attentive et constante : vous ne nous surchargerez pas d'impôts, vous viendrez au secours de nos misères, vous nous traiterez comme des frères qu'on vient de retrouver. Vains efforts! L'Indien ne peut se passer de ses forêts; l'Arabe de son désert; le Lorrain ne peut se passer de la France vaincue!

Ici, le président arrêta le curé de Lucy, dont la robuste parole, la voix vibrante de paysan lorrain faisait frissonner l'assemblée.

— La défense ne peut continuer dans cet ordre d'idées!

— Elle sera cependant ce qu'elle est, répondit l'accusé, ou ne sera pas du tout.

Après en avoir délibéré, la cour confirma le jugement qui condamnait M. Demaise à trois mois de forteresse.

Mais le Lorrain était content. Il avait pu, devant la justice de l'empereur d'Allemagne, jeter ce cri d'amour à son pays :

— France, ô ma patrie; agrée ce gage de mon dévouement. Je serai heureux si, porté à tes pieds sur les ailes du souvenir, il peut sécher une de tes larmes! A toi ma liberté! à toi ma vie! Je t'aime surtout quand je juge et compare! Oh! sans doute, s'il me fallait choisir entre Dieu et toi, je choisirais Dieu; mais après Dieu, c'est toi! »

En vérité, je ne sais rien de plus saisissant que ce fier mouvement oratoire. Il ne dut pas peu servir à faire condamner M. Demnise. Le prêtre fit à Bitche ses trois mois de forteresse. On lui avait infligé un cachot commun avec une pauvre vieille femme septuagénaire, supérieure d'un couvent de Strasbourg, et coupable d'avoir enseigné à lire en français à des petites filles. Chaque jour, M. Demnise était menacé de la casemate. A peine était-il sorti du fort et avait-il regagné sa cure, qu'on lui fit dire que l'autorité allemande ne demandait qu'à le remettre en prison.

Il résista, au nom de la loi française qui régit encore l'Alsace-Lorraine, à un arrêté relatif au mélange des sexes dans les écoles primaires. On allait l'arrêter pour ce fait. Il prit le parti de s'expatrier. Après avoir réuni à dîner son conseil de fabrique, il fit ses adieux vers minuit, porta un dernier toast à la France, et, à six heures du matin, par un temps d'hiver, il partit à pied du côté de la frontière française. Une heure après, les gendarmes prussiens arrivaient chez lui pour l'arrêter. On les fit patienter, puis on les enivra, et quand ils s'aperçurent que l'abbé n'était plus à Lucy, M. Demnise était sauvé. Il est vicaire, aujourd'hui, dans une paroisse de Paris (à Saint-Joseph), l'évêque de Nancy n'ayant pu lui trouver place dans la partie française de son diocèse, de crainte d'éveiller le courroux de l'Allemagne.

Certes, si les persécutions infligées en France aux protestants jusqu'à la veille de 89 nous irritent; si nous frémissons de voir envoyer aux galères des hommes et en prison des femmes coupables d'avoir tenu une *assemblée* (Andur 1717), de voir flétrir des pasteurs traités en forçats, fouetter des femmes, enlever des enfants à leurs parents ; si les dragonnades nous affligent, les persécutions ordonnées par M. de Bismarck nous écœurent. A Bernwillers, il y a deux mois, des gendarmes ont fait la chasse à la *sœur*, qui apprenait à lire aux enfants. Ils lui ont fermé la porte de son école, ils l'ont traquée. Et M. de Bismarck écrit aux Américains des lettres où il parle de liberté et célèbre la *grande République* [1].

[1]. L'administration du *Public Ledger*, qui paraît à Philadelphie, avait envoyé en 1875, au prince de Bismarck une canne richement garnie, taillée dans une pièce de bois de la charpente de l'*Indépendance Hall*, où fut prononcée, en 1776, la déclaration de l'indépendance des États-Unis. Cette canne fut présentée au prince, à son château de Varzin, par le baron von Schloezer, ministre d'Allemagne à Washington, qui se trouvait alors en congé. Le chancelier de l'empire a remercié le donateur par une lettre dont voici quelques passages :

« Cher monsieur, vous avez eu la bonté de m'envoyer, pour me servir de bâton de vieillesse, une canne coupée dans une solive de ce clocher du haut duquel la vieille cloche avait fait entendre, il y a aujourd'hui quatre-vingt-dix-neuf ans, pour la première fois, sa voix en l'honneur de cette grande République dont les navires font entendre actuellement le son de leurs cloches, accueilli avec sympathie, dans toutes les eaux du globe. Je vous prie d'agréer pour ce souvenir historique mes remerciements cordiaux. Je l'honorerai, je le conserverai avec soin avec d'autres reliques de jours mémorables, et je le léguerai à mes enfants. » Varzin, 4 juillet 1875.

Les Américains pouvaient bien plutôt envoyer, ce me semble, la canne en question aux descendants de Lafayette. Mais la force ne prime pas seulement le droit ; elle aveugle aussi les gens.

Encore un coup — et nous le redisons avec joie en achevant ces pages — les Alsaciens et les Lorrains nous sont demeurés, nous demeureront fidèles.

Le poëte n'a même pas besoin de leur adresser ces vers patriotiques :

> O fils du sol gaulois mis en terre prussienne,
> — Etranges exilés, envahis par l'exil! —
> Frères d'Alsace et vous frères de la Lorraine,
> Gardez-nous bien l'amour, gardez-leur bien la haine :
> Vous êtes notre deuil, devenez leur péril! [1]

Les exilés, les annexés, les spoliés, restent attachés énergiquement à la patrie.

La France n'est pas de ces mères qu'on renie. Comme elle a donné son amour, on lui garde un dévouement éternel. « Nous l'aimons avec tous ses défauts! » Le cri de l'accusé lorrain serait le cri même de tous les fils de l'Alsace-Lorraine.

— Si l'on ouvrait mon cœur, disait Marie Tudor, on y trouverait gravé ce nom : *Calais!*

Si l'on ouvrait le cœur de l'Alsacien et du Lorrain, on y trouverait gravé ce nom, ce beau nom, ce cher et bien-aimé nom : *France!*

---

1. Paul Déroulède : *Nouveaux chants du Soldat.*

CONCLUSION

C'était à Bordeaux, à la fin de la lugubre séance où la patrie avait dû subir la paix. On avait voté. On avait accepté, le poignard sur la gorge, l'abandon des deux provinces françaises.

Lorsque le scrutin eut été proclamé, un Alsacien, M. Grosjean, député du Haut-Rhin, monta à la tribune et, d'une voix étranglée par l'émotion :

« Les représentants de l'Alsace-Lorraine ont déposé avant toutes négociations de paix, sur le bureau de l'Assemblée nationale, une déclaration affirmant de la manière la plus formelle, au nom de nos provinces, leur volonté et leur droit de rester françaises.

« Livrés au mépris de toute justice et par un odieux abus de la force, à la domination de l'étranger, nous avons un dernier devoir à remplir.

« Nous déclarons encore une fois nul et non avenu un pacte qui dispose de nous sans notre consentement.

« La revendication de nos droits reste à jamais ouverte à tous et à chacun, dans la forme et dans la mesure que notre conscience nous dictera.

« Au moment de quitter cette enceinte où notre dignité ne nous permet plus de siéger, et malgré l'amertume de notre douleur, la pensée suprême que nous trouvons au fond de nos cœurs est une pensée de reconnaissance pour ceux qui pendant six mois n'ont pas cessé de nous défendre, et d'inaltérable attachement à la patrie dont nous sommes violemment arrachés.

« Nous vous suivrons de nos vœux et nous attendrons avec une confiance entière dans l'avenir que la France régénérée reprenne le cours de sa grande destinée.

« Vos frères d'Alsace et de Lorraine, séparés en ce moment de la commune patrie, conserveront à la France, absente de leurs foyers, une affection filiale, jusqu'au jour où elle viendra y reprendre sa place!... »

Il y a cinq ans que ces paroles ont été dites et elles sont encore le mot d'ordre et le testament de l'Alsace et de la Lorraine.

Comme cette image de l'Alsace poétiquement peinte par Henner, *Elles attendent*.

Et tous les ans, à Paris, le jour de Noël, dans une fête publique qu'on célèbre aussi à Lunéville, près de la frontière nouvelle, les enfants d'Alsace et de Lorraine sont conviés à venir partager les vertes branches de l'arbre de Noël. Il se dresse vivant et venu du *pays*, planté dans la terre d'Alsace, ce sapin « lumineux comme un phare » où, parmi les joujoux aux couleurs riantes, brillent les bougies rouges, blanches et bleues, formant un arc-en-ciel tricolore.

Les écussons crêpés de deuil de l'Alsace et de la Lorraine figurent à l'abri du drapeau tricolore. Les armes de Paris ont pour pieux entourage les armes des villes qu'on nous a prises : Strasbourg portant d'argent à bandes de gueules, avec deux lions soutenant l'écusson timbré d'un heaume à couronne d'or, d'où sortent deux ailes de cygne; Metz avec son blason aux couleurs de sa bannière, blanc et noir (couleurs de la Prusse, hélas!) Colmar, portant parti diapré de gueules et de sinoples à une masse d'armes en or brochant sur le tout; Wissembourg portant de gueules à porte de ville crénelée surmontée de deux tours d'argent; Marmoutier et son église à portail d'argent; Rosteim et sa rose d'or ; Schlesdadt et son lion couronné de gueules; Ribeauvillé avec sa main à poignet d'azur; Kayserberg et sa tour crénelée; Thann et son pin d'or; Thionville, Château-Salins, Phalsbourg, toutes les cités, toutes nos villes. Au-dessus des écussons, les drapeaux tricolores s'embrassent et forment leur ombre.

Et, tandis que la musique joue, les petits enfants des pauvres gens défilent devant l'entassement de joujoux, de vêtements et de gâteaux qu'on leur donne. Ils sont là venus par milliers, pauvres petits sans patrie depuis le 1er octobre 1872 — date funèbre! — et ils tendent leurs petites mains et ils ouvrent gentiment et avidement leurs grands yeux.

Les plus petits et les plus petites ont des pantins et des poupées, des bonbons aussi; les plus grands ont des livres. Tous ont des bas, des vêtements de laine, ce qui soulage après ce qui amuse. L'hiver peut venir. Les exilés braveront la neige.

Il faut voir ce défilé touchant, ces jolies jeunes filles et ces jeunes gens en habits de Saint-Cyriens ou de Polytechniciens distribuant les jouets et les paquets de vêtements. Les enfants les regardent comme autant d'enchanteurs et de fées. Les parents des pauvres petits remercient de la voix et du regard. Quelle joie quand ces petits êtres ont enfin leur joujoux. C'est un mouton blanc frisé, c'est un polichinelle, c'est une boîte de soldats, une laiterie, une ménagerie.

Ils les pressent contre leur poitrine. Ils ont peur qu'on ne les leur prenne. Et le défilé est long! Regardez ces mines hâves, ces figures de pauvres. Ce sont les victimes de la conquête, ceux que la force a chassés; ce sont des pères et des mères qui avaient un foyer et qui ont dû, au prix de leur labeur, s'en refaire un autre. Saluez la victoire devant ce troupeau qui passe. Ces pauvres bannis ont servi à assurer la dotation de généraux et à fonder un empire. Gloire à Guillaume! Les exilés souffrent. Vive l'empereur!

Tous les ans, du moins, on les console. Les nobles femmes, qui ont la vénérable Mme Kestner pour présidente, viennent en aide aux parents et donnent aux enfants cette fête. Jusqu'à présent plus de 45,000 émigrés ont été secourus par l'Association. On a donné du travail à 4,715 chefs de famille et de l'instruction à 370 enfants. Quatre ont été admis à l'école de Saint-Cyr, 5 ont été reçus bacheliers, un est entré à l'école de Châlons.

On les acclame, les lauréats, quand ils viennent devant tous, devant l'arbre symbolique, recevoir leurs prix. De tous ces prix, le plus envié est le chassepot que l'adolescent qui l'obtient jette crânement sur son épaule, pendant que l'assemblée applaudit comme devant l'incarnation même de l'avenir.

Et quelle émotion lorsqu'on coupe, branche par branche, le lumineux sapin d'Alsace! Les mains se tendent, les yeux brillent ou se voilent de larmes. C'est bien moins les jouets suspendus qu'on veut atteindre qu'une de ces branches aux aiguilles vertes qu'on veut emporter, comme le fidèle un rameau bénit, une branche de sapin vivant, tout parfumé de l'odeur des forêts des Vosges, une branche de cet arbre de Noël qui représente la petite patrie quittée pour la grande, l'Alsace et la Lorraine abandonnées pour la France!

Que j'ai vu alors de prunelles où brillent les pleurs! Que j'ai vu de mains tremblantes et de muets désespoirs! L'arbre est grand, mais tous n'en peuvent emporter un débris. Alors, c'est la terre qu'on prend dans ses mains, plus avidement que si elle contenait des pépites d'or, et qu'on est fier, heureux, ivre de rapporter au logis.

Un peu de la terre natale! Cette poussière ou cette boue sont pour les exilés tout un univers.

Merci, Paris, de donner une telle fête aux bannis de Metz et de Strasbourg!

Et comme le disait éloquemment Édouard Siebecker, le poëte alsacien de ces Noëls populaires :

> Merci pour ces petits dont le visage brille,
> Dont le bonheur éclate en de bruyants ébats :
> Vous leur avez rendu le pays, la famille...
> Merci pour ceux aussi qui sont restés là-bas!

Vous allez regagner vos demeures heureuses :
Et vous emporterez, dans vos cœurs bienfaisants,
Comme un cher souvenir, ces choses précieuses,
Les larmes des vieillards — les rires des enfants !

— Un morceau de sapin, monsieur, de grâce, un morceau de l'arbre de Noël, me demandait, il y a deux ans, une pauvre Alsacienne qui, trop petite et trop faible, n'avait pu prendre part à la patriotique curée.

Je me haussai pour arracher une branchette dernière, et je la lui tendis.

Après l'avoir prise, elle la baisa.

Elle l'emporta comme une relique.

J'entends encore sa prière, si triste, si pénétrante, — cette prière irrésistible : *un morceau de sapin!...* — et il me semble que c'est la voix de l'Alsace même et l'écho de la plainte lorraine qui gémit !...

Combien de fois ai-je pensé à elle en écrivant les chapitres qu'on vient de lire. Et il me semble que si ces pages tombent, par hasard, sous les yeux de la pauvre femme, comme lorsque je lui tendis la branche verte, elle me dira : *Merci.*

C'est ce remerciement que j'ambitionne. Qu'un seul enfant de Lorraine ou d'Alsace me le donne, et je serai payé d'avoir fait ce livre que je m'étais imposé d'écrire comme un devoir cher à remplir.

FIN.

APPENDICE

I

UNE VILLE LORRAINE
PENDANT LA GUERRE ET L'OCCUPATION.
NOTES D'UN HABITANT DE PONT-A-MOUSSON [1].

Du 16 au 24 juillet 1870, passages continuels de troupes dans des trains très-rapprochés à la gare de Pont-à-Mousson.

Trains de 25, 30 et 42 voitures transportant des soldats de toutes armes et le matériel de guerre. Grand enthousiasme ; distributions de toutes sortes ; accès facile à la gare.

---

[1]. On trouvera dans ces notes inédites d'un habitant de Pont-à-Mousson, notes qui nous sont communiquées par un ami de leur auteur, des renseignements tout à fait curieux, très-naïfs et qui méritaient peut-être d'être recueillis. C'est la *petite histoire* à côté de la grande. Il faut pourtant remercier les hommes qui, comme l'auteur de ces *Souvenirs*, apportent, quelque petite qu'elle soit, leur pierre à l'édifice. C'est l'invasion et l'occupation prises sur le fait et étudiées au jour le jour. Quelles souffrances ! Mais du moins la petite ville lorraine a-t-elle la joie d'être demeurée française !

Cris de : vive Pont-à-Mousson ! vive la France ! à bas la Prusse ! à Berlin ! à bas Bismark ! etc. Vivent aussi les habitants de Pont-à-Mousson.

M. Burnette est le premier qui se soit empressé d'envoyer un fût de vin.

24 juillet 1870.

Pont-à-Mousson s'est vu ce jour-là avec 9000 hommes de troupes en partie campées sur les boulevards, routes de Blénod et d'Atton, et aussi sur le champ de manœuvres : artillerie, guides, dragons, etc.

25 juillet.

Une partie de la garde impériale, chasseurs et cuirassiers, part pour Metz.

Puis arrivent un régiment de zouaves, dragons de l'impératrice, un train d'artillerie, des guides, etc. Puis les grenadiers de la garde impériale.

26 juillet.

Passages de troupes dans les wagons : joie complète.

27 juillet.

Le train d'artillerie campé vers Atton part pour Metz; partent également les guides, les lanciers et les dragons campés sur le champ de manœuvre ; puis les carabiniers et les cuirassiers de la garde impériale campés route de Blénod.

Il reste encore en ville, sur les boulevards, des cuirassiers et des dragons; à la caserne de l'artillerie, plusieurs généraux et le prince Murat.

Nuit du 29 au 30 juillet, trains de troupes d'infanterie le 30e, le 4e, le 71e de ligne. Batteries avec artilleurs; grand enthousiasme. En ville, toujours des dragons et des cuirassiers campés, les mêmes généraux, le prince Murat et les guides.

1ᵉʳ AOUT 1870.

Du 1ᵉʳ au 5 août, quelques passages de troupes, arrivée d'infanterie aujourd'hui. Départ des 4 régiments de dragons et cuirassiers, des gendarmes, de voitures d'approvisionnements pour Metz et St.-Avold.

Les quatre régiments ont pris la route de Lisménils pour se rendre à Foulquemont.

Le 11 août, le télégraphe nous apprend que les Prussiens sont à Noməny.

Nuits des 10 et 11, nombreux trains de troupes de ligne, artillerie, munitions, etc.

Le 12, toujours des trains de troupes allant se masser devant Metz.

12 AOUT.

Dans la nuit, les fils du télégraphe sur la voie ferrée, ont été coupés, une pince, des tenailles et un bouton bavarois ont été trouvés sur place; on aurait tenté un enlèvement de rails; grande émotion à Dieulouard. Des précautions vont être prises.

A onze heures du matin, deux avant-coureurs prussiens ou hulans à cheval arrivent sur la place de Pont-à-Mousson, tout gênés dans leur marche en avant par la populace; l'un d'eux tombe de cheval, est aussitôt appréhendé et conduit sous les arcades. M. le maire et un agent de police les garantissent; l'autre soldat prussien tournant bride va rejoindre une avant-garde composée d'environ 35 à 40 cavaliers, chasseurs, hussards et dragons, qui tous arrivent au galop, armés d'une sorte de petite carabine maintenue et dirigée en avant.

M. le maire qui venait de haranguer le peuple et s'en était fait comprendre, se dirige vers le chef de la troupe, tout au plus âgé de 20 à 22 ans, parlemente avec lui et convient de la conduite que chacun devait tenir.

Le soldat prussien qui avait éte protégé à la mairie fut mis en liberté.

Le jeune officier, priant le maire de lui procurer des gants, celui-ci alla lui-même en chercher chez M. Marion. Toujours attroupement près de ces soldats audacieux, mais calmes.

Les Prussiens après s'être assurés que tout ce qui leur serait nécessaire leur serait donné, se dirigent vers la gare où un train de troupes françaises venait de passer ; placèrent un factionnaire à la barrière, et quelques-uns à l'enlèvement des rails, puis coupèrent les fils du télégraphe : la gare était dejà abandonnée.

Pendant cette opération faite avec une grande promptitude, le fort de la troupe regagna en toute hâte l'autre ville. Tout à coup à 3 heures 25, arrivent par la rue St-Laurent et la voie ferrée, un bataillon de chasseurs d'Afrique qui les ayant atteints, les tuèrent et firent prisonniers un grand nombre, avec chevaux, etc.

Rendre compte de l'effet produit par leur arrivée aussi prompte que l'éclair, c'est impossible. Avec quelle ardeur les chevaux et énergie les hommes, atteignirent cette petite troupe qui en une demi-heure disparut et fut bouleversée.

Ils étaient 40, un seul a pu s'échapper, le reste fut tué ou fait prisonnier, plus 13 espions ; ils ont été dirigés sur Metz.

13 AOUT.

Le matin 13 août, dès 8 heures, 4 prussiens à cheval sont entrés en ville jusque sur la place et ont réclamé leurs prisonniers. Ces derniers étaient partis à Metz.

Des francs-tireurs, des tirailleurs des Vosges et de l'infanterie de passage vinrent en ville, général en tête. Ce dernier a cru prudent de ne pas attendre l'ennemi. Départ pour Metz.

Plus de troupes ici.

A 10 heures quelques troupes prussiennes arrivent en ville; des factionnaires sont placés à chaque entrée de rues. Pendant ce temps la voie et la gare sont de nouveau envahies, rails enlevés, trains impossibles; la voie avait été rétablie la veille.

A 11 heures, les troupes ennemies sont massées devant le boulevard; il y en a sur la petite place et du côté de la barrière et la voie ferrée.

Magasins fermés, invitations de les ouvrir; deux devantures forcées, abîmées, celle de M. Huyn, rue St-Laurent, et celle de M. Malher, place Duroc. — 4 heures 3/4 à 6 heures, arrivée de 3 ou 4 régiments d'infanterie et de l'artillerie qui est allée camper vers Atton.

Avis du maire qu'il faudra loger et nourrir toutes ces troupes; le pain manque. Les boulangers sont dépourvus de farine; ils en attendent.

A 7 heures du soir, ordre, au son de la caisse, de rentrer tous chez soi.

A 10 heures 30 soir, le son de la caisse se fait de nouveau entendre : Ordre de porter à la mairie ce qui reste de vivres, sous menace de pillage.

Le reste de la nuit, très-calme, des patrouilles à toute heure.

14 AOUT.

Proclamation de l'intendant militaire prescrivant de déposer à la mairie, dans le délai de deux heures, toutes les armes que chacun pouvait avoir à sa disposition. Menace des peines les plus sévères; visites domiciliaires annoncées; tout individu détenteur d'armes sera fusillé. La ville et toutes les maisons doivent avoir de la lumière toute la nuit. Les volets resteront ouverts; punitions les plus sévères pour quiconque ne s'y conformera pas. A neuf heures rentrée des habitants chez eux.

Départ des troupes, cavalerie et infanterie. Arrivée de 3,000 hommes de cavalerie, dragons, cuirassiers, infanterie, etc.

Artillerie, matériel considérable, voitures de fourrages, grains, farine, bestiaux, chevaux, ambulances, fourgons chargés, etc. Toute la place Duroc, celle de la gare, les boulevards, la gare et les écuries en général, aussi les arcades, sont occupés.

Les maisons et logements abandonnés ont été ouverts et occupés militairement.

Les provisions manquent, les boulangers, les bouchers sont sur les dents; ville cernée de toutes parts.

Le prince Frédéric-Charles arrive avec 3,000 hommes et l'artillerie.

La Société internationale des ambulances françaises avait envoyé un détachement ayant six voitures. Ce détachement qui se rend à Metz est arrêté à Pont-à-Mousson devant l'Hôtel-de-Ville.

Il est libre de continuer assez tard dans la journée; mais on finit par les retenir, parce qu'on le considère comme faisant partie des corps d'armée. On l'oblige à camper route d'Atton.

15 AOUT.

9 heures. Ordre de la mairie de porter à l'hôtel de ville les armes qui auraient été retenues malgré l'ordre de la veille; punitions suivant le code militaire; enfermé dans une forteresse prussienne.

Dès le matin, plusieurs batteries placées à droite et à

gauche à la montée du chemin de Lisménils sont tournées vers la ville, artilleurs à leur poste. Vers la fin de la journée et le 16, la ville est traversée par plus de 20 régiments de troupe d'élite avec leur artillerie; c'est le 3me corps d'armée qui se dirige vers la côte Saint-Pierre.

11 heures. Passage nouveau de grande quantité de batteries se dirigeant par la vieille route de Metz et pour Toul.

A 1 heure 1/2 du matin, appel des troupes pour le départ immédiat.

Proclamation du Roi affichée sur les murs, annonçant le succès des armes prussiennes jusqu'à ce jour.

Aujourd'hui une autre proclamation annonce une victoire remportée à Peltre par l'armée allemande. Grand nombre de blessés et de prisonniers français.

Les blessés prussiens venant de Gravelotte, Mars-la-Tour, arrivent à l'hôpital.

Arrive aussi le général de Montaigu, blessé et pris dans une ambulance.

12 heures. La place est encombrée de voitures chargées de grains et de provisions de toutes sortes. De tous les villages on entend des plaintes sur les dévastations, le pillage, les vols.

1 heure 1/2. A ce moment nous sont annoncés plusieurs régiments qui doivent nous rester.

Arrivée du roi Guillaume et de Bismarck. Le roi est logé chez Mlle Vuillaume et Bismarck chez M. André-André.

Grand émoi toute la journée dans la ville.

16 ET 17 AOUT.

2 heures 1/2. Du combat du 16 vers Gravelotte, Mars-la-Tour et Saint-Louis nous arrivent des blessés pour l'hôpital, le séminaire, le couvent, la maison Institution

Magot, tous allemands. Triste spectacle sur la place comme à l'arrivée aux ambulances.

9 heures. Arrivée de Remilly d'un convoi de munitions de guerre, dirigé avec une vitesse extrême sur le théâtre de la guerre. Surviennent plusieurs régiments d'infanterie impatiemment attendus.

En ville, affichage de plusieurs proclamations du Roi.

Continuation d'arrivée de blessés, presque tous au bras, aux épaules, et à la tête.

10 heures 1/2. Arrivée d'une grande quantité de troupes, se logeant militairement. Elles devront partir de très-bonne heure le matin.

18 AOUT.

Toujours arrivée de blessés allemands.

3 heures. Arrivée de quelques prisonniers français qu'on interne dans l'église Saint-Martin, en attendant qu'on les conduise en Prusse,

19 AOUT.

A 6 heures du matin affiche suivante :

« *Grande bataille remportée sur Napoléon le 17 par le prince Frédéric-Charles contre le général Bazaine; Decaen, Ladmirault, 2,000 prisonniers, 7 pièces de canon, et beaucoup de tués.* (Parmi les prisonniers, deux généraux.) »

300 de nos soldats faits prisonniers, puis 200 autres, presque tous blessés passent à Pont-à-Mousson, tous conduits en Prusse.

4 heures 1/2. La sonnette se fait entendre pour inviter les habitants à porter à la mairie linge, chemises, chaussettes, robes de chambre, vêtements, pantoufles, vases de nuit, etc., qu'un reçu en sera donné après estimation, et la valeur soldée plus tard.

Dans la soirée est arrivé blessé à l'hôtel de France un personnage marquant qu'on dit être le fils de Bismark. Les prisonniers blessés arrivés hier, sont placés dans l'église Saint-Martin et non soignés. Un factionnaire les conduit à la fontaine pour se laver.

20 AOUT.

Dans la matinée sont arrivés plusieurs majors, capitaines, lieutenants et autres chefs prussiens plus ou moins grièvement blessés; quelques-uns français prisonniers.

Les 2,000 prisonniers annoncés ne viennent pas. Aussi un sous-officier saxon en donnant de son épée sur l'affiche a-t-il dit : « Retranchez un zéro et encore mensonge et fanfaronnade que tout cela. »

Le général Plombin blessé à la tête a été fait prisonnier; il se trouve à Pont-à-Mousson.

C'est à midi qu'il est arrivé.

En présence de plusieurs officiers allemands, il dit à peu près en ces termes :

« Jamais on n'eût pu croire qu'une nation aussi bien posée, violerait les droits de la guerre, se ruerait sur des blessés dans une ambulance, s'en emparerait en les regardant comme prisonniers, mettrait même le feu à cette ambulance. Toute l'Europe le saura; vous ne sauriez m'empêcher de parler, bien que je doive me considérer sous votre dépendance. C'est là de la lâcheté ! » Etc.

Le général a été invité à monter à la mairie où un bouillon et des rafraîchissements lui ont été offerts; il a refusé.

1,500 prisonniers français, dont environ 35 officiers arrivent à Pont-à-Mousson, et logés dans l'église Saint-Martin.

20 AOUT, DIMANCHE.

10 heures 15 du matin, le général Plombin qui n'avait plus ses épaulettes, des colonels, capitaines, lieutenants, etc. réunis à l'hôtel du Cygne, vont prendre place sur de sales charrettes, garnies de paille ou de foin, pour être conduits à Remilly, et de là dirigés sur la Prusse par chemin de fer.

Les blessés sont pansés avant leur départ. Plusieurs officiers français ont laissé à Pont-à-Mousson des lettres pour leurs familles.

11 heures 30. — Il passe beaucoup de blessés aujourd'hui. A l'instant arrivent encore 180 prisonniers.

6 heures. Visite du roi de Prusse à l'ambulance du couvent, où il est arrivé dans sa calèche à deux chevaux noirs; il en sort à 6 heures 35: sa figure était noble et sévère; le roi est un fort homme, vieillard bien conservé, porte de fortes moustaches grises, de larges et grands favoris, a beaucoup de teint.

22 AOUT.

Ce matin passent des blessés prisonniers; ils ont dit avoir été pris dans une ambulance internationale.

23 AOUT.

Le roi et sa suite sont partis le matin pour Commercy.

4 heures. — 65 prisonniers passent pour se rendre en Prusse.

24 AOUT.

Arrivent par bandes des ouvriers terrassiers prussiens pour opérer le travail de la voie ferrée. On projette un nouveau chemin de fer, partant des forges, passant à Atton pour rejoindre à Remilly.

25 AOUT.

Toujours des gens sans aveu, mal affublés et de mauvaise mine qui semblent disposés à nous dévaliser; tous font toutes sortes de métiers, volent et pillent à l'occasion; ils suivent les derrières de l'armée, beaucoup d'entre eux font queue chez les boulangers et les marchands de vin en fûts. Voitures, chevaux et gens représentent la misère dans toute l'acception du mot. C'est un singulier et bien triste tableau sur la place et aux coins de rues, tableau qui se renouvelle sans cesse et chaque jour.

26 AOUT.

Néant.

27 AOUT.

Néant.

28 AOUT, DIMANCHE.

Nos prêtres, rue Saint-Laurent ne sont plus les maîtres dans leurs églises, ni chez eux; ils couchent sur la paille; leurs lits servent aux Prussiens.

En ville, toujours beaucoup de gens sans aveu, des flâneurs allemands; combien portent le brassart au bras de l'union internationale pour se fourrer partout, manger, boire, fumer et flâner, voilà leur métier; ils privent beaucoup de malheureux de pouvoir trouver de quoi vivre; on est à bout de ressources. Heureusement des blés arrivent de la Prusse. M. Bannette ne cesse de moudre; par contre il reçoit et rend tout; les boulangers sont approvisionnés tout juste.

A 6 heures du soir, la sonnette appelle notre attention. C'est toujours avec crainte qu'on l'entend.

« Il est défendu par l'autorité militaire, au public, de former des groupes, ou rassemblements lors de l'arrivée des prisonniers ou blessés. Toute contravention sera punie sévèrement. »

Le grand-duc d'Oldenbourg en uniforme de général et le jeune prince son fils, sont à Pont-à-Mousson.

29 AOUT.

10 heures 30 à l'hôtel de ville, on décharge une voiture de sabres et de fusils à aiguille. Aujourd'hui, mardi, quelques magasins qui restaient fermés, se sont réouverts en partie.

30 AOUT.

Néant.

31 AOUT.

Néant [1].

1er SEPTEMBRE 1870.

11 heures 15. — Enterrement d'une des sœurs de l'hôpital, qui n'a été malade que 12 heures, suite de trop grandes émotions.

2 SEPTEMBRE.

A dix heures du soir, des hourras capables d'effrayer toute une population, puis des cris sauvages, aigus et perçants, sont tout à coup poussés avec fureur, sur la place d'abord, et dans les rues adjacentes ensuite, par tous les soldats allemands. Tous parcourent la ville, criant, vociférant à tue-tête « *Napoléon capout!* »

---

1. L'auteur de ce *journal* n'entendit donc pas la canonnade de Servigny? (J. C.)

C'était la nouvelle de l'affaire de Sedan qu'ils venaient d'apprendre.

3 SEPTEMBRE.

Le Café du Commerce est resté ouvert la veille jusqu'à minuit pour les hordes prussiennes.

Tous assurent que Napoléon est leur prisonnier et qu'ils nous ont fait 80,000 prisonniers.

8 heures — Un commandant placé au balcon de l'hôtel de ville, harangue les soldats, leur annonce une dépêche reçue. Un *Te Deum* est chanté séance tenante, puis encore des hourras.

Au bureau de l'ambulance, maison austère, deux sapins et branches avec feuillage, ornent le premier cintre des arcades; une banderolle sur étoffe blanche et noire, porte cette inscription, écrite en allemand :

« *Pas à nous l'honneur, mais à Dieu. Vive le Roi!* »

1 heure 1/2. — La banderole dont il vient d'être parlé, est placée sur le balcon de la façade de l'hôtel de ville, encadrée de verdure et branches de sapin.

Un orage vient d'éclater sur la ville et les environs, le tonnerre gronde fort, les éclairs se succèdent rapidement, mais il dure peu.

Le 6, MARDI.

11 heures. — On vient d'apposer l'affiche déjà lue à Nancy :

« *Toute l'armée française, à l'exception des troupes renfermées dans Metz par les corps prussiens, a été totalement battue, avant hier près Sédan et s'est constituée hier, forte de 80,000 hommes, prisonnière de guerre, sous le commandement du général Wimpfen, qui remplaçait le géné-*

ral Mac-Mahon, blessé. *L'empereur Napoléon s'est rendu personnellement à la merci de Sa Majesté le roi de Prusse.* »

Le gouverneur-général en Lorraine,
De Bonin.

9 SEPTEMBRE.

2 à 3 heures du soir, arrive à la mairie suivi de quelques cavaliers le général de Failly ; il reste près d'une demi-heure auprès du commandant de place, sa voiture et les 5 ou 8 cavaliers qui l'accompagnaient étaient devant l'hôtel de ville.

Quelques généraux et officiers supérieurs français prisonniers arrivent avec leurs chevaux et sans être escortés.

10 SEPTEMBRE.

Encore des généraux, officiers-supérieurs, etc., à cheval, et avec leurs armes, arrivent en grand nombre. La ville est dans l'exaspération ; comment décrire tout ce qui se passe ; nous sommes humiliés plus que nous le paraissent ces messieurs, qui vendent sur la place leurs chevaux à tout prix, pour rien ; peut être demain seront-ils repris par les Prussiens. C'est probable Ces derniers ne se gênent pas.

Consternation générale.

Les prisonniers français en grand nombre sont campés près de la Sucrerie.

Un train d'environ 500 hommes, généraux, colonels, commandants, capitaines. lieutenants, etc., une grande partie de la garde impériale ; un grand nombre portaient encore leurs épées et sabres ; généraux et colonels avaient aussi leurs épaulettes.

Rendre compte de l'impression que nous éprouvons ne

pourrait que dépeindre une douleur amère, un mal qui ne peut se traduire que par des regrets indiquant notre amour-propre blessé, en voyant la première nation du monde civilisé, froissée dans son honneur et dans sa dignité.

11 SEPTEMBRE, DIMANCHE.

9 heures. — 18 régiments, infanterie, cavalerie, artillerie, ambulances, etc., défilent devant l'hôtel de ville, musique en tête.

Toutes ces troupes ont quitté Metz et se dirigent sur Châlons, et de là à Paris.

Pendant la nuit sont encore passés 3 régiments. Nos blessés en quantité, nous venant de Sédan, arrivent sur notre place. Ce fut à leur rencontre un pêle-mêle et une bousculade qui interceptaient la circulation; toutes les personnes présentes s'en effrayèrent et s'empressèrent de fuir par où des issues leur étaient ouvertes. La place présente à ce moment un triste spectacle, n'inspirant que crainte; des chevaux et des voitures lancées à fond de train dans toutes les directions. Voilà la soirée.

11 SEPTEMBRE.

6 heures. — L'autorité prussienne demande à la ville une somme de 100,000 francs. M. Magot, maire, fait connaître la situation de la ville et offre néanmoins 5,000 fr. par chaque mois à suivre. Il est en outre question de nouvelles contributions de guerre, outre celles que nous avons payées.

9 heures du soir. — Un régiment d'infanterie passe en ville et fait entendre sa musique.

12 SEPTEMBRE.

Encore 2000 prisonniers, notamment des zouaves et des turcos, arrivent ici et prennent le premier train en partance pour la Prusse.

13 SEPTEMBRE.

Sont encore arrivés beaucoup de prisonniers et blessés.

14 SEPTEMBRE.

8 heures 3/4. — Tous les prisonniers blessés en assez grand nombre sont conduits à pied et d'autres en voiture à la gare pour y prendre le train.

4 heures du soir. — On annonce que, conformément à la loi de 1865, des mesures doivent être prises, afin que le typhus qui règne sur les bêtes à cornes ne se propage pas. — Sont punis très-sévèrement les contrevenants à ladite loi.

40 et quelques bœufs viennent de mourir dans l'été, en ville, des vaches, voilà ce que déjà nous a donné la guerre.

5 heures. — Arrivent toujours des blessés, prisonniers français.

15 SEPTEMBRE.

1 heure. — Encore des prisonniers, parmi lesquels quelques chefs, qui viennent de vendre leurs chevaux pour peu de chose ; ils étaient une vingtaine, ceux d'un commandant d'artillerie (deux) moyennant 345 fr.; ils lui avaient coûté, dit-on, plus de 2,000 fr.

2 heures 15. — Forte colonne de prisonniers de toutes

armes, notàmment des artilleurs de la ligne et des turcos.

4 heures. — A cette heure, Pont-à-Mousson peut compter sur 9,000 blessés français, notamment prussiens et bavarois venant de Sedan; un grand nombre sont placés au séminaire, dans l'église, au collége et dans l'église Saint-Martin, au quartier, à l'hôpital, institut Magot, au couvent, puis dans un grand nombre de maisons bourgeoises, sous les arcades, dans les cafés et salles diverses, etc.

16 SEPTEMBRE.

9 heures 25. — Nous entendons des cris et des chants d'allégresse ; c'est le 4e hulans qui passe et se dirige vers la côte Saint-Pierre.

1 heure 25. — Encore 15 à 1,800 prisonniers, 46e, 48e, 52e et 79e de ligne et un assez grand nombre d'infanterie de marine.

17 SEPTEMBRE.

12 heures. — Des prisonniers arrivent en trop grand nombre, 15 à 1,800, la plus grande partie appartient au 32e de ligne. Ils nous ont dit ne pas avoir déchargé un seul coup de fusil.

Il paraît que M. le préfet de Laon a passé ici et a pris des rafraîchissements chez M. Magot, maire. Il était conduit comme prisonnier en Prusse.

10 heures 1/2. — Enterrement d'un franciscain; tout le clergé et des prêtres catholiques prussiens l'ont accompagné au cimetière.

DIMANCHE 18 SEPTEMBRE 1870.

5 heures. — Arrivent 30 voitures de blessés, prussiens et bavarois.

18 SEPTEMBRE.

9 heures. — Un avis de la mairie nous fait savoir que le public est autorisé à écrire, soit en France, soit à l'étranger, que le bureau est ouvert rue des Murs; on pourra faire affranchir ses lettres.

2 heures. — Environ 50 voitures de malades et blessés prussiens, bavarois et saxons.

30 SEPTEMBRE.

11 heures. — (Un avis de la mairie). L'autorité militaire invite les propriétaires et les intéressés, à veiller attentivement à la salubrité, le typhus régnant en ville. En conséquence, on est invité à faire enlever de suite tous les détritus, fumiers des cours, à nettoyer les écuries et les lieux d'aisance; dans ces derniers y jeter du chlore, du charbon pulvérisé, chlorure de fer et nettoyer les ruisseaux, afin d'éviter que cette maladie ne prenne plus d'accroissement.

24 OCTOBRE.

8 heures 1/2. — Une aurore boréale s'est montrée du Sud au Levant, on a pu la contempler ici à l'aise. Elle était d'une magnificence remarquable.

29 OCTOBRE.

10 heures 1/2 du soir. — Arrivent à Pont-à-Mousson, Bazaine et son état-major. Le maréchal se rend à la mairie. Ils vont occuper la maison de Mlle Villaume. — Le maréchal fait appeler un ami.

30 OCTOBRE.

7 heures 1/2. Tout un régiment arrive par la vieille

route de Metz, qui se hâte de se rendre à la gare. Pont-à-Mousson ne représente ce matin que tristesse et découragement.

3 heures soir. Un colonel français de l'armée de Metz arrive à cheval accompagné d'un domestique et de sa voiture de bagages; ils ne sont pas reçus à l'Hôtel de France et vont à l'Hôtel du Cygne. La foule se presse à sa rencontre.

32 voitures d'ambulance, moins une qui est chargée de bagages et de foin, arrivent de Metz par la rue Saint-Laurent attelées chacune de quatre chevaux; elles sont précédées d'environ 150 infirmiers.

4 heures 1/2. Quelques troupes arrivent encore.

31 OCTOBRE.

26 voitures d'ambulance des 32 arrivées hier partent en destination de Paris.

7 heures 30. Arrivent encore 8 voitures d'ambulance.

1er NOVEMBRE 1870.

Le son des cloches ne s'était pas fait entendre depuis longtemps. M. le curé a gagné sa cause. Les cloches sont mises en branle à l'occasion de la Toussaint.

11 heures. Plusieurs régiments, cavalerie et infanterie, musique en tête, débouchent par la rue Saint-Laurent.

11 heures. Un autre régiment arrive. La place est de nouveau envahie par un nombre considérable de voitures.

2 NOVEMBRE.

12 heures. Un régiment de cavalerie arrive et se place sur le petit boulevard.

1 heure 30. A l'instant nous apprenons à la mairie que

le prince Frédéric-Charles doit nous arriver aujourd'hui avec une nombreuse escorte.

8 heures 10. La musique de plusieurs régiments se fait entendre. 3,000 hommes arrivent encore pour se loger militairement. Le prince Frédéric-Charles arrive presque en même temps; il sera logé chez Mme Dumesnil.

3 NOVEMBRE.

A la première heure, les régiments arrivés hier soir se disposent à partir pour Nancy, aussi le prince.

La musique logée à l'autre ville descend le pont et nos 3,000 hommes qui sont sous les armes partent.

11 heures. Plusieurs régiments d'infanterie arrivent encore par l'ancienne route de Metz, musique en tête et tambours battant, ils prennent la route de Nancy; d'autres les suivent.

12 heures. On rencontre en ville un assez grand nombre de nos pauvres soldats.

Qui n'aura pas vu Pont-à-Mousson en cette journée, jamais ne pourra se faire une idée de la masse de troupes de toutes armes, de la quantité de chevaux, voitures par centaines de sortes, et toutes chargées, notamment de provisions destinées aux armées allemandes.

4 NOVEMBRE.

Passage encore de nombreuses troupes allemandes.

5 NOVEMBRE.

6 NOVEMBRE (Dimanche).

Passage de troupes allemandes.

7 NOVEMBRE.

Passage de troupes allemandes.

8 NOVEMBRE.

Passage de troupes et de nombreuses voitures chargées de vivres, de munitions.

9 NOVEMBRE.

Encore des troupes de passage.

5 DÉCEMBRE 1870.

2 heures du matin. — Les cris : Au feu! au feu! se font entendre. On frappe aux portes pour réveilller les gens.

On croit d'abord à l'arrivée des francs-tireurs de Garibaldi; c'était bien le feu; les clairons et les tambours l'indiquent. Le tocsin sonne. En moins d'une demi-heure, on est maître du feu; les Prussiens ont donné leur concours aux pompiers. Il faisait un froid très-vif.

Le feu a été la conséquence d'un crime et d'un suicide. Le sieur Bourderon, locataire de la maison Jacquin, où est installé le bureau de la poste française a assassiné sa femme en lui coupant le cou; puis il est monté à son grenier où il a mis le feu à des copeaux.

C'est à cette place même qu'il a été trouvé carbonisé; un coup de crochet pour enlever les décombres lui est entré dans le ventre et l'a fait découvrir. Il était hideux, tout en ayant encore conservé des formes humaines, mais bien raccourci; tête carbonisée; les entrailles fumaient encore.

Triste spectacle. Il est probable qu'il s'était pendu au-dessus du foyer qu'il avait allumé.

Le sieur Bourderon, qui avait exercé à Paris la profession de chamoiseur, était un petit rentier qui avait à peine de quoi vivre. Il avait perdu à peu près la vue, et pouvait cependant voir assez pour se conduire.

Bourderon et sa femme paraissaient vivre en bonne intelligence; la femme souffrait depuis longtemps; la gêne, résultat de la situation occasionnée par la guerre, commençait à se faire sentir dans le ménage. Selon toute apparence, c'est la crainte d'être bientôt à bout de ressources qui aurait fait naître le désespoir chez les deux époux; le chagrin seul aurait porté le sieur Bourderon à commettre le crime, et nous pourrions presque croire avec le consentement de sa femme; car nous l'avions entendue s'alarmer outre mesure, plusieurs jours auparavant, et répéter souvent : « *Qu'allons-nous devenir?* Peu de temps auparavant elle avait emprunté huit francs à une de ses connaissances.

Néanmoins, ce qui serait à la charge du sieur Bourderon, c'est qu'il a menacé plusieurs fois ses propriétaires de les faire *danser*.

Il ne faut pas oublier cette particularité que jamais on n'a fermé au verrou la porte d'entrée dans la cour, et que ce jour-là Bourderon l'avait soigneusement fermée, ainsi que, contrairement à ses habitudes, ses volets et ses persiennes.

Il s'était aussi enfermé dans son grenier — en fermant la serrure de la porte, la clé en dedans.

En outre, ces époux s'étaient querellés dans la soirée. Le mari disait parfois de Dieu que, s'il existait, ce serait un grand coupable de l'avoir privé de la vue, lui qui se flattait d'avoir rempli scrupuleusement ses devoirs.

Il avait des allures un peu farouches.

9 NOVEMBRE.

8 heures 1/2. Par ordre du commandant de place, il est

défendu aux habitants de la ville de sortir de leurs habitations après 10 heures du soir. De nombreuses patrouilles seront faites afin de s'assurer de l'exécution de cet ordre.

Il n'y a d'exception que pour les médecins, les sages-femmes, les sœurs de charité qui soignent les malades à domicile et les personnes munies de cartes spéciales. Toute personne rencontrée après cette heure sera punie avec sévérité selon les lois militaires.

19 DÉCEMBRE.

9 heures 20. — Par ordre de M. le commandant de place, les habitants sont prévenus, qu'après 10 heures du soir, la retraite sera sonnée dans les deux villes.

29 DECEMBRE.

L'autorité militaire siégeant à Nancy, exige une somme de 10 mille francs des habitants des localités, depuis Pont-à-Mousson jusqu'à Nancy, pour un petit dommage qu'aurait causé la gelée à un des petits pots en fayence dans lesquels passent les fils télégraphiques. M. Magot, maire, a réclamé. Bien que sa réclamation ait été appuyée par le commandant de place, les 10 mille francs doivent être versés. Pont-à-Mousson est compris pour 2,000 fr. Dieulouart, pour 1,000 fr.

DIMANCHE 22 JANVIER 1871.

9 heures 3/4. — Le rappel se fait entendre; le clairon sonne; on annonce du nouveau; les soldats quittent en hâte leurs logements et l'église où ils assistaient à la messe. Tous sont en l'air et se rendent sur la place.

Toute la ville est en grand émoi; on se perd en conjectures; nous voyons partir 3o à 40 soldats avec armes et bagage. On nous donne comme très-certain que dès le grand matin, le pont de Liverdun a sauté.

Ordre a été donné à M. le curé de ne plus faire entendre le son des cloches; à l'autre ville pareille défense a été faite.

23 JANVIER.

1 heure. — Les Prussiens pour se venger ont incendié le village de Fontenoy.

24 JANVIER.

2 heures. — Ce n'est plus le pont de Liverdun qu'on a fait sauter, c'est celui de Fontenoy.

25 JANVIER.

11 heures 1/2. — Nous apprenons à l'instant que la ville de Nancy et le département viennent d'être imposés de 10 millions à cause de l'affaire de Fontenoy.

27 MARS 1871.

Acte de brutalité par un lieutenant prussien.

Il prenait plaisir à faire marcher son cheval dans le jardin de M. de Romance, et sans précaution aucune. M. de Romance fils, lui adressa quelques observations qui ont été mal acueillies. De là quelques paroles blessantes, Mme de Romance et la bonne sont intervenues. On le repoussa; l'officier prussien tira son sabre dont le coup était dirigé sur la bonne, M. de Romance fils tendit le bras pour éviter un malheur; on dit qu'il eut trois doigts de coupés.

28 MARS:

(Autre version.)

Nous apprenons que cet officier donna un coup de poing sur la tête de Mme de Romance, brisa son peigne et donna l'ordre à son ordonnance de corriger le fils de Romance; il l'atteignit sur la main droite qu'il avait portée à sa tête pour la garantir. La blessure est grave; deux doigts seront désormais sans pouvoir en faire usage; officier et soldat se sont retirés et sont allés se loger chez le docteur Boucher.

11 heures.— Nous apprenons que le nouveau commandant de place a traîné par les cheveux dans le jardin la bonne de M. Mançoy, chez lequel il est logé; nous ne savons pourquoi.

2 AVRIL 1871.

On est fixé aujourd'hui sur la malheureuse affaire de M. de Romance fils.

Le lieutenant changeait de logement, il savait comment ses prédécesseurs se trouvaient chez M. de Romance; porteur de son billet, il se fit précéder de son ordonnance, qui l'attendait; arrivant à cheval, il donna l'ordre qu'on lui ouvrît la porte à deux battants; puis entra monté sur son cheval Messieurs et Mme de Romance étaient là; il les culbuta, fit tomber madame, brutalisa M. de Romance père. C'est alors que le fils s'interposa. — Le lieutenant donna l'ordre impératif à son ordonnance de frapper de son sabre; il hésita, mais il y fut contraint, et c'est en se voulant garantir la tête que M de Romance fils eut le dessus de la main droite abîmé, deux doigts très-gravement atteints. A la vue de l'énorme quantité de sang qui se répandait, et de la situation de M. et de Mme de Romance, cavalier et soldat déguerpirent pour aller se loger chez M. le docteur Boucher.

Nous savons qu'on est allé demander à Mme de Romance si elle voulait que le soldat fût fusillé. On comprend quelle a été la réponse de cette noble dame.

On ne sait si les choses en sont restées là pour le lieutenant, qui est considéré comme un mauvais sujet, mais protégé, dit-on.

(*Le journal qui nous a été communiqué s'arrête à cette date.*)

II

UNE VILLE EXPATRIÉE. — THIONVILLE.

(Extrait d'un article de M. F.-V. Hugo).

Le 27 septembre dernier (1871), deux voyageurs, vêtus de deuil, cheminaient au petit trot d'une carriole de louage sur la route qui relie le grand-duché de Luxembourg à la Lorraine.

C'était deux Français qui rentraient en France après une longue absence. Ils venaient de Mondorf et se dirigeaient sur Thionville, pour gagner le chemin de fer qui, par Sedan et Reims devait les ramener à Paris.

Thionville est une cité d'environ six mille âmes, située sur la rive gauche de la Moselle, à vingt-quatre kilomètres de Metz, dont elle est la sentinelle avancée. Retranchée derrière la triple enceinte dont Vauban l'a entourée, Thionville a trois fois repoussé l'invasion. En 1792, commandée par le général Wimpfen, elle a chassé les Autrichiens. En 1814 et en 1815, commandée par le général Hugo, elle a tenu tête aux Prussiens et aux Russes. A Thionville, tout est Français, la race, la langue, la tradition, les mœurs, l'esprit et le cœur. Charlemagne y a partagé son empire entre ses fils. François de Guise y a campé. Condé y a bivouaqué. Le conventionnel Merlin y est né. La patrie n'a pas de ville plus patriote. Le traité de paix, voté il y a quinze mois par l'Assemblée de Bordeaux, l'a mise hors la patrie.

Nos voyageurs avaient le cœur serré en approchant de Thionville. Sur la chaussée, chevauchaient allègrement au soleil des officiers de hulans. Dans le village de Lagrange qui sert de faubourg à la ville, des soldats teutons flânaient, en manches de chemise, la pipe à la bouche, comme chez eux. Sur les remparts, sur les glacis, au bord des fossés, devant chaque pont-levis, devant chaque poterne, apparaissaient des factionnaires au casque pointu, armés de ces excellents chassepots que le maréchal Bazaine a livrés si complaisamment au prince de Prusse. Les belles fortifications que Louis XIV a construites sont intactes. En revanche, l'aspect de la ville est navrant. Pas un toit qui n'ait sa balafre. Pas une muraille qui n'ait sa cicatrice. Ici une croisée éventrée ; là un pignon déchiqueté à jour. Sur la grande place, ce beffroi gothique dont les quatre cadrans ont été brisés, c'est ce qui fut l'hôtel-de-ville. Plus loin, cette masure effondrée, c'est ce qui fut le théâtre. La rue est silencieuse et morne. Pas un chant, pas un cri. Çà et là quelques rares passants. Les habitants évitent de se promener pour ne pas rencontrer les soldats ennemis, et de se mettre à la fenêtre pour ne pas les voir. Cette ville est une nécropole au-dessus de laquelle flotte un linceul, le drapeau blanc et noir.

Il était environ deux heures de l'après-midi, quand les nouveaux venus se présentaient à l'hôtel X*** pour y demander un gîte.

— Des Français ! s'écria l'hôtelier. Et son visage, d'abord morose, se rasséréna tout à coup.

On offrit aux voyageurs les meilleures chambres, plus un déjeuner délicat qui, par surcroît de délicatesse, leur fut servi dans un salon à part, — un officier prussien étant attablé dans la grande salle.

Le repas terminé, les voyageurs demandèrent à voir le maire de la ville.

— Il est en ce moment à la mairie, répondit l'hôtelier. Comme vous ne trouveriez pas aisément la maison communale, je vais vous y conduire moi-même.

Après quelques minutes de marche, à travers un labyrinthe de ruelles, l'aubergiste arrêta ses hôtes devant une petite maison sur la porte de laquelle était collée une pancarte portant ces mots écrits à la main : *Mairie provisoire.*

La porte était entrebâillée.

Ils entrèrent.

Le Conseil municipal délibérait, sous la présidence du maire, — une sympathique et patriarcale figure à cheveux blancs.

— Pardonnez-moi de vous déranger, monsieur le maire, dit le plus âgé des deux voyageurs. Je ne suis pas tout à fait un étranger. Je suis un Français qui passe. Comme je ne puis rester à Thionville que quelques heures, je désirerais être admis immédiatement à consulter les archives de votre ville, spécialement les documents relatifs aux années 1814 et 1815.

— Monsieur, fit le maire, c'est malheureusement impossible! Nos archives ont été anéanties par le dernier bombardement, dans la nuit du 22 au 23 novembre 1870. Elles étaient fort riches. Nous avions des chartes qui remontaient à l'époque carlovingienne. C'était un véritable trésor historique dont nous étions fiers. Tout cela n'est plus qu'un monceau de cendres, comme la sous-préfecture, comme le tribunal, comme la mairie! Vous voyez, du reste, que nous avons déménagé. Dame! ajouta-t-il finement, il n'y a pas que la Commune qui ait fourni des pétroleux.

— Monsieur le maire, si je dois renoncer à voir vos

archives, je voudrais du moins pouvoir visiter une maison de votre ville qui m'intéresse particulièrement, la maison habitée par le général qui commandait la place en 1814 et en 1815.

— Le général Hugo?
— Justement.
— Mon Dieu! monsieur, pas plus que nos archives, vous ne pouvez voir la maison habitée par le général Hugo, telle, du moins, qu'elle était dans son état primitif. Elle a été criblée d'obus, et on est en train de la rebâtir. Ah! ce brave général! en voilà un dont on parle souvent ici. Il avait si bien défendu Thionville, en 1814, contre la première invasion, qu'en 1815, nous l'avons tous redemandé pour la défendre contre la seconde. Si nous l'avions eu pour la défendre contre la troisième, le drapeau noir et blanc ne flotterait peut-être pas sur nos murs.

A ce moment, le maire avait des larmes dans la voix. Il domina son émotion et reprit :

Nous avions un portrait du général Hugo qui figurait à la place d'honneur dans la salle de nos délibérations. Il a été détruit comme le reste.

— C'est bien, interrompit le visiteur. En 1815, le général avait juré de s'ensevelir sous les ruines de la place plutôt que de se rendre à l'ennemi. Il a tenu ce serment — en effigie.

— Le général Hugo, poursuivit le magistrat avec une certaine emphase, a laissé un fils qui, lui aussi, est peu favorable aux capitulations, et qui l'a prouvé, en votant contre la cession de la Lorraine et de l'Alsace. Vous savez que c'est le père de Victor Hugo.

— Que voici! s'écria un conseiller municipal qui avait de meilleurs yeux que les autres.

Cette révélation inattendue fit sensation. Le conseil tout

entier se leva. Le maire s'avança et serra la main qui a écrit l'*Année terrible*.

Après avoir échangé quelques paroles, nous laissons la municipalité à ses délibérations, et nous quittons l'Hôtel-de-Ville, accompagné de M. Arnould, le fils du maire, qui veut bien nous servir de guide dans notre excursion à travers la cité. Notre première visite est pour l'habitation du général Hugo, ancien hôtel du temps de Louis XV, situé rue de la Vieille-Porte et adossé aux remparts. Une marchande de gants qui y a établi son magasin, nous fait gracieusement les honneurs de la maison qui n'est plus reconnaissable. Deux obus qui ont pénétré par le toit l'ont littéralement éventrée, et il a fallu la remettre à neuf. Nous traversons des salles que décoraient naguère de belles boiseries du siècle dernier et qu'on est en train de couvrir d'un papier à douze sous le rouleau. Nous montons jusqu'au troisième étage d'où notre regard plonge sur les fortifications. De là, nous distinguons l'inévitable casque à pointe de la sentinelle prussienne, qui, debout sur le talus, garde le bastion d'où le général canonnait autrefois les troupes allemandes.

Ce spectacle fait mal. Descendons.

Notre pèlerinage filial accompli, nous suivons notre complaisant cicerone, qui nous mène à l'autre extrémité de la ville contempler les prodiges du canon Krupp. Il y a, du côté de la porte de Metz, tout un quartier qui a servi de cible aux obus. Nous nous dirigeons sur ce point A mesure que nous approchons, les plaies faites aux maisons s'élargissent. Les déchirures se multiplient. Les édifices mutilés nous indiquent, en dressant leurs moignons de pierres, le chemin de la catastrophe.

Nous débouchons sur une place que jonchent des débris de toute sorte, et nous apercevons le squelette de la défunte Mairie : des pans de murs lézardés et effondrés, à travers lesquels les arbustes touffus d'un beau jardin laissent voir ironiquement leurs bouquets de fleurs. Nous nous glissons par un trou dans la ruine. Nous pénétrons non sans peine, dans les pièces sans plafond, sans parquet et sans croisées, — marchant sur des tessons qui ont été des objets d'art, foulant au pied des cendres qui ont été des archives. Nous nous arrêtons dans la grande salle où délibérait le conseil.

— Là, nous dit M. Arnould, à cette place, entre ces deux fenêtres était le portrait du général Hugo.

Mon père prend rapidement son carnet de voyage et y esquisse en quelques coups de crayon la muraille qui portait l'image vénérée de son père. Pendant qu'il dessine, un enfant qui traverse la place chante la *Marseillaise*.

— Merci, enfant, tu es la voix consolante de l'avenir entonnant l'hymne de la revanche !

François-Victor Hugo.

III

DOCUMENTS OFFICIELS RELATIFS A M. HITTER
(L'OURS BLANC DE METZ).

5ᵉ DIVISION MILITAIRE.   Metz, le 26 août 1870.
LE GÉNÉRAL DE DIVISION COMMANDANT.
Cabinet.
Nᵒ

ORDRE.

Monsieur Hitter Joseph, brasseur à Metz, est autorisé à lever une compagnie franche de quinze hommes.

Les hommes seront payés à raison de trois francs par jour sur la présentation des situations de présence régulièrement établies et présentées au visa du général commandant la 5ᵉ division militaire.

Le général commandant supérieur,
Signé : L. COFFINIÈRES.

Pour copie conforme :
Le général commandant la 5ᵉ division militaire,
CHERPIÈS.

ARMÉE DU RHIN. 22 août 1870.
Grand quartier-général.
LE GÉNÉRAL COMMANDANT LE GÉNIE.

ORDRE.

Le colonel, directeur de l'Arsenal, livrera au sieur Hitter et aux éclaireurs sous ses ordres, vingt-cinq chassepots et quinze cents cartouches.

Le général de division,
Commandant supérieur de la place,
L. COFFINIÈRES.

A M. le colonel de Girels, directeur de l'Arsenal.

ARMÉE DU RHIN. 22 août 1870.
Grand quartier-général.
LE GÉNÉRAL COMMANDANT LE GÉNIE.

ORDRE.

Monsieur Hitter Joseph-Thomas, est autorisé à réunir avec lui vingt-cinq hommes pour faire le service d'éclaireurs autour de la place de Metz.

Le général de division,
Commandant supérieur de la place,
L. COFFINIÈRES.

ARMÉE DU RHIN.

Le Maréchal de France,

Commandant en chef l'armée du Rhin, informe M. Hitter, que, par arrêté du 19 août 1870, il l'a provisoirement nommé à un emploi de capitaine dans la garde nationale mobile de la Moselle.

Au grand quartier-général,
   Au ban Saint-Martin, le 19 août 1870.
    BAZAINE.

M. Hitter, capitaine de la garde mobile de la Moselle.

      Paris, 30 décembre 1875.

Mon cher Monsieur Hitter,

Non-seulement vous êtes un bon et brave soldat et un bon Français, mais encore vous êtes un honnête homme et un grand cœur.

Plus que jamais, peut-être, la reconnaissance devient une rare vertu; j'ai si peu fait pour vous, et cependant vous en conservez religieusement le souvenir. Gloire à vous, qui avez de si nobles sentiments!

Je vous remercie du fond du cœur de la sympathie que vous me témoignez; vous pouvez compter que de mon côté, je n'oublierai jamais les grands services que vous avez rendus avec autant d'abnégation que de courage.

Recevez, mon cher monsieur Hitter, une bonne poignée de main de votre ancien général.

      L. COFFINIÈRES.

VILLE DE METZ.   **MAIRIE.**

Nous, maire de la ville de Metz, certifions que le sieur Hitter, né à Kaisenberg (Bas-Rhin), âgé de 63 ans, a été capitaine de la garde mobile, commandant les francs-tireurs et éclaireurs volontaires de la ville et banlieue de Metz, pendant le blocus de 1870, et qu'il s'est fait remarquer par son courage et son zèle patriotique; qu'il a été prisonnier de guerre après la capitulation et emmené en cette qualité à Cologne.

          Le Maire,
         Jules Besançon.

Metz, le 11 juillet 1871.

MAIRIE DE VALLIÈRES.

Nous soussigné, maire de la commune de Vallières, deuxième canton et arrondissement de Metz, certifions que M. Hitter (Joseph-Thomas), lequel a été capitaine de la garde nationale mobile, commandant des francs-tireurs, éclaireurs volontaires de la ville et de la banlieue de Metz, pendant le blocus de cette ville en 1870, domicilié dans notre commune depuis six ans, a toujours, pendant ce temps, tenu une conduite irréprochable et que sa probité et sa moralité sont exemptes de tous reproches. Nous certifions en outre que ledit monsieur Hitter, qui habitait à Vallières pendant le blocus de Metz en 1870, a fait preuve de courage et de patriotisme, qu'il est d'une parfaite honorabilité, et qu'il jouit de la considération, de l'estime et de la confiance publiques. En foi de quoi nous lui avons délivré le présent certificat pour lui servir et valoir ce que de droit. Nous le recommandons vivement aux autorités auxquelles il pourra s'adresser.

        Le maire de Vallières,
        Ch. de Résimont.

Vallières, le 8 août 1872.

         Nancy, 30 décembre 1875.

Mon brave Hitter,

Vous m'avez prévenu à l'occasion du nouvel an et vous en remercie de bien bon cœur. A mon tour, je vous envoie mes vœux bien sincères, puissent-ils vous satisfaire en cette année qui va commencer!

Je n'oublie pas vos belles actions, votre ardeur et votre brillante conduite de 1870. Si tous avaient été comme vous, homme d'action et non homme à parole, nous n'en serions pas où nous en sommes.

Que Dieu veuille nous donner de braves, de loyaux et d'honnêtes représentants!

C'est tout ce que tout Français doit désirer. . . . .
. . . .

Au revoir, mon cher Hitter, je vous serre bien affectueusement la main.

Général de Verely.

IV

UN TABLEAU D'ULMANN.

Tout le monde connaît ce tableau qui a assuré la popularité à son auteur : *les Prussiens pillant une ferme d'Alsace*, avec cette inscription tracée au-dessous : *Mit Gott für Konig und Vaterland*. « Avec Dieu, pour le Roi et la Patrie ! »

C'est une riche ferme dont tous les bâtiments sont envahis, fouillés et dépouillés par les Prussiens. Les uns emportent des pendules, les autres défoncent les tonneaux, d'autres emmènent les moutons, arrachant les matelas aux pauvres gens, laissent les malheureux devant leurs meubles brisés et leurs livres déchirés. C'est une scène d'épouvante admirablement composée. Encore une fois, personne n'a vu ce tableau de Benjamin Ulmann, dont la gravure et la photographie se sont également emparés, sans se sentir ému, pris de désespoir et de colère. Mais ce qu'on ne sait point, c'est que la ferme que le peintre a placée dans son tableau existe réellement, que tout cela a été peint d'après nature et que la réalité dépasse en terreur ce tragique tableau.

Ce n'est pas en Alsace qu'est ou qu'était située la ferme que M. Ulmann a transportée sur la toile avec son grand portail se détachant sur le ciel, c'est près du château de Montlieu, entre Épernon et le château de Rambouillet, et elle a pour nom la *ferme des Moussues*.

Il s'y est passé un drame qui vaut la peine d'être raconté et qui a sa place toute trouvée dans ce livre.

Le 4 octobre 1870, à onze heures du matin, avant le combat d'Épernon, qui fut glorieux pour la défense nationale, les gardes nationaux du village de Droue, guidés par un de leurs lieutenants, étaient allés en reconnaissance du côté de l'ennemi, lorsque, arrivés au haut d'une pièce de blé, ils aperçurent environ deux cents cavaliers, des hussards, qui s'avançaient vers eux. Les éclaireurs allemands les virent en même temps et, éperonnant leurs chevaux, arrivèrent sur eux, tandis que leurs compagnons suivaient au galop. Deux cents cavaliers contre six hommes !

Les gardes nationaux, se sentant perdus, jetèrent leurs fusils et se cachèrent où ils purent, grimpant dans les arbres ou se blottissant dans le foin, au fond des greniers de la ferme. Nous avons visité cette ferme des Moussues, aujourd'hui reconstruite et nous avons visité pas à pas le théâtre de ce drame qui ressemble plus à un fait de cour d'assises qu'à un fait de guerre.

Un paysan était là, nous guidant à travers le verger :

« — *Ils* s'étaient, nous disait-il, cachés dans les noisetiers, tenez, là, mais on les trouva bien, allez. Ils furent tués à coups de sabre, l'un dans l'arbre même et son cadavre y resta, un autre avec le lieutenant Martin, sous ces poiriers. Des pauvres gens qui ne se défendaient même pas. Il y en eut six d'assassinés comme ça, entre autres, le maître d'école. Il s'était sauvé du côté des roches de Cheuvalles. Mais *ils* l'avaient vu et *ils* l'ont bien bien trouvé. Des enfants ont entendu crier : *A moi!* On l'égorgeait. Quand on a retrouvé le corps, il était méconnaissable. Sa figure, ses jambes, ses bras étaient hachés.

A sa chemise on voyait seulement que c'était un homme *bien*, un *homme d'état*. C'est à son pantalon blanc, rayé de rouge qu'on reconnut que c'était l'instituteur, M. Ringuenoire. Pauvre homme! *Ils* en tuèrent cinq autres avec lui. Le septième plus *magnan* (malin) s'était sauvé, blotti dans une *maille* (meule). Les Prussiens ne le trouvèrent pas, celui-là! Mais, furieux, ils brûlèrent, après avoir assassiné ces gens, la ferme, les meules, tout. Le lendemain, la municipalité de Droue fit déterrer les morts et on les transporta à Droue. Dans le jardin où les Prussiens les avaient à demi-enterrés, les têtes et les pieds passaient hors de terre. »

Voilà un de ces épisodes sinistres qui se perdent dans ce gigantesque chaos qui s'appelle l'*histoire* et qui n'ont d'autre nom que ce mot : le *crime*. Deux cents hommes massacrant six gardes nationaux désarmés! Des hussards, des soldats égorgeant de pauvres diables de paysans, un instituteur de gardes nationaux qui n'avaient même pas fait feu! C'est que la ville d'Épernon, là, tout près, menaçait de se défendre, allait résister avec gloire, comme Châteaudun, et que les Allemands voulaient châtier par avance son patriotisme.

Alors ils assassinèrent.

J'ai fait relever à la mairie de Droue, par le garde-chasse Lejeune, les noms de ces jeunes martyrs inconnus. Les voici :

1° RAGU (François-Étienne-Honoré) ;
2° MARTIN (Louis-Désiré), lieutenant ;
3° LÉON (Eugène) ;
4° LEHONEUE (Louis-Léopold) ;
5° RANO (Eugène-Marie) ;
6° RINQUENOIRE (Auguste-Ludovic), instituteur.

Tous habitants de Droue.

Sur le même registre on trouve l'indication que voici :

« *Cinq mobiles* inconnus dont deux ont été reconnus « depuis : Templieu (Abel) et Sallé (Grille), des environs « de Bonneval, enterrés par les Prussiens et retrouvés « dans les bois plus tard. »

Ce sont des victimes d'une autre tuerie.

M. Benjamin Ulmann, lorsqu'il conçut l'idée de son tableau (mai 1871), fit, d'après les ruines encore fumantes, pour ainsi dire, de la *ferme des Moussues*, une aquarelle ou plutôt une sorte de gouache très-chaude de ton, et qui lui servit pour peindre le fond de sa toile, les *Prussiens pillant une ferme*.

Je ne puis plus revoir maintenant ce pittoresque et populaire tableau sans songer au drame sanglant du 4 octobre, dans ce verger aujourd'hui attirant et embaumé et à l'incendie allumé par ces barbares cavaliers.

Il y a cinq ans aussi, et ces meurtres inutiles sont inoubliables quand on songe qu'à cette heure les bêtes fauves qui les ont commis fument paisiblement et sans remords leur tabac arrosé de bière au fond de quelque paisible village allemand.

« C'est la guerre, disent-ils. » Soit, mais c'est la guerre infâme.

V

LA JEUNESSE ET L'ALLEMAGNE.

Les funérailles de Michelet ont montré un spectacle superbe : la jeunesse étrangère, se joignant à la jeunesse française, pour saluer le grand historien de la France.

Mais ce jour glorieux a eu son lendemain. A la suite de ces obsèques, ensoleillées comme un triomphe, dans un banquet d'étudiants, un jeune homme, M. E. G., a proposé de réunir dans un congrès tous les étudiants, même les Allemands, et a porté ce toast à la paix et à l'oubli, qui a fait bondir les étudiants d'Alsace et de Lorraine :

« Tendons une main bienveillante, pardessus les ruines de Strasbourg, à nos frères de Berlin ! »

Une protestation signée par six cents étudiants a répondu à ces paroles :

« Notre conscience, dit-elle, nous fait un devoir de protester particulièrement contre un vote qui adopte l'idée d'un congrès international, auquel les étudiants allemands seraient conviés par nous. L'association proposée ne peut avoir d'autre but que d'établir des liens de sympathie et de confraternité entre la jeunesse universitaire des pays avec lesquels il est permis à des Français de fraterniser. Nous ne saurions donc comprendre nous Français que, tant que l'Alsace et la Lorraine seront foulées aux pieds par les envahisseurs, il puisse venir à l'idée d'aucun de nous d'établir un commerce d'amitié avec cette jeunesse allemande qui a étouffé la voix de Jacobi, qui journellement encore consacre par ses applaudissements cette victoire de la force sur le droit, et ne perd pas une occasion de manifester sa haine pour la France. — Ne les imitons pas, soit; mais ce n'est pas à nous à leur tendre la main. »

Ceux qui ont ainsi protesté ont raison. Il faut sans doute détester la guerre, la haine, tout ce qui fait de l'homme comme un boucher de lui-même, tout ce qui étouffe la pensée sous le bruit des chars de guerre, tout ce qui écrase l'idée sous les roues des caissons et des canons.

La guerre engendre la guerre. Les armements immenses font naître les armements insensés. Le général belge de Brialmont, disait naguère, dans une bien remarquable conférence sur les *Armées* : « En voulant humilier la Prusse après la bataille d'Iéna, en lui imposant pour son armée l'effectif maximum de 42,000 hommes, Napoléon fut cause de l'avénement du système d'organisation militaire fondé sur le service obligatoire et sur un mode d'enseignement successif qui prépare, en temps de paix des ressources considérables pour la guerre. En développant ce système, dont la conception date de la nécessité d'échapper aux conséquences de la réduction de l'effectif imposée par Napoléon, la Prusse en est arrivée à pouvoir, dans la situation où l'ont placée les derniers événements, mobiliser presque instantanément 2 millions 200,000 hommes, c'est-à-dire 1 soldat par 14 habitants.

« En 1760 les armées réunies de la Prusse, de l'Autriche et de la Russie formaient un total de 1 million 150 mille hommes; en 1827 ces mêmes États avaient sous les armes 2 millions 629 mille hommes; actuellement l'effectif de leurs forces est de 7 millions 170 mille soldats, et ce chiffre sera porté à 11 millions quand les nouvelles lois sur l'organisation militaire auront été appliquées. Il ne serait pas possible d'aller au-delà, à moins d'enrôler les adolescents et les vieillards. Voilà où conduit l'ambition des princes et la rivalité des peuples! »

Le général de Brialmont examinait ensuite quels sont les effets de l'accroissement des armées et des derniers progrès de l'armement. Il signalait pour les États européens l'impossibilité de soutenir de longues guerres, ruineuses non-seulement pour leurs finances, mais aussi pour l'industrie et pour la fortune publique. Il insistait particulièrement sur la difficulté de trouver des cadres de sous-officiers distingués pour ces immenses armées; le niveau intellectuel s'abaissera pour les officiers comme pour les soldats, l'instruction et la discipline péricliteront et l'art de la guerre déclinera rapidement. On a déjà officiellement reconnu en Prusse la difficulté du recrutement des cadres.

Certes, tout cela est vrai. La paix, la paix féconde, est l'idéal poursuivi par tout ce qui pense, par tout ce qui aime, par tout ce qui souffre, par tout ce qui espère. Mais à l'heure où *l'ennemi héréditaire*, la Prusse, arme et menace; à l'heure où l'usine Krupp forge des canons nouveaux et d'épouvantables engins de mort, des obusiers *perfectionnés* (le sinistre mot!) à l'heure où la jeune Allemagne chante au fond de ses brasseries, de ses *knipes* enfumées, les éternelles chansons de haine contre la France, faut-il donc parler de fraternité et d'oubli?

Qu'en dit Victor Hugo, le grand poëte épris de sa patrie? Qu'en eût dit Michelet, dont le cœur généreux palpitait à ce cher, à ce beau nom de *France*?

D'ailleurs, on peut bien *tendre la main à nos frères de Berlin* : ils ne la prendront pas. Les vainqueurs sont encore jaloux des vaincus et même après tant de sang, ils ont encore le cœur plein de haine !

O France, tu sais aimer! A ton tour sache haïr!

Souviens-toi! garde au fond de ta pensée sereine le spectacle de Saint-Cloud fumant et de Strasbourg écroulé! Fais comme cette Allemagne qui conserve comme des reliques de haine les ruines de l'incendie du Palatinat! Comme cette Espagne qui écrit encore sur les murs consumés de l'Alcazar de Tolède : *Voici l'œuvre de l'envahisseur!*

Je hais la haine, mais j'aime ma patrie et je la vois jalousée, menacée, couchée en joue. Je hais la force, mais il faut que la France reprenne sa force pour reconquérir son droit. L'humanitarisme vague a fait son temps. Il faut aimer ce pays de France, toujours généreux, vaillant et dupe, qui combattit toujours pour la liberté humaine!

L'heure de la paix immense et de l'Europe fraternelle viendra. Mais songeons d'abord à demeurer la France. Il y a des haines saintes comme il y a des amours sacrés. Le vieux Lakanal, trente ans après Brunswick, frémissait au nom de *Prussien*. La haine n'est pas un de nos vices, soit, mais elle peut devenir une de nos vertus. Et nous ne tendrons la main à l'ennemi que lorsque cette main ne serrera plus, comme un carcan de fer, la gorge de nos compatriotes.

C'est à toi, jeunesse, d'y songer et de garder, puisqu'*ils* l'ont voulu, cette flamme de haine, toi qui étais née pour être, tout entière, — comme ta patrie, — générosité et amour!

J. Claretie.

TABLE DES MATIÈRES

Avant-propos : L'Alsace et la Lorraine après l'annexion. 1
I. D'Avricourt à Strasbourg..... 17
II. Strasbourg........................... 27
III. Wissembourg..... 63
IV. De Wissembourg à Haguenau. — Catholiques et protestants. — Autonomistes et patriotes. — De Haguenau à Reichshoffen.................... 89
V. De Reichshoffen à Wœrth....................... 111
VI. Sarreguemines et Spickeren.................... 133
VII. L'Ours blanc de Metz. — Les Volontaires d'un an. Le Soldat................................... 163
VIII. Metz et ses champs de bataille 197
IX. De Gravelotte à Saint-Privat. — Souvenirs de l'évacuation.................... 223
X. Un soldat de Metz............................. 245
XI. De Metz à Sedan............................ 263
XII. Elles attendent.............................. 299

Conclusion 319
Appendice : I. Une ville lorraine pendant la guerre et l'occupation. — Notes d'un habitant de Pont-à-Mousson... 325
II. Une ville expatriée. — Thionville................ 351
III. Documents relatifs à M. Hitter (l'Ours blanc de Metz)... 357
IV. Un tableau d'Ulmann............................ 363
V. La jeunesse et l'Allemagne..................... 367

Imprimerie D. Bardin, à Saint-Germain.

www.ingramcontent.com/pod-product-compliance
Lightning Source LLC
Chambersburg PA
CBHW050538170426
43201CB00011B/1471